JN172315

監修　朝尾直弘
編集　住友史料館

住友史料叢書

札差証文　二

思文閣出版

題字　小葉田淳筆

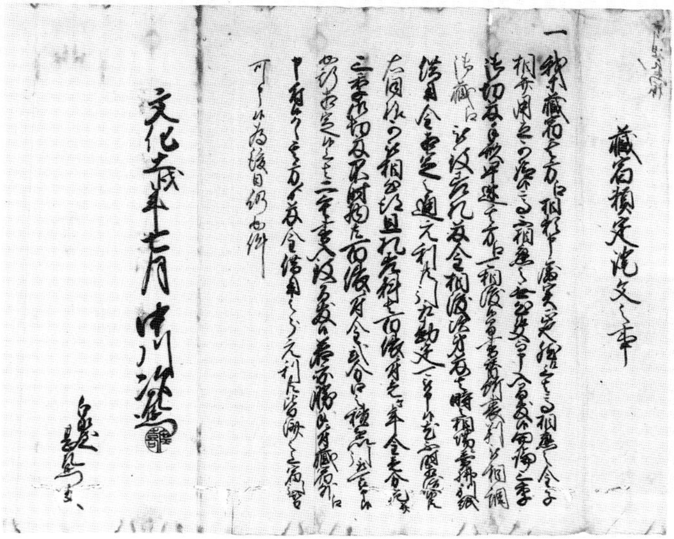

口絵１　御蔵札差頼証文　文化11年７月（泉屋甚左衛門125-1　縦33.0cm　横39.7cm）
（　　）は本書記事番号と寸法

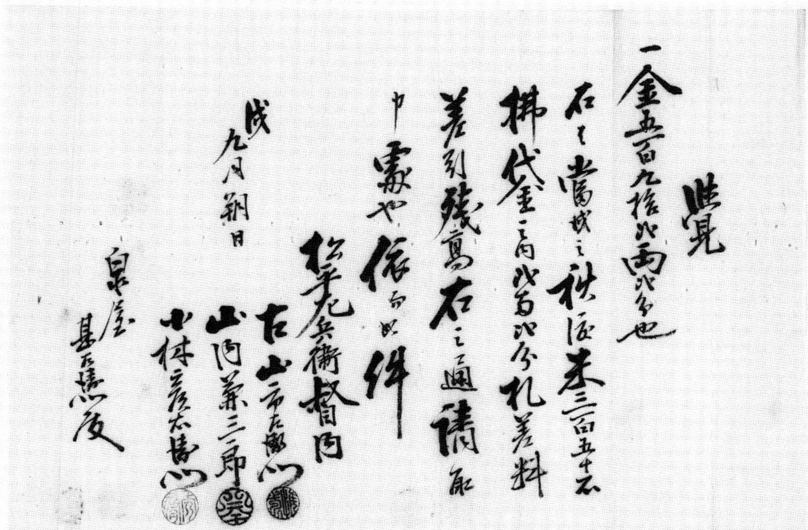

口絵２　秋渡米払代金の請取覚　（文久２）戌年９月朔日
（泉屋甚左衛門168-3　縦28.0cm　横40.5cm）

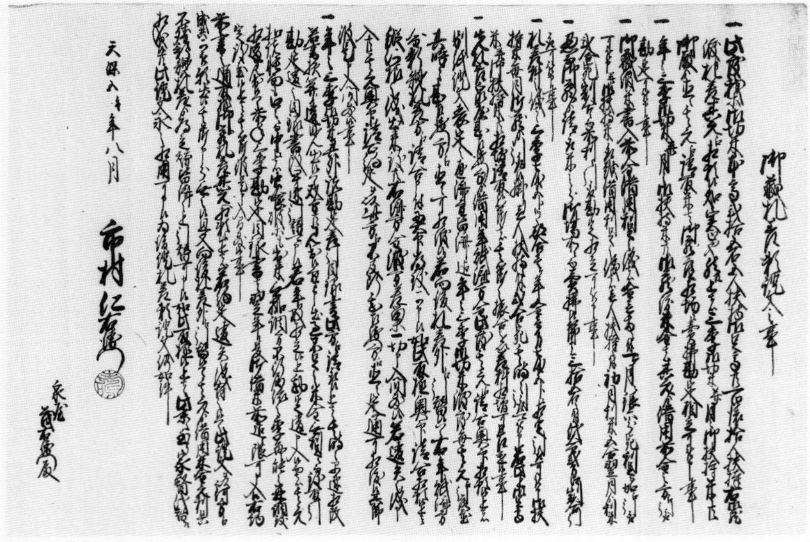

口絵３　御蔵札差頼証文　天保5年8月（泉屋茂右衛門4-1　縦33.6cm　横48.6cm）

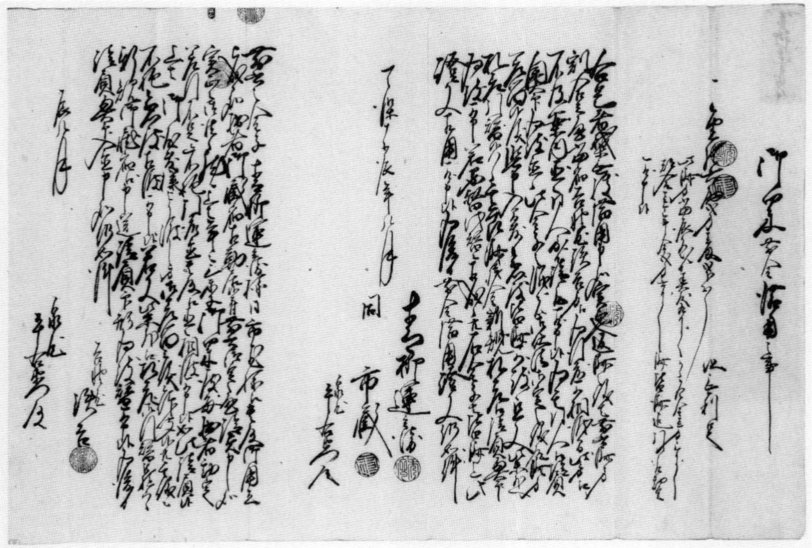

口絵４　御切米前金借用証証文　天保15年8月（泉屋平右衛門1　縦33.7cm　横48.7cm）

凡例

一、『住友史料叢書』は住友家文書のなかから重要なものを選んで編纂・刊行するものである。

一、本書は第三二回配本にあたり、「札差証文　二」を収載した。

一、札差証文は、幕臣人名の五十音順に番号を付して配列し、複数あるものについては年代順に枝番号を付した。
なお、各証文類の架蔵番号は（　）で示した。

一、幕臣の印鑑は影印にして、巻末附録の印鑑一覧にまとめた。

一、漢字はおおむね常用漢字のあるものはこれを用いた。ただし江戸時代に慣用されている若干の異体字は残した。

一、仮名は現行の仮名を用いた。ただし者（は）、而（て）、江・得（え）は残した。

一、読みやすいように、読点（、）と並列点（・）を加えた。

一、平出・闕字はともに一字あきにした。

一、判読不能の文字は□をもって示した。

一、原文が抹消されている場合はその左傍に〻を、文字の上に紙が貼られている場合はその左側に傍線を付した。
ただし書き改められた文字を本文として採用した場合もある。

一、編者の注記は本文右傍（　）内に記し、または頭に○を付して本文と区別した。

一、本文の上欄に記事の見出しを置き、また適宜、標出・注記を施した。

一、本書は監修者朝尾直弘の指導のもとに、末岡照啓が編集を担当し、史料筆写に唐澤はるみ氏の協力を得た。

目次

口絵
凡例
細目次
I 泉屋甚左衛門札差証文（続）……三
II 泉屋茂右衛門札差証文……一七
III 泉屋平右衛門札差証文……二五九
【附録】印鑑一覧
解題
索引（人名・事項）

細目次

札差証文 二

I 泉屋甚左衛門札差証文（続）

一二 内藤四郎

文久二年三月 御蔵米前金借用証文……三

一三 内藤甚右衛門

(1)天保十一年十二月 御蔵札差頼証文……三

(2)天保十一年十二月 対談取極証文……五

(3)天保十一年十二月 蔵宿の誓約覚……六

(4)天保十一年十二月 三季入米ほか米請取印の通達……六

(5)天保十三年七月 借用滞金年賦済方聞届の一札……七

一四 内藤善次郎

(0)年欠 証文入包紙……八

(1)安政六年十二月 御蔵札差頼証文……八

(2)安政六年十二月 対談取極証文……一〇

(3)(安政六)未年十二月十一日 用立金申送り覚……一一

(4)(安政六)未年十二月十二日 用立金請取覚……一三

(5)安政六年十二月　加判役任用の一札……一二
(6)文久元年三月　宿替の申送り覚……一三
一三五　中川次左衛門
(0)文化十一年七月晦日　証文帯封……一三
(1)文化十一年七月　御蔵札差頼証文……一三
(2)(文化十一)戌年七月十七日　用立金申送り覚……一四
(3)(文化十一)戌年七月晦日　用立金請取覚……一四
一三六　中根吉五郎・吉之助
嘉永三年十一月　御切米前金借用証文……一五
一三七　中村謙造
(1)文久四年二月　御蔵札差頼証文……一六
(2)(慶応三)卯年六月　軍役金請取覚……一七
(3)正月二十日　京都御用につき留守中親類へ依頼書状……一七
(4)年欠　古川供道へ米俵繰替え依頼書状……一八
一三八　中村周助・兼太郎
嘉永六年四月　御切米前金借用証文……一九
一三九　中村荘助・勘兵衛
(1)万延元年十二月　御蔵札差頼証文……二〇
(2)(万延元)申年十二月　用立金申送り覚……二一
(3)万延元年十二月　蔵宿の誓約覚……二二
(4)(慶応元)丑年二月十九日　御借米代請取覚……二二

一三〇　中村和三郎
安政六年六月　御切米前金借用証文……二四
一三一　永島安左衛門
嘉永四年二月　御切米前金借用証文……二五
一三二　永堀慶次郎
弘化二年正月　御切米前金借用証文……二六
一三三　並木四郎兵衛・林五郎
嘉永七年七月　御切米前金借用証文……二八
一三四　西尾惣次郎
亥年七月　御切米前金借用証文の奥書……二九
一三五　西谷与三郎
嘉永四年十一月　御切米前金借用証文……三〇
一三六　根岸又八郎
(1)(慶応三)卯年四月　軍役金請取覚……三一
(2)(慶応三)卯年九月　軍役金請取覚……三二
(3)(慶応三)卯年十月　軍役金請取覚……三二
一三七　野口富次郎
嘉永四年三月　御切米前金借用証文……三三
一三八　野崎東五郎
巳年九月　御切米前金借用証文の奥書……三四
一三九　野田弥太郎

二月五日　米渡方の案内書状……三五
一四〇　野村為治郎
弘化二年正月　御切米前金借用証文……三六
一四一　橋本喜八郎・巳三郎
(1)辰年六月　御切米前金借用証文の奥書……三七
(2)辰年六月　御切米前金借用証文の奥書……三七
一四二　橋本善三・稲生佐助
(安政五カ)午年五月　出雲崎陣屋詰につき年賦金請取印形の断書……三八
一四三　長谷川角之進
(0)(文久三)亥年十月　証文入包紙……四〇
(1)文久三年十月　御蔵札差頼証文……四〇
(2)(文久三)亥年十月二十七日　用立金申送り覚……四二
(3)(文久三)亥年十月二十八日　用立金請取覚……四三
(4)文久三年十月　加判役任用の一札……四三
一四四　長谷川久助
三月十二日　銃隊勤務入用金の借用依頼書状……四四
一四五　蜂屋勝次郎
辰年十二月　御切米前金借用証文の奥書……四四
一四六　早川助右衛門
(1)慶応三年十二月　臨時蔵宿依頼の書付……四五
(2)慶応四年正月二十九日　預け金請取覚……四六

(3)慶応四年二月朔日　御扶持方払代金の請取覚……四六
(4)慶応四年二月七日　御扶持方払代金の請取覚……四六
(5)慶応四年三月　御扶持方払代金の請取覚……四七
(6)慶応四年三月　御蔵米前金借用証文……四七
(7)慶応四年五月　金子請取覚……四七
一四七　林亀次郎
文久元年十月　御切米前金借用証文……四八
一四八　春野金太郎・隣三郎
(慶応四)辰年三月二十日　金子請取覚……四九
一四九　日根九郎兵衛
(0)年欠　証文入包紙……五〇
(1)元治二年三月　御蔵札差頼証文……五〇
(2)(元治二)丑年三月　用立金申送り覚……五二
(3)(元治二)丑年三月二十五日　用立金請取覚……五三
(4)(元治二)丑年三月　日根九郎兵衛証文の引替依頼覚……五四
(5)元治二年三月　加判役任用の一札……五四
(6)(元治二)丑年三月　御切米前金借用証文の奥書……五五
(7)(慶応二)寅年正月二十四日　宿替の申送り依頼書状……五五
一五〇　平岩治郎兵衛
文化五年九月　金子借用証文……五六
一五一　平沢久太夫

弘化二年二月　御切米前金借用証文……五七

一五二　平野助之進・徳太郎

(0)(嘉永四)戌年三月　証文入包紙……五八
(1)嘉永四年六月　御蔵札差頼証文……五九
(2)嘉永四年六月　対談取極証文……六〇
(3)(嘉永四)亥年六月　用立金申送り覚……六一
(4)(嘉永四)亥年六月十日　用立金請取覚……六二
(5)嘉永四年七月　舂入屋指名の一札……六三
(6)(嘉永五)子年四月　金子用弁依頼の書状……六三
(7)安政五年四月　金子借用の一札……六四
(8)(安政六)未年四月三日　金子借用依頼の書状……六四
(9)(安政七)申年三月二十日　加判役除名の書状……六五
(10)(安政七)申年三月二十五日　借財相嵩につき依頼書状……六五
(11)安政七年三月　加判役任用の一札……六六
(12)(文久二年)三月朔日　加判役除名の書状……六六
(13)(文久二年)三月十八日　宿替の申送り依頼書状……六七

一五三　福井与八郎

(0)年欠　証文入包紙……六七
(1)文久四年二月　御蔵札差頼証文……六八
(2)(元治元)子年二月　用立金申送り覚……六九
(3)(元治元)子年二月　用立金請取覚……七一

(4)(元治元)子年二月 蔵宿の誓約覚……七一
(5)(元治元年)六月十九日 金子借用申入の書状……七三
(6)(元治元)子年十二月二十三日 宿替の申送り依頼書状……七三

一五四 藤村伝助
弘化二年二月 御切米前金借用証文……七三

一五五 布施登・釜次郎
弘化二年二月 御切米前金借用証文……七四

一五六 古川供道
(1)(慶応三)卯年四月 軍役金請取覚……七六
(2)(慶応三)卯年六月 軍役金請取覚……七六

一五七 古屋平蔵
(慶応四)辰年三月二十六日 年賦金利足減額の覚……七六

一五八 逸見左太郎
(0)文久二年三月十二日 証文入包紙……七七
(1)安政六年六月 御蔵札差頼証文……七七
(2)安政六年六月 対談取極証文……七九
(3)(安政六)未年六月 用立金申送り覚……八〇
(4)(安政六)未年六月 用立金請取覚……八一
(5)安政六年六月 蔵宿の誓約覚……八一
(6)安政六年十一月 加判役任用の一札……八二
(7)(文久二年)三月十一日 宿替の申送り依頼書状……八二

(8)十月十五日　消防手当等の借用金依頼書状……八三
一五九　穂坂甚十郎
亨和二年五月　御蔵米前金借用証文……八四
一六〇　星野源助
弘化三年二月　御切米前金借用証文……八五
一六一　堀田伊勢守組与力
(1)文化十一年六月　宿替の申送り依頼一札……八六
(2)(文化十一)戌年六月　申送り金の勘定覚……九〇
一六二　前島金十郎
嘉永七年七月　御切米前金借用証文……九三
一六三　前田鉄之助
弘化二年二月　御切米前金借用証文……九四
一六四　増田半蔵
弘化二年二月　御切米前金借用証文……九六
一六五　町田金太郎
嘉永七年七月　御切米前金借用証文……九七
一六六　松島玄英
(慶応三)卯年十二月　軍役金請取覚……九九
一六七　松田荘蔵
弘化二年二月　御切米前金借用証文……九九
一六八　松平左兵衛督

(0)年欠　証文入包紙……一〇一
(1)文久元年八月十日　合力米払代金の請取覚……一〇一
(2)(文久二)戌年四月二十五日　払米代金の請取覚……一〇一
(3)(文久二)戌年九月朔日　秋渡米払代金の請取覚……一〇二
(4)(文久三)亥年四月十八日　合力米払代金の請取覚……一〇三
(5)(文久三)亥年七月二十九日　拝領米払代金の請取覚……一〇三
(6)(文久三)亥年九月十八日　拝領米払代金の請取覚……一〇四
(7)(元治元)子年二月朔日　春渡米払代金の請取覚……一〇四
(8)(元治元)子年七月十三日　秋渡米払代金の請取覚……一〇五
(9)(元治元)子年十月十六日　冬渡米払代金の請取覚……一〇六
(10)(慶応元)丑年正月二十八日　合力米払代金の請取覚……一〇六
(11)(慶応元)丑年正月二十八日　拝領米払代金の請取覚……一〇七
(12)慶応元年七月　秋渡米払代金の請取覚……一〇八
(13)(慶応元)丑年十月十五日　拝領米払代金の請取覚……一〇八
(14)(慶応二)寅年正月二十七日　拝領米払代金の請取覚……一〇九
(15)(慶応二)寅年八月十三日　合力米払代金の請取覚……一〇九
(16)(慶応二)寅年十月十七日　拝領米払代金の請取覚……一一〇
(17)(慶応四)辰年二月三日　拝領米払代金の請取覚……一一一

一六九　三浦大助
安政六年九月　御切米前金借用証文……一一三

一七〇　水野長之助

(0)年欠　証文入包紙……一一三
(1)天保十五年二月　御切米前金借用証文……一一三
(2)嘉永五年二月　御蔵札差頼証文……一一四
(3)(嘉永五)子年二月　用立金申送り覚……一一六
(4)(嘉永五)子年二月　用立金請取覚……一一七
一七一　水野富之助
(1)安政六年七月　改印届の一札……一一八
(2)安政六年八月　扶持米引当前借の一札……一一八
(3)七月二十四日　宿替の申送り依頼書状……一一九
一七二　三田弥次兵衛・丑五郎
弘化二年二月　御切米前金借用証文……一一九
一七三　美濃部浩庵
文久三年七月　御蔵札差頼証文……一二一
一七四　宮内陶亭
(慶応三)卯年六月　軍役金請取覚……一二一
一七五　宮崎利兵衛
安政六年六月　御切米前金借用証文……一二二
一七六　村垣与三郎
辰年二月　御切米前金借用証文の奥書……一二三
一七七　村田彦次郎
安政六年十一月　御切米前金借用証文……一二四

一七八　牟礼郷右衛門
辰年正月　御切米前金借用証文の奥書……一二五
一七九　森新十郎
(慶応四年)三月二十三日　役料渡り手取金・勘定書の請取覚……一二六
一八〇　森百助・九一郎
文久三年十一月　御切米前金借用証文……一二六
一八一　森内弥太郎
嘉永三年十二月　御切米前金借用証文……一二八
一八二　森山与一郎
(1)天保十三年七月　御蔵札差頼証文……一二九
(2)天保十三年七月　対談取極証文……一三一
(3)(天保十三)寅年七月　用立金申送り覚……一三三
(4)(天保十三)寅年七月十一日　用立金請取覚……一三三
(5)天保十三年七月　印鑑届の一札……一三三
(6)文久三年正月　御切米前金借用証文……一三四
(7)(慶応三)卯年十二月　軍役金請取覚……一三四
一八三　安井元達
(1)文久三年十月　御蔵札差頼証文……一三五
(2)(慶応三)卯年六月　軍役金請取覚……一三五
一八四　山木数馬・鉦太郎
(0)年欠　証文入包紙……一三六

(1)嘉永四年八月　御蔵札差頼証文……一三六
(2)嘉永四年八月　対談取極証文……一三八
(3)(嘉永四)亥年八月十二日　用立金申送り覚……一三九
(4)(嘉永四)亥年八月十三日　用立金請取覚……一四〇
(5)(嘉永四)亥年八月十三日　用立金証文の返済方一札……一四一
(6)(嘉永四)亥年八月　用立金証文の返済方一札……一四一
(7)嘉永四年十月　春入屋指名の一札……一四一
(8)(安政四)巳年十一月　金子請取書紛失の覚……一四二
(9)(元治元)甲子年六月十七日　加判役除名の口上書……一四二
(10)元治元年六月　加判役任用の一札……一四三
(11)(元治元)子年十一月二日　加判役除名の覚……一四三
一八五　山口駿河守
(1)(慶応三)卯年十二月　軍役金請取覚……一四四
(2)(慶応三)卯年十二月　軍役金請取覚……一四四
一八六　山崎源太郎
弘化三年二月　御切米前金借用証文……一四五
一八七　山城重三郎
文久元年八月　御切米前金借用証文……一四六
一八八　山田孝蔵
万延元年十二月　御切米前金借用証文……一四七
一八九　山田米之助

(0)(元治元カ)子年三月　証文入包紙……一四九
(1)嘉永二年十一月　御蔵札差頼証文……一四九
(2)嘉永二年十一月　対談取極証文……一五〇
(3)(嘉永二)酉年十一月十八日　用立金申送り覚……一五一
(4)(嘉永二)酉年十一月十九日　用立金請取覚……一五二
(5)嘉永七年十一月　金子借用の一札……一五二
(6)安政四年十一月　地震風災金借用の一札……一五三
(7)安政五年十二月　金子借用の一札……一五三
(8)文久二年十二月　金子借用の一札……一五四
一九〇　山田左太郎
文久元年十月　御切米前金借用証文……一五四
一九一　柳見仙
慶応二年十一月　御蔵札差頼証文……一五六
一九二　湯川金十郎
(1)嘉永元年六月　御蔵札差頼証文……一五六
(2)嘉永元年六月　対談取極証文……一五八
(3)文久元年十二月　用立金の年賦返済金請取覚……一五九
(4)文久二年五月　用立金の年賦返済金請取覚……一五九
(5)文久二年十二月　用立金の年賦返済金請取覚……一六〇
(6)文久二年十二月　用立金の年賦返済金請取覚……一六〇
(7)文久三年六月　用立金の年賦返済金請取覚……一六一

(8)文久三年十月　用立金の年賦返済金請取覚……一六一
(9)文久四年二月　用立金の年賦返済金請取覚……一六二
(10)元治元年八月　用立金の年賦返済金請取覚……一六二
(11)(慶応三)卯年四月　軍役金請取覚……一六三
(12)(慶応三)卯年六月　軍役金請取覚……一六三
(13)(慶応三)卯年十月　軍役金請取覚……一六三

一九三　吉沢鉄之進
辰年三月　御切米前金借用証文の奥書……一六四

一九四　吉沢隆平
安政六年正月　御切米前金借用証文……一六五

一九五　吉田金之丞
安政六年十一月十日　家督返納米の請取書……一六六

一九六　吉田主税(喜太郎)
(1)(慶応三)卯年十二月　軍役金請取覚……一六七
(2)(慶応三)卯年十二月　軍役金請取覚……一六七
(3)丑年十一月二十一日　借用金利下げの覚……一六八
(4)巳年十月二日　借用米覚……一六八

一九七　六郷春之助
(1)戌年七月　御切米前金借用証文の奥書……一六九
(2)戌年七月　御切米前金借用証文の奥書……一六九

一九八　脇坂中務大輔

戌年七月　役料米代金請取覚……一七〇
一九九　渡瀬惣次郎
文化五年二月　三季御切米書入借用証文……一七〇
二〇〇　渡辺金次郎
安政七年二月　御切米前金借用証文……一七一
二〇一　藁品四郎兵衛
弘化二年三月　御切米前金借用証文……一七三
二〇二　某氏
辰年正月　用立金勘定仕分け伺……一七四

II　泉屋茂右衛門札差証文

一　青木善太夫
(慶応四年)二月十一日　御借米残金の渡方依頼書状……一七七
二　赤井藤左衛門
(1)(慶応四)辰年二月十二日　入米請取覚……一七七
(2)(慶応四年)五月二日　入米代金の請取覚……一七八
三　朝比奈卯十郎
年欠　正月・四月・九月　三季御切米渡方帳の断簡……一七八
四　市村仁右衛門・栄左衛門
(0)年欠　証文入包封……一七九
(1)天保五年八月　御蔵札差頼証文……一七九

細目次

(2)(天保五)午年八月朔日　用立金申送り覚……一八一
(3)(天保五)午年八月朔日　用立金請取覚……一八二
(4)天保十五年二月　御切米前金借用証文……一八三
(5)万延二年二月　御蔵米前金借用証文……一八四
(6)(慶応元)丑年十一月　冬御切米差引手取金の請取覚……一八四
(7)(慶応元)丑年十一月十六日　宿替の申送り依頼書状……一八五
五　伊藤太右衛門
慶応四年二月　御蔵米前金借用証文……一八五
六　伊藤久之助
(慶応三)卯年十一月廿八日　扶持方払代金の請取覚……一八六
七　今村安太郎
二月　銀子覚……一八六
八　上村長太郎
(慶応三)卯年十一月二日　印鑑請取覚……一八六
九　岡田友三郎
慶応四年二月　御蔵米前金借用証文……一八七
一〇　恩田守之助
(慶応三)卯年十二月　上納金借用覚……一八七
一一　加藤金太郎
(1)(慶応四)辰年正月　組中積金の渡方依頼と積金請取書……一八八
(2)(慶応四年)二月六日　組入用借用金の利息渡方依頼書状……一八八

(3)(慶応四)辰年二月　組入用借用金の利息請取覚……一八九
(4)慶応四年二月　御蔵米前金借用証文……一九〇
一二　貴志大隅守
元治元年十二月　御切米前金借用証文……一九〇
一三　北川元次郎
(慶応四)辰年二月二十三日　扶持銭請取覚……一九一
一四　桑原金三郎
(1)(慶応三年カ)十一月三日　金子請取覚……一九二
(2)慶応四年二月　御蔵米前金借用証文……一九二
一五　小出豊次郎
慶応四年二月　御蔵米前金借用証文……一九三
一六　小松善太郎
(慶応四年)二月十一日　留守中の蔵元引請方につき書状……一九三
一七　菰田柳三
慶応四年二月　御蔵米前金借用証文……一九四
一八　近藤平太郎
慶応四年四月　御蔵米前金借用証文……一九四
一九　斎藤左膳
(1)慶応四年閏四月　御蔵米前金借用証文……一九五
(2)(慶応四年)閏四月二十二日　金子借用返済方の書付……一九五
二〇　斎藤与一郎・小島七五郎

慶応四年二月　御蔵米前金借用証文……一九六
二一　佐々木太之丞
(0)年欠　書類入包紙……一九六
(1)慶応二年四月　金子預り証文……一九七
(2)慶応二年六月　金子預り証文……一九八
(3)(慶応三)卯年五月　泉屋茂右衛門預り金肩代り返納覚……一九八
(4)慶応三年七月　泉屋茂右衛門弁納金の覚……一九八
(5)(慶応三)卯年十一月二十二日　冬玉落金の請取覚……一九九
(6)慶応四年八月　泉屋茂右衛門預け金弁済につき詫書……二〇〇
(7)明治二年九月　年賦返済金皆済につき証文返却の一札……二〇〇
(8)明治二年九月　預け金請取証文紛失につき一札……二〇一
(9)明治二年九月　金子請取覚……二〇三
(10)(明治二年)十月六日　佐々木大之丞貸借の顛末につき書状……二〇三
二二　佐野芳三郎
慶応四年三月　御蔵米前金借用証文……二〇八
二三　沢井勝司・庄次郎
(1)(慶応二)寅年十二月二十九日　預け金利足請取覚……二〇九
(2)(慶応三)卯年十一月二十二日　扶持方払米代金の請取覚……二〇九
(3)慶応三年十二月十五日　扶持方払米代金の請取覚……二一〇
二四　寒河綏太郎
(1)(慶応三)卯年十一月　上納金借用覚……二一〇

(2)(慶応四)辰年二月二十一日　春備米の受取覚……二二一

二五　志村篤三郎

(1)(慶応三)卯年十二月　上納金借用覚……二二一
(2)(慶応四)辰年正月十七日　金子覚……二二一
(3)(慶応四)辰年二月　銀子覚……二二二

二六　鈴木鉄五郎

(0)年欠　証文入包封……二二三
(1)弘化三年四月　御蔵札差頼証文……二二三
(2)安政六年五月　御蔵米前金借用証文……二二四
(3)文久三年二月　御切米前金借用証文……二二四
(4)(元治元カ)子年三月九日　加判役任用の一札……二二五
(5)慶応元年十一月　御蔵米前金借用証文……二二五
(6)慶応二年三月　御蔵米前金借用証文……二二六
(7)慶応三年正月　上京留守中の加判役任用の一札……二二六

二七　鈴木鉄次郎

(1)嘉永五年十月　御蔵米前金借用証文……二二七
(2)安政四年六月　加判役と扶持方示談中の一札……二二七
(3)安政四年六月　加判役と扶持方掛合の一札……二二八
(4)安政四年八月　加判役と扶持方内済の一札……二二八
(5)(安政四年カ)八月十四日　加印承諾の書状……二二九
(6)(安政四)巳年九月朔日　母病死の諸入用差支につき依頼書状……二二九

(7)安政六年七月　加判役忌中不在の一札……二三〇
(8)(安政六年カ)七月十七日　宿替の申送り依頼書状……二三〇
二八　関清四郎
(1)(慶応三年カ)十一月三日　金子借用覚……二三一
(2)慶応三年十一月二十九日　加判役任用の一札……二三一
(3)慶応三年十二月　御蔵米前金借用証文……二三二
(4)(慶応三年カ)十二月九日　手数料の請取覚……二三二
(5)(慶応三年)十二月二十六日　米代金請取覚……二三三
(6)(慶応四年)三月二十四日　勘定違金請取覚……二三四
二九　関根伊三郎
(1)慶応三年十一月　御蔵米前金借用証文……二三四
(2)慶応三年十二月　借用金返済方延引の一札……二三五
三〇　塚本長次郎
(1)慶応四年二月　御蔵米前金借用証文……二三五
(2)慶応四年二月　御蔵米前金借用証文……二三六
三一　内藤伊三郎
(慶応三)卯年十二月二十五日　払米代金の請取覚……二三七
三二　中村弥太夫
(1)文久三年九月　畳刺飯米書入前金借用証文……二三七
(2)元治元年十一月　畳刺飯米書入前金借用証文……二三八
(3)慶応二年正月　扶持方書入前金借用証文……二三八

(4)慶応二年九月　扶持方書入前金借用証文……二二九
(5)慶応二年十二月　畳刺飯米書入前金借用証文……二三〇
(6)慶応三年十二月　御蔵米前金借用証文……二三〇
(7)慶応三年十二月　臨時蔵宿依頼の書付……二三一
(8)慶応四年正月　御蔵米前金借用証文……二三一
三三　永井源之丞
慶応四年二月　御蔵米前金借用証文……二三二
三四　西川又四郎
慶応四年二月　御蔵米前金借用証文……二三二
三五　西川又次郎
慶応四年二月　御蔵米前金借用証文……二三三
三六　長谷川得蔵・岡田源三郎
(慶応四)辰年二月　銀子覚……二三四
三七　馬場俊蔵
(1)二月六日　銭請取覚……二三四
(2)年欠　金子請取覚……二三四
三八　春野金太郎
(1)(慶応三年)十二月二十六日　金子請取覚……二三五
(2)慶応四年二月　御蔵米前金借用証文……二三五
三九　彦坂九左衛門他
(年欠)　正月・四月・九月　三季御切米渡方帳の断簡……二三六

四〇　平山龍之助
(1)慶応四年二月　御蔵米前金借用証文……二三七
(2)慶応四年三月四日　御蔵米前金借用証文……二三七
四一　広野貞勝
(1)慶応四年二月　御蔵米前金借用証文……二三八
(2)(慶応四年カ)二月　扶助米払代金の渡方依頼書状……二三八
(3)年欠　銀子覚……二三九
四二　保坂源太夫
(1)(慶応三)卯年十一月　上納金借用覚……二三九
(2)(慶応四)辰年正月　銀子覚……二三九
(3)慶応四年二月　御蔵米前金借用証文……二四〇
四三　堀尾奥平
(慶応四)辰年四月七日　扶持方払代金の請取覚……二四〇
四四　松永吉之助
(1)(慶応三年カ)十一月　上納金借用覚……二四一
(2)年欠　銀子覚……二四一
(3)年欠　伺下書の届方覚……二四二
四五　三浦覚蔵
(慶応三年カ)十一月十八日　金子請取覚……二四二
四六　村尾永蔵
(0)年欠　証文入封筒……二四二

(1)弘化四年三月　御蔵札差頼証文……二四三
(2)(弘化四)未年三月　用立金申送り覚……二四五
(3)弘化四年三月　御切米前金借用証文……二四五
(4)嘉永七年二月　御蔵米前金借用証文……二四七
(5)(嘉永七)寅年八月十四日　扶持方払代差引手取金の受取覚……二四七
(6)(嘉永七)寅年十二月　宿替の申送り依頼書状……二四八
四七　山上敬一郎
慶応四年四月　御蔵米前金借用証文……二四八
四八　山下辰五郎
(1)(慶応三)卯年十一月二十五日　冬御切米渡手取金の受取覚……二四九
(2)(慶応三)卯年十二月　上納金借用覚……二四九
(3)(慶応三)卯年十二月十六日　軍役金覚……二五〇
(4)(慶応四)辰年正月十九日　金子覚……二五〇
(5)十二月十二日　銀子請取覚……二五〇
(6)(十二月カ)　銀子覚……二五〇
四九　山中保太郎
慶応四年二月　御蔵米前金借用証文……二五一
五〇　山本彦之丞
文久三年四月　御切米前金借用証文……二五一
五一　横川瀬左衛門・鯉一郎
(慶応四)辰年　札差料渡過分の返却覚……二五三

五二　吉田半左衛門
(1)(慶応三)卯年十月晦日　泉屋茂右衛門方預け金の請取覚……二五三
(2)(慶応三)卯年十一月二十八日　泉屋茂右衛門方預け金の請取覚……二五三
(3)(慶応四)辰年正月　泉屋茂右衛門方預け金の請取覚……二五四
(4)(慶応四)辰年四月五日　泉屋茂右衛門方預け金の請取覚……二五四
(5)(慶応四年)閏四月十日　泉屋茂右衛門方預け金の請取覚……二五四
(6)(慶応四)辰年五月六日　泉屋茂右衛門方預け金の請取覚……二五五
(7)(慶応四)辰年七月十三日　泉屋茂右衛門方預け金の請取覚……二五五
(8)三月十四日　泉屋茂右衛門方預け金の請取覚……二五六
五三　吉田揚之助
(1)慶応四年閏四月二十二日　返納米請取証文……二五六
(2)六月十三日　金子請取覚……二五七

III　泉屋平右衛門札差証文

一　青柳運兵衛・市蔵
天保十五年八月　御切米前金借用証文……二五九
二　五十嵐権五郎・久治郎
天保十五年十一月　御切米前金借用証文……二六〇
三　稲葉九郎兵衛
(天保十五)辰年十一月　御切米前金借用証文……二六二
四　大島熊蔵

巳年五月　年賦証文差入の一札……二六四
五　小笠原辰次郎
慶応二年二月　御切米前金借用証文……二六四
六　加々見乙吉
天保十五年十月　御切米前金借用証文……二六六
七　片岡芳次郎
天保十五年十月　御切米前金借用証文……二六七
八　岸清次郎・留次郎
天保十五年十一月　御切米前金借用証文……二六八
九　高木兼次郎・喜三郎
（天保十五）辰年　年賦済方金依頼の一札……二七〇
一〇　田中長七
天保十五年五月　御切米前金借用証文……二七一
一一　藤堂半左衛門・全十郎
弘化元年十二月　御切米前金借用証文……二七三
一二　本間十之丞
天保十五年二月　御切米前金借用証文……二七四

札差証文　一　目次

Ⅰ　泉屋甚左衛門札差証文

一　浅岡邦蔵／二　芦田勇助／三　荒尾大和守成美／四　飯塚宗荀／五　池内篤左衛門／六　石井鎗吉／七　石井彦太郎／八　石津九兵衛／　九　石原常蔵／一〇　出井隼人／一一　伊東国之助／一二　伊東玄晁・宮内陶亭／一三　伊東玄民／一四　伊東龍雲／一五　伊藤源蔵・鉄次郎／一六　伊藤藤十郎・庄蔵／一七　稲垣藤四郎・舎人・藤左衛門／一八　井上鋼之助／一九　伊庭儀八・儀三郎／二〇　岩佐幸兵衛／二一　岩田勇左衛門・量平／二二　岩間忠右衛門／二三　上田孫太郎／二四　植林金三郎／二五　内山五郎太夫／二六　梅村兵助／二七　浦野清次郎／二八　榎本大輔／二九　遠田昌庵／三〇　大河原源語／三一　大河原鍋之助・錫之助／三二　大熊良達／三三　大沢孝之助／三四　大島金左衛門・多喜蔵・重太郎／三五　大島熊蔵／三六　大塚嘉三郎／三七　大野権之助／三八　岡島与四郎・与兵衛／三九　岡田善助・又次郎／四〇　小川熊蔵／四一　荻原作之助／四二　荻原辰次郎（直方、近江守）／四三　奥山元省／四四　長田庄十郎　／四五　小田切道次郎／四六　小幡勇蔵／四七　折原新三郎／四八　芬木元春／四九　梶川庄左衛門／五〇　梶川辰三郎／五一　糟屋大五郎／五二　糟屋藤右衛門・喜内／五三　片山直右衛門・栄太郎／五四　加藤万之助／五五　角田勘兵衛・徳太郎／五六　金子喜左衛門・惣吉郎／五七　金子啓次／五八　金子豊吉／五九　狩野定蔵／六〇　河合求馬／六一　川井孫三郎／六二　川越与一左衛門／六三　神尾鉒太郎／六四　木川篤一郎・直右衛門／六五　倉橋幸三郎／六六　黒田吉兵衛・熊次郎／六七　黒田良庵／六八　小出大助／六九　河野主馬／七〇　小口市太夫・庫之助／七一　越山友仙／七二　小島春庵／七三　小杉丑右衛門／七四　小杉金之助／七五　小西従二郎／七六　小林文周／七七　小林泰太郎／七八　小宮山岱玄／七九　小森平五郎／八〇　近藤喜三郎／八一　呉黄石／八二　権太平八郎／八三　斎藤豊太郎／八四　斎藤彦次郎／八五　酒井玄洋／八六　坂井助三郎／八七　坂部龍助／八八　佐橋忠左衛門／八九　三宝辰蔵／九〇　重沢伊三郎／九一　柴田文庵／九二　杉浦久左衛門／九三　杉田松斎／九四　杉田善兵衛／九五　杉山鋳次郎／九六　鈴木寛之丞／九七　高垣助之丞／九八　高橋越前守／九九　高橋益之助／一〇〇　瀧静太夫／一〇一　竹内十太

郎・新五郎／一〇二　竹川林蔵／一〇三　竹田金太郎／一〇四　竹田熊次郎・左門／一〇五　武田叔
安／一〇六　竹林六之助／一〇七　田中詠作／一〇八　田中清三郎／一〇九　田中惣右衛門／一一〇
田中徳之助／一一一　田中平八・惣左衛門／一一二　田中与助／一一三　千村礼庵／一一四　長藤五
郎・徳次郎／一一五　津田為春／一一六　筒井鎌次郎・保科良蔵／一一七　都筑帯刀／一一八　寺田安
左衛門・丈次郎／一一九　戸田金之助／一二〇　土肥市助／一二一　伴野啓三郎

札差証文　二

I　泉屋甚左衛門札差証文（続）

一二二　**内藤四郎**

文久二年三月　御蔵米前金借用証文（一一―三―八―一五）

借用申御蔵米前金之事

（一脱）㊞
金拾両也　但取越米引当

右是者我等無拠要用ニ付、三季御切米書入、為前金慥ニ借用申処実正也㊞、返済之儀者三季御切米相渡次第、書面之金子壱両ニ付壱ヶ月銀五分宛之利足を加江、元利共引取勘定可被申候、然ル上者、御蔵ゟ米金直請取等一切致間敷候、若又致転宿候節者、借用金元利共皆済之上、宿引替可申候、為後日仍如件

文久二戌年三月　内藤四郎㊞

泉屋
甚左衛門殿　＊

○＊印の紙背に割印がある。

一二三　**内藤甚右衛門**

（１）天保十一年十二月　御蔵札差頼証文（一一―三―八―二九―一）

御蔵札差頼證文之事

本高一〇〇俵、足高三〇〇俵、御屋形役米二〇〇俵

一此度我等公儀渡本高百俵御足高三百俵、御屋形渡り御役米弐百俵御蔵米渡札差、其方江相頼候処実正也、然ル上者、春夏御借米・冬御切米手形調印之上、其時々可相渡候間、其方ニ而書替所両判取之被致差札、米金其方江請取、米者御蔵時之相場ニ売払勘定相立可被申候事

一年々三季御切米書入、其方ゟ為前金致借用候義者、我等勤向幷勝手向為要用相頼候、且亦三季御切米其時々御蔵渡米金共、其方ゟ借用前金之方江御定之利足を加へ、元利とも引取勘定相立可被申候事

札差料

一札差料之義者、壱ヶ年百俵ニ付金壱分ツヽ之割合を以、三季ニ割合、勘定目録面ニ而引取可被申候、若又御切米高相増、御蔵ゟ請取候節者、高百俵ニ付右割合ヲ以引取可被申候事

売側金

一惣而御蔵ゟ請取米之分御場所ニ而売払候節者、三拾五石ニ付為売側金弐分ツヽ之割合ヲ以、其*方江引取勘定可被申候事

一他所ニ而米金及借用候節者、其方江請負印形相頼申間鋪候、下知請等之類ニ而も決而頼入申間鋪候事

一年々三季御切米其外諸勘定差引目録ニ書損・算違等見出し候ハヽ、早速可申遣候間、目録勘定共其節仕直し可被差出候、早速引替可差遣候、右ニ付彼是申入間鋪候、尤三季勘定目録相調候義、年月相立候而者致混雑、調方不行届候段、兼而被相断致承知居候間、其次御借米・御切米御張紙出候前迄ニ可申遣候、向後年月相立候分、取調等決而申入間鋪候事

手形差留め、直差はしない

前書之通取極、御蔵札差其方江相頼候上者、三季御切米手形差留、直差等決而致間鋪候、若違約

等致候ハヽ、何方江成共可被訴出候、其節違乱申間鋪候、猶亦此末々家督代替ニ相成候共、此證文永々相用可被申候、為後日頼證文仍如件

天保十一子年十二月　　内藤甚右衛門㊞

泉屋
甚左衛門殿

○＊印の紙背に裏継目印がある。

（2）天保十一年十二月　対談取極証文（一一―三―八―一〇）

対談取極証文

対談取極證文之事

前金三〇〇両借用、飯米六〇俵に定む

一我等年々三季御切米書入、為前金借用申入候義者、別紙證文ヲ以致通用可申候、此度別紙證文之通、金三百両致借用候上者、来丑年春ゟ壱ヶ年金弐拾五両減しニ致シ、飯米之儀者壱ヶ年六拾俵ニ相定、三季毎勘定差引、残り手取金ヲ以、取賄可申約定ニ而、来丑年春御借米迄者米金借用之義、決而申入間敷候、且来丑春御借米後ゟ右約定之通り取賄可申候、尤米者其時々相場ニ而代金ニ直し、惣而借用前金之分者御定之利足ヲ加、元利共三季御切米渡之時々引取勘定可㊞被申候事

御屋形上納金の借用

一御屋形上納金有之候上、其方ゟ当用金致借用候上者、御切米高引当不相当之無心、決而申入間敷候、仮令如何様之非常入用出来候共、当時之借用高格別相減し不申候而者、公私入用共聊無心申入間敷候事

一預ヶ金致候歟、都而金子請取書差出し候節者、其方大帳之初ニ印鑑有之候間、引合可申旨被相

断、致承知置候
一仲ヶ間定例申合等之儀者、其趣ヲ以取計可被申候、尤用事有之候共、其方呼寄申間敷候、此方
より掛合之者差遣し可申候、尤夜分之対談其外迷惑ニ相成候掛合等、相頼申間敷候事

夜分の対談、迷惑の掛合を頼まない

右之通対談取極札差相頼候上者、約定相違申間敷候、為後日対談取極證文、仍如件　＊
天保十一子年十二月　内藤甚右衛門㊞
泉屋
甚左衛門殿

○＊印の紙背に裏継目印がある。

（3）天保十一年十二月　蔵宿の誓約覚（一一―三―八―九）

蔵宿の誓約覚

覚
割印
一御用立金ニ而礼金并御酒代ヶ間鋪儀、一切請取不申候
一米金御用立候節、高利并月踊之利足、決而請取不申候

月踊りの利足

一仲ヶ間請合之外、他所之金子江奥印并請合等ニ似寄候儀も、決而不仕候

奥印金

右者此度御蔵宿私方江被　仰付候間、為後日御断奉申上置候、以上
天保十一子年十二月　泉屋
甚左衛門㊞
内藤甚右衛門様御内
御用人中様

（4）天保十一年十二月　三季入米ほか米請取印の通達（一一―三―八―八）

三季入米ほか米請取印の通達

差遣申書付之事

一我等三季入米其外米請取候節計り、此㊞印形ヲ以致通用可申候間、左様相心得可給候、為後日
実印ヲ以相達置候、仍如件

天保十一子年十二月　　内藤甚右衛門㊞

泉屋
甚左衛門殿

（5）天保十三年七月　借用滞金年賦済方聞届の一札（一一―三―八―二九―二）

借用滞金年賦済方聞届の一札

清水御館に多分の上納金あり

借用残金二五六両余りは年賦返済、飯米三五俵に定む

入置申書付之事

一我等当春ゟ本高ニ立戻り、当時之所ニ而者高不相当之借財、殊ニ清水御館ニ多分之上納金有之、
暮方難渋致候間、暮方勤続等相立候様、跡々暮方堅取極、再応達而頼入候得者、格別之勘弁を
以、是迄之借用金之内金九両外ニ金六両者、当夏ゟ冬御切米迄之為雑用飯米代金、用弁給、都
合当用金拾五両ニ致し、残而金弐百㊞五拾六両壱分ト銀壱匁八分七厘者、別紙證文之通り年賦済
方致被呉、暮方之儀者、当冬御切米ゟ壱ヶ年飯米三拾五俵、但三斗五升入之積り三季ニ割合入
米致、三季毎勘定相立、差引残り手取金を以取賄可申候、如此其方ニ而も御蔵宿引請無間も、
多分之金子厚勘弁致被呉候上者、暮方勤続等之都合能令安心、重々過分ニ存候、然ル上者、以
来内外公私ニ付何様之非常入用出来候共、臨時者勿論、取越等之無心決而申入間敷候、万一違
約致候ハヽ、此書付を以相断可被申候、為後日約定取極置候処実正也、仍如件

天保十三寅年七月　　内藤甚右衛門㊞

泉屋
甚左衛門殿

一二四　内藤善次郎

一二四　内藤善次郎

証文入包紙

（0）年欠　証文入包紙（一一―三―八―四〇―〇）

（包紙上書）
「内藤善次郎様」

御蔵札差頼証文

（1）安政六年十二月　御蔵札差頼証文（一一―三―八―四〇―一）

御蔵札差頼證文之事

本高四五〇俵

一此度我等御切米本高四百五拾俵御蔵米渡札差、其方江相頼候処実正也、然ル上者、春夏御借米・冬御切米請取手形調印之上、其時々可相渡間、其方ニ而書替所両判取之被致差札、米金其方江請取、米者御蔵時之相場ニ売払勘定相立可被申候事

一年々三季御切米書入、其方ゟ為前金致借用候儀者、我等勤向幷ニ勝手向為要用相頼候ニ付、三季御切米其時々御蔵渡米金とも、其方ゟ借用前金之方江金三拾両ニ付壱ヶ月金壱分宛之利足ヲ加、元利共引取勘定相立可被申候事

札差料

一札差料之儀者、壱ヶ年高百俵ニ付金壱分宛之割合ヲ以、三季ニ割合、目録面ニ而引取可被申候、向後御切米高相増、蔵ゟ請取候節者、高百俵ニ付金壱分宛之割合ヲ以、引取可被申候事

売側金

一惣而御蔵ゟ請取米之分、御場所ニ而売払候節者、米三拾五石ニ付為売側金弐分宛之割合ヲ以、其方江引取勘定可被申候事

一他所ニ而米金及借用候節、其方江請負印形相頼申間敷、且下知請等之類ニ而も決而頼入不申候事

先札差伊勢屋安右衛門

一先札差伊勢屋安右衛門方借用年賦済方金、此度其方江請負奥印相頼候上者、別紙證文表定之通

済方皆済迄、年々三季御切米渡度毎、其方江引落置、其時々安右衛門方江直々可被相渡候、若向後札差外へ引替候ハヽ、右年賦済方金新規札差方江請負申付、奥印為致候上、引替可申候、如斯取極奥印請負相頼候上者、仮令何様之儀出来候共、右済方金渡方差留メ一切申入間鋪候、若違失之儀申入候共、其方奥印請負之約束ヲ以、此方江不及断、安右衛門方江直々定通可被相渡候、其節彼是申入間鋪候事

三季御切米、諸勘定差引目録書

一年々三季御切米其外諸勘定差引目録書、此方江請取候上者、其時々早速相調、若書損・算違有之見出候ハヽ、早速申聞、双方共過不足之米金無利足ニ而取引致、勘定違之目録書改、早速引替可申候、尤此条者季々勘定目録奥書ニ＊断有之候儀ニ而、若年数相立勘定違見出申入候而者、其方扣諸帳面も口々之儀ニ而、中ニ者虫喰破レ等も出来、無拠調方不行届、依之其時々能々再調致、相違見出候ハヽ、前年三季勘定目録書者、翌年春夏御借米前迄ヲ限り可申入候、右約定ニ致置候上者、其節彼是申入間鋪候事

手形差留め、直請取はしない

前書之通取極、御蔵札差其方江相頼候上者、向後何様之儀有之候共、三季御切米請取手形差留メ、御蔵ゟ米金直受取等決而致間敷候、若違約致候ハヽ、何方江成共可被　訴出候、其節違乱申間鋪候、且又此末々家督代替ニ相成候共、可為同様候、依之此證文永々相用可被申候、為後日頼證文、仍如件

安政六未年十二月　　内藤善次郎㊞

泉屋
甚左衛門殿

○＊印の紙背に裏継目印がある。

対談取極証文

（2）安政六年十二月　対談取極証文（二一―三―八―四〇―二）

対談取極證文之事

前金五五〇両借用、飯米三〇俵に定む

一我等年々三季御切米書入、為前金借用申入候儀者、別紙證文ヲ以致通用可申候、此度別紙證文之通、金五百五拾両致借用候上者、来申春ゟ壱ヶ年金弐拾五両減シニ致、飯米三拾俵相定、三季毎勘定差引、残手取金ヲ以取賄可申候約定ニ而、来申春御借米迄者米金借用之儀、決而申入間敷候、同御借米後ゟ右約定之通取賄可申候、尤米者其時々相場ニ而代金ニ直シ、惣而借用前金之分者金三拾両ニ付壱ヶ月金壱分宛之利足ヲ加、元利共三季御切米渡之時々引取勘定可被申候事

先宿伊勢屋安右衛門の年賦済金あり

一先宿伊勢屋安右衛門方借用年賦済方金有之上、其方江当用金致借用候上者、御切米高引当不相当之無心、決而申入間敷候事

一預ヶ金致候歟、都而金子請取書被差出候節者、其方大帳之始メニ印鑑有之候間、引合セ可申旨被相断、致承知置候

夜分の対談、迷惑の掛合を頼まない

一其方共家業之儀、是迄致来等之儀者、其趣ヲ以取計可被申候、且又諸家方多引受被在、其上諸役所勤方も有之事故、諸家方用談ニ付、向々屋鋪方江被出用談承り候儀、人少ニ而無拠行届兼候趣、尤之事ニ候、其意味聞届置候間、諸用談者此方ゟ可申入候、尤夜分之対談、其外迷惑ニ相成掛合等相頼申間鋪候事

右之通対談取極札差相頼候上者、約定相違之儀申入間鋪候、為後日対談取極證文、仍如件

安政六未年十二月　内藤善次郎㊞

泉屋
甚左衛門殿

（3）（安政六）未年十二月十一日　用立金申送り覚（一一―三―八―四〇―三）

覚

御小普請
内藤善次郎様

（付箋）印

「（付箋）御加印　野田清左衛門様」

御高四百五拾俵

伊勢屋安右衛門殿方

（割印）（一脱）金弐百七拾七両壱分ト拾壱匁八分弐厘　無利足

此御済方、来申春御借米ゟ春夏金壱両弐分ト拾壱匁弐分五厘宛、冬金三両壱分ト七匁五分、都合一ヶ年金六両三分済

右同人殿方

（割印）一金八拾壱両壱分ト三匁七分九厘　無利足

此御済方、来申春御借米ゟ春夏金五両四匁九分壱厘宛、冬金拾両九匁八分三厘、都合一ヶ年金弐拾両壱分ト四匁六分五厘済

手前方御突金

（割印）一金五百拾九両壱分ト弐匁五分

右之通り御用立金ニ御座候、此外米金御出入等一
切無之候、為念申送り如斯御座候、以上
未十二月十一日
いせ屋
富之助㊞
泉屋
甚左衛門殿

用立金請取覚

(4)（安政六）未年十二月十二日　用立金請取覚（一一―三―八―四〇―四）

覚
一金五百拾九両壱分ト㊞
弐匁五分
右者内藤善次郎様御突金、慥㊞ニ請取申候、以上
未十二月十二日
伊勢屋
富之助
代吉造㊞
泉屋
甚左衛門殿

加判役任用の一札

(5) 安政六年十二月　加判役任用の一札（一一―三―八―四〇―五）

入置申書付之事
一我等此度勝手ニ付、由緒野田清左衛門為取締加判ヲ以、諸事致通用候間、左様相心得可給候、
尤加判之儀ニ付其方江迷惑相掛ヶ申間敷候、為後日入置申処仍而如件
安政六未年十二月
内藤善次郎㊞

野田清左衛門㊞

泉屋
甚左衛門殿

宿替の申送り覚

（6）文久元年三月　宿替の申送り覚（一一―三―八―四〇―六）

覚

一我等此度勝手ニ付、坂倉屋清兵衛方江御蔵宿申付候ニ付、是迄其方江相渡置候印紙印證等、不残被致返却、慥ニ請取候、且是迄之諸勘定等者其時々相改置候所、聊相違無之候間、以来取調等申入間敷候、為念書付差遣置候、以上

文久元酉年三月　内藤善次郎㊞

泉屋
甚左衛門殿

一二五 中川次左衛門

一二五　中川次左衛門

証文帯封
支配勘定

（0）文化十一年七月晦日　証文帯封（一一―三―八―二五―〇）

（帯封上書）
「支配御勘定
中川次左衛門様

文化十一戌年七月晦日

坂倉屋万右衛門殿ゟ御引請」

（帯封裏書）
「封　」

御蔵札差頼証文

（1）文化十一年七月　御蔵札差頼証文（一一―三―八―二五―一）

（端裏書）
「中川次左衛門様」

蔵宿頼定證文之事

札差料

一我等蔵宿其方江相頼申処実正也、然ル上者、高相応之金子相弁用立可給候、高不相応之無心決而申入間敷候、勿論三季御切米手形早速其方江可相渡候間、書替所裏判被相調、御蔵江被致差札、米金相渡次第米者時之相場ニ売払、別紙借用金相定之通、元利共引取勘定可被申候、尤不時相渡候共、右同様可被相心得、且札差料者百俵ニ付壱ヶ年金壱分宛、并三季御切米不時物共百俵ニ付金弐分口之積を以、引取可被申候、如斯相定候上者二重書入致間敷候、若亦勝手ニ付、蔵宿外江申付候ハヽ、其方ゟ米金借用之分元利共皆済之上、宿引替可申候、為後日仍如件

文化十一戌年七月　　中川次左衛門㊞

泉屋
甚左衛門殿

用立金申送り覚

(2)（文化十一）戌年七月十七日　用立金申送り覚（一一―三―八―二五―二）

覚

一金拾両ト拾弐匁　　御立替金

右者中川次左衛門様へ御用立金、此外一切御出入無御座候、以上

戌七月十七日　　坂倉屋
万右衛門㊞

泉屋
甚左衛門殿

用立金請取覚

(3)（文化十一）戌年七月晦日　用立金請取覚（一一―三―八―二五―三）

覚
一金拾㊞両ト拾弐匁
右者中川次左衛門様分御立替金御渡被下、慥受取㊞申候、為念如此御座候、以上
戌七月晦日　坂くら屋
万右衛門㊞
泉屋
甚左衛門殿

一二六　中根吉五郎・吉之助　御切米前金借用証文

前金返済は蔵宿の山田屋金右衛門

一二六　中根吉五郎・吉之助　御切米前金借用証文（一一―四―一―二八）

嘉永三年十一月

（端裏張紙）
「中根吉五郎様
同　吉之助様」

借用申金子之事
一金拾㊞弐両ト㊞拾三匁五分弐厘者　但無利足
此済方、来亥春御借米ゟ春夏銀四匁壱分七厘宛、冬銀八匁三分六厘、都合壱ヶ年金壱分
壱匁七分済、御仕法済方之通皆済迄、引取勘定可被申候
右是者我等御蔵宿其方江相頼候内、三季御切米書入、為前金慥ニ借用申処実㊞正也、返済之儀者三
季御切米相渡候度毎、書面御仕法済方割合之通、当御蔵宿山田屋金右衛門方江為引落置候間、此
方江不及案内、金右衛門方ゟ直々請取勘定可被申候、為其同人請負印形為致置候、如斯御仕法之
済方ニ相成候上者、向後何様之儀有之候共、皆済迄延滅少等之儀決而申入間敷候、家督代替等有

之候共、可為同様候、依之此證文皆済迄相用可被申候、若亦勝手ニ付御蔵宿外江引替候節者、済
残金新規御蔵宿江申付、請負印形為致可申候、為後日仍如件

嘉永三戌年十一月

中根吉五郎㊞
同　吉之助㊞

泉屋
甚左衛門殿

右蔵宿の奥書

（割印）
前書之金子、中根吉五郎様㊞ 同 吉之助様㊞ 江貴殿御用立被成候所、此度拙者方江御蔵宿被　仰付候ニ付、御
本文御済方之通請負申処実正ニ御座候、然ル上者、来亥春御借米ゟ年々三季御切米相渡候度
毎、拙者方勘定差引不構不足ニ、御本文御割合之通致承知、季毎引落置、急度相渡可申候、
仮令　御屋敷様ゟ御済方御差留メ被遊候共、如此請負候上者、不抱其儀ニ無相違相渡可申候、
若亦御蔵宿外江被　仰付候ハヽ、其段貴殿江致通達、新規御蔵宿江申送り請負印形為致可申
候、為後日仍如件

戌十一月

山田屋
金右衛門㊞

泉屋
甚左衛門殿

一二七　中村謙造

（1）文久四年二月　御蔵札差頼証文（二七―五―二―一八―二五）

出役手当一五人扶持札差料

御蔵札（差脱）頼證文之事

一我等出役御手当扶持拾五人扶持御蔵札差、其方へ相頼候処実正也、然ル上者、月々手形可相渡間、其方ニ而差札被致、御蔵ゟ請取被申、米者時之相場ニ売払勘定相立可被申候、札差料之儀者、壱人扶持ニ付弐合宛之割合を以、引取可被申候、尤御手当扶持見込金用等之儀、決而頼入申間敷候、若又御扶持米ニ而引取候節者、引取候分懸り壱人扶持ニ付弐合宛之割合を以、引取可被申候、為後日頼證文仍如件

文久四子年二月　　中村謙造㊞

泉屋
甚左衛門殿

軍役金請取覚

（2）（慶応三）卯年六月　軍役金請取覚（二七―五―二―一八―二六）

蔵米高弐拾人扶持
卯春分

（割印）

一金三分也

右御軍役金御蔵江納申処、仍如件

卯六月　　松村鉒之允㊞
花田武兵衛㊞

中村謙造殿

京都御用につき留守中親類へ依頼書状

（3）正月二十日　京都御用につき留守中親類へ依頼書状（二四―四―一〇―二四）

（上書）
「和泉屋
　甚左衛門様　　小川丁
　　　　　　　　中村謙造
　　　　　　　　　　」

〆

以手紙致啓上候、然者此御人青山左京太夫様御家来　石川条右衛門義、拙者親類之者ニ御座候而、此度拙者京都　御用被　仰付、廿二日出立致し候ニ付、留守中事都而右石川へ相頼置候ニ付、御扶持方其外金子之義も御渡し可被下候、右ニ付先日三拾五両之書付も預ヶ置申候、若当月下旬之頃五両歟十両歟受取ニ被参候義も相知不申候故、掛合御座候ハヽ、御渡可被下候、右申上度、如是御座候、匆々以上

＊正月廿日
　　認置

（＊印張紙）
「青山左京太夫家来
　石川条右衛門」

（4）年欠　古川供道へ米俵繰替え依頼書状（二四―四―一〇―二五）

古川供道へ米俵繰替え依頼書状

（上書）
「泉屋
　甚左衛門殿　　歩兵方御医師
　　要用　　　　中村謙造
　　　　　　　　　　」

〆

長州表出張

以手紙致啓上候、然ハ拙者中間古川洪（供）道義、只今長州表出張仕居候而留守ニ付、少し飯米不都合之由候間、此度御面倒ニ存候へ共、三斗俵三俵計御繰替置可被下候様奉相頼候、則右同人門人遣し候間、宿所等者此仁ゟ御聞取可被下候、右申上度、匆々以上

為念実印御置申候

中村謙造㊞

一二八　中村周助・兼太郎

嘉永六年四月　御切米前金借用証文（一一―四―一―三八）

前金返済は蔵宿の下野屋鉄吉

（端裏書）
「中村周助様
同　兼太郎様」

借用申金子之事

一金五㊞拾三両ト八匁六分七厘者　但無利足

此済方、当丑夏御借米ゟ春夏金壱分拾匁七分壱厘、冬金三分六匁四分三厘、都合壱ヶ年金壱両弐分拾弐匁八分五厘済、御主法済方通皆済迄、引取勘定可被申候事

右是者我等御蔵宿其方江相頼候内、三季御切米書入、為前金慥ニ借用申処実正也㊞、返済之儀者三季御切米相渡候度毎、書面御主法済方割合之通、当御蔵宿下野屋鉄吉方江為引落置候間、此方江不及案内、鉄吉方ゟ直々受取勘定可被申候、為其同人請負印形為致置候、如斯御主法之済方ニ相成候上者、向後何様之義有之候共、皆済迄延減少等之儀決而申入間敷候、家督代替等有之候共、可為同様候、依之此證文皆済迄相用可被申候、若又勝手ニ付御蔵宿外江引替候節者、済残金新規御蔵宿へ申付、請負印形為致可申候、為後日仍如件

嘉永六丑年四月　中村周助㊞

同　兼太郎㊞

泉屋
甚左衛門殿

右蔵宿の奥書

（割印）前書之金子、中村周助様へ貴殿御用立被成候処、此度拙者方江御蔵宿被　仰付候ニ付、御本文御済方之通請負申処実正ニ御座候、然ル上者、当丑夏御借米ゟ年々三季御切米相渡候度毎、拙者方勘定差引不構不足、御本文御割合之通致承知、季毎引落置、急度相渡可申候、仮令　御屋敷様ゟ御済方御差留メ被遊候共、如此請負候上者、不抱其儀無相違相渡可申候、若又御蔵宿外江被　仰付候ハヽ、其段貴殿江致通達、新規御蔵宿へ申送請負印形為致可申候、為後日仍如件

丑四月

下野屋
鉄吉㊞

泉屋
甚左衛門殿

一二九　中村荘助・勘兵衛

（1）万延元年十二月　御蔵札差頼証文（一一―三―六―二―一）

御蔵札差頼證文之事

本高二〇俵二人扶持、足高六〇俵・部屋住高一五〇俵

一此度我等御切米本高弐拾俵弐人扶持、御足高六拾俵・部屋住高百五拾俵御蔵米渡札差、其方江相頼候所実正也、然ル上者、春夏御借米・冬御切米請取手形調印之上、其時々可相渡間、其方ニ而書替所両判取之被致差札、米金其方江請取、米者御蔵時之相場ニ売払勘定相立可被申候事

一二九　中村荘助・勘兵衛　御蔵札差頼証文

一年々三季御切米書入、其方ゟ為前金致借用候儀者、我等勤向幷勝手向為要用相頼候ニ付、三季御切米其時々御蔵渡米金共、其方ゟ借用前金之方へ金三拾両ニ付壱ヶ月金壱分宛之利足ヲ加江、元利共引取勘定相立可被申候、且御扶持方取越借用利足之儀者、壱人扶持ニ付初月利米五合、翌月ゟ利米弐合宛之割合ニ而、前利ニ引取勘定相立可被申候事

札差料

一札差料之儀者、壱ヶ年高百俵ニ付金壱分宛之割合を以、三季ニ割合、目録面ニ而引取可被申候、且御扶持米御蔵ゟ引取候掛り、壱人扶持ニ付米弐合宛其時々引取可被申、向後御切米高幷御扶持方共相増、御蔵ゟ請取候節者差料引取掛り共、右之振合ヲ以引取可被申候事

売側金

一惣而御蔵ゟ請取米之分、御場所ニ而売払候節者、米三拾五石ニ付為売側金弐分宛之割合ヲ以、其方江引取勘定可被申候事

一他所ニ而米金及借用候節、其方江請負印形相頼申間敷、且下知請等之類ニ而も決而頼入不申候事

三季御切米、諸勘定差引目録

一年々三季御切米其外諸勘定差引目録書、此方江請取候上者、其時々早速相調、若書損・算違有之見出候ハヽ、早速申聞、双方共過不足之米金無利足ニ而取引致、勘定違之目録書改、早速引替可申候、尤此条者季々勘定目録奥書ニ断有之候儀ニ而、若年数相立勘定違見出申入候而者、其方扣諸帳面も口々之儀ニ而、中ニ者虫喰破レ等も出来、無拠調方不行届、依之其時々能々再調致、相違見出候ハヽ、前年三季勘定目録書者、翌年春夏御借米前迄ヲ限り可申入候、右約定ニ致置候上者、其節彼是申入間敷候事

手形差留め、直請取はしない

前書之通取極、御蔵札差其方江相頼候上者、向後何様之儀有之候共、三季御切米請取手形差留メ、

御蔵ゟ米金直請取等決而致間敷候、若違約致候ハヽ、何方江成共可被　訴出候、其節違乱申間敷
候、且又此末々家督代替ニ相成候共、可為同様候、依之此證文永々相用可被申候、為後日頼證文
仍如件

万延元申年十二月　　　　中村荘助㊞
同　勘兵衛㊞

泉屋
甚左衛門殿

○*印の紙背二箇所に裏継目印がある。

(2)（万延元）申年十二月　用立金申送り覚（一一―三―六―二―二）

用立金申送り覚
御奥火之番
高八〇俵二人扶持
御勘定
部屋住高一五〇俵

覚

御奥火之番
中村荘助様
御勘定
中村勘兵衛様

一 御高八拾俵弐人扶持
内　御本高弐拾俵弐人扶持
一 御部屋住高百五拾俵
一 御無借
一 御扶持方当申十二月分、弐人扶持御預り
右之通ニ御座候、此外米金共御出入等一切無御座候、為念申送り如此御座候、以上

申十二月　　菱屋
　　　　　　武右衛門㊞
　泉屋
　甚左衛門殿

蔵宿の誓約覚

（3）万延元年十二月　蔵宿の誓約覚（一一―三―八―一三）

覚

一 御用立金ニ而礼金幷御酒代ヶ間敷儀、一切請取不申候

［割印］［割印］

月踊りの利足

一 米金御用立候節者、高利幷月踊之利足、決而請取不申候

奥印金

一 仲間請負之外、他所之金子江奥印幷諸請合等ニ似寄候儀、決而不仕候

右者此度御蔵宿私方江被　仰付候間、為後日此段御断奉申上置候、以上

万延元申年十二月　　泉屋
　　　　　　　　　　甚左衛門㊞

中村荘助様
同　勘兵衛様御内
　　御用人中様

御借米代請取覚

（4）（慶応元）丑年二月十九日　御借米代請取覚（一二―一―五―九）

覚

一 金拾七両壱分
　　銀弐匁七分四厘

右者当春渡御借米代、書面之通請取候、以上

丑二月十九日　　中村勘兵衛㊞

　和泉屋
　甚左衛門殿

一三〇　中村和三郎　御切米前金借用証文

前金返済は蔵宿の坂倉屋治郎左衛門

右蔵宿の奥書

一三〇　中村和三郎　御切米前金借用証文（一一—四—一—四九）

安政六年六月

（端裏張紙）
「中村和三郎様」

借用申金子之事

一金九両弐分拾壱匁弐分四厘者㊞　但無利足

此済方、当未冬御切米ゟ春夏銀六匁四分弐厘宛、冬銀拾弐匁八分七厘、都合壱ヶ年金壱分拾匁七分壱厘済、御仕法済方之通皆済迄、引取勘定可被申候

右是者我等御蔵宿其方江相頼候内、三季御切米書入、為前金慥ニ借用申処実正也㊞、返済之儀者三季御切米相渡候度毎、書面御仕法済方割合之通、当御蔵宿坂倉屋治郎左衛門方江為引落置候間、此方江不及案内、治郎左衛門方ゟ直々請取勘定可被申候、為其同人請負印形為致置候、如斯御仕法之済方ニ相成候上者、向後何様之義有之候共、皆済迄延減少等之儀、決而申入間敷候、家督代替等有之候共、可為同様候、依之此證文皆済迄相用可被申候、若又勝手ニ付御蔵宿外江引替候節者、残金新規御蔵宿へ申付、請負印形為致可申候、為後日仍如件

安政六未年六月　　中村和三郎㊞

泉屋
甚左衛門殿

（割印）
前書之金子、中村和三郎様江貴殿御用立被成候処、此度拙者方江御蔵宿被　仰付候ニ付、御本文御済方之通請負申処実正㊞ニ御座候、然ル上者、当未冬御切米ゟ年々三季御切米相渡候

度毎、拙者方勘定差引不構不足ニ、御本文御割合之通致承知、季毎引落置、急度相渡可申候、
仮令　御屋鋪様ゟ御済方御差留メ被遊候共、如此請負候上者、不抱其儀無相違相渡可申候、
若亦御蔵宿外江被　仰付候ハヽ、其段貴殿江致通達、新規御蔵宿へ申送り請負印形為致可申
候、為後日仍如件

未六月　　　　　　　　　　坂倉屋
　　　　　　　　　　　　　　治郎左衛門㊞

　　泉屋
　　　甚左衛門殿

一三一　永島安左衛門　御切米前金借用証文

一三一　永島安左衛門

嘉永四年二月　御切米前金借用証文（一一―四―一―三一）

（端裏書）
「永島様」

借用申金子之事

一金三拾七両弐分㊞　　　　但無利足
　　　弐匁三分

此済方、当亥夏御借米ゟ春夏金弐分六匁四分弐厘宛、冬金壱両拾弐匁八分七厘、都合壱
ヶ年金弐両三分拾匁七分壱厘済、御仕法済方割合之通皆済迄、引取勘定可被申候

前金返済は蔵宿の万田屋新右衛門

右是者我等御蔵宿其方江相頼候内、三季御切米書入、為前金慥ニ借用申処実正也、返済之儀者、
三季御切米相渡候度毎、書面御仕法済方割合之通、当御蔵宿万田屋新右衛門方江為引落置候間、
此方江不及案内、新右衛門方ゟ直々請取勘定可被申候、為其同人請負印形為致置候、如斯御仕法

之済方ニ相成候上者、向後何様之義在之候共、皆済迄延減少等之儀決而申入間敷候、家督代替等有之候共、可為同様候、依之此證文皆済迄相用可被申候、若又勝手ニ付御蔵宿外江引替候節者、済残金新規御蔵宿江申付、請負印形為致可申候、為後日仍如件

嘉永四亥年二月　　永島安左衛門㊞

泉屋
甚左衛門殿

右蔵宿の奥書

（割印）
前書之金子、永島安左衛門様江貴殿御用立被成候所、此度拙者方江御蔵宿被仰付候ニ付、御本文御済方之通請負申処実正ニ御座候、然ル上者、当亥夏御借米ゟ年々三季御切米相渡候度毎、拙者方勘定差引不構不足、御本文御割合之通致承知、季毎引落置、急度相渡可申候、仮令　御屋敷様ゟ御済方御差留メ被遊候共、不抱其儀無相違相渡可申候、若又御蔵宿外へ被仰付候ハヽ、其段貴殿江致通達、新規御蔵宿江申送り、請負印形為致可申候、為後日仍如件

亥二月　　万田屋
新右衛門㊞

泉屋
甚左衛門殿

一三二　永堀慶次郎御切米前金借用証文

一三二　**永堀慶次郎**　御切米前金借用証文（一一一―三―六―二二）

弘化二年正月

（端裏張紙）
「永堀慶次郎様」

御切米前金借用之事

一金七両三分弐匁壱分五厘（印）　　但無利足
　此済方、春夏三匁弐分壱厘ツヽ、冬六匁四分三厘、一ヶ年拾弐匁八分五厘、御主法之通
　引取勘定可申事
一金九拾三両弐分壱匁七分五厘（印）　　但無利足
　此済方、春夏拾匁七分壱厘、冬壱分六匁四分三厘、一ヶ年金弐分拾弐匁八分五厘、御主
　法之通引取勘定可被申候事

前金返済は蔵宿の葛西屋平七

右是者我等無拠借用申処実正也（印）、返済之儀者前書済方割合之通、当宿葛西屋平七方江為引落可相
渡間、此方不及案内、直々同人方ゟ請取可被申候、為其同人江請負奥印為致置候、此金子之儀者、
御仕法御定之儀故、済方差留候儀堅申入間敷、急度皆済可致候（印）、且又此末外へ札差引替候ハヽ、
其節済残金新規札差江請負奥印為致替可申、若家督代替ニ相成候とも、右金子者皆済迄此證文相
用可被申候、為後日前金借用證文仍如件

弘化二巳年正月　　　　　　　　　　　　　永堀慶次郎（印）

泉屋
甚左衛門殿　＊＊

右蔵宿の奥書

（割印）（割印）前書之金子、永堀慶次郎様江貴殿御用立被成候処、拙者御蔵宿相勤居候ニ付、前書御定之
通請負申所実正ニ御座候、然ル上者、年々三季御切米度毎、拙者勘定差引不足ニ不拘引落置、
（割印）貴殿江直々相渡可申候、如斯請負候上者、御屋敷様より渡し方御差留之儀被仰聞候共、其儀
（割印）ニ不抱急度相渡可申候、若又此末外江札差御引替被遊候ハヽ、新規御蔵宿江申送、請負印形

為致替可申候、為後日仍如件

巳正月　　　　　　　　　　葛西屋
　　　　　　　　　　　　　　平七㊞

　　泉屋
　　　甚左衛門殿

○＊印の紙背二箇所に割印がある。

一三三　並木四郎兵衛・林五郎御切米前金借用証文

一三三　**並木四郎兵衛・林五郎**

嘉永七年七月　　御切米前金借用証文（二一―四―一―四一）

（端裏書）
「並木四郎兵衛様」

　借用申金子之事

一金四拾弐両弐分九分四厘㊞㊞　　　　但無利足

　此済方、当寅冬御切米ゟ春夏銀弐匁五分七厘ツヽ、冬銀五匁壱分四厘、都合壱ヶ年銀拾

　匁弐分八厘済、御仕法済方之通皆済迄、引取勘定可被申候

前金返済は蔵宿の下野屋十右衛門

右是者我等御蔵宿其方へ相頼候内、三季御切米書入、為前金慥借用申処実正也、返済之儀者三季

御切米相渡候度毎、書面御仕法済方割合之通、当御蔵宿下野屋十右衛門方へ為引落置候間、此方

へ不及案内、十右衛門方ゟ直々請取勘定可被申候、為其同人請負印形為致置候、如斯御仕法之済

方ニ相成候上者、向後何様之儀有之候共、皆済迄延減少等之儀決而申㊞入間敷候、家督代替等有之

候共、可為同様候、依之此證文皆済迄相用可被申候、若又勝手ニ付御蔵宿外へ引替候節者、済残

金新規御蔵宿へ申付、請負印形為致可申候、為後日仍如件

嘉永七寅年七月

並木四郎兵衛㊞

同　林　五　郎㊞

泉屋
甚左衛門殿

右蔵宿の奥書

（割印）

前書之金子、　並木四郎兵衛様江貴殿御用立被成候所、此度拙者方へ御蔵宿被　仰付候ニ付、御本文御済方之通り請負申処実正ニ御座候、然ル上者、当寅冬御切米ゟ年々三季御切米相渡候度毎、拙者方勘定差引不構不足ニ、御本文御割合之通致承知、季毎引落置、急度相渡可申候、仮令　御屋敷様ゟ御済方御差留メ被遊候共、如斯請負候上者、不抱其儀無相違相渡可申候、若又御蔵宿外へ被　仰付候ハヽ、其段貴殿へ致通達、新規御蔵宿へ申送、請負印形為致可申候、為後日仍如件

寅七月

下野屋
十右衛門㊞

泉屋
甚左衛門殿

一三四　西尾惣次郎

御切米前金借用証文の奥書

一三四　西尾惣次郎

亥年七月　　御切米前金借用証文の奥書（一一―三―八―二四―三二）

（割印）

前書之金子、　西尾惣次郎様江貴殿御用立被成候所、此度拙者方江御蔵宿被　仰付候ニ付、都而御本文之趣委細致承知請合申処実正也、然ル上者、当亥冬御切米ゟ年々三季御切米度毎、

手前差引ニ不構、御定之通引落置、無相違急度相渡可申候、万一御屋鋪様ゟ御差留被遊候共、不拘其儀無遅滞相渡可申候、若又御転宿被遊候ハヽ、新規御蔵宿江申送、猶又請合奥印為致可申候、為後日請合奥印依如件

亥七月　　泉屋
甚左衛門㊞

伊勢屋
四郎左衛門殿

○本史料の割印・実印は、墨書で抹消されている。

一三五　西谷与三郎

西谷与三郎
御切米前金借用証文
前金返済は蔵宿の下野屋鉄吉

一三五　西谷与三郎

嘉永四年十一月　　御切米前金借用証文（一一―四―一―三五）

（端裏張紙）
「西谷与三郎様」

借用申金子之事

一金拾弐両壱分九匁三分五厘者㊞　　但無利足

此済方、来子春御借米ゟ春夏銀弐匁五分七厘宛、冬銀五匁壱分四厘、都合壱ヶ年銀拾匁弐分八厘済、御仕法済方之通皆済迄、引取勘定可被申候事

右是者我等御蔵宿其方江相頼候内、三季御切米書入、為前金借用申処実正也、㊞返済之儀者三季御切米相渡候度毎、書面御仕法済方割合之通、当御蔵宿下野屋鉄吉方江為引落置候間、此方江不及案内、鉄吉方ゟ直々受取勘定可被申候、為其同人請負印形為致置候、如斯御仕法之済方ニ相成候上者、向後何様之義有之候共、皆済迄延減少等之儀決而申入間敷候、家督代替等有之候共、可

為同様候、依之此證文皆済迄相用可被申候、若又勝手ニ付御蔵宿外へ引替候節者、済残金新規御
蔵宿江申送り、請負印形為致可申候、為後日仍如件

嘉永四亥年十一月　　西谷与三郎㊞

泉屋
甚左衛門殿

右蔵宿の奥書

（割印）
前書之金子、西谷与三郎様江貴殿御用立被成候処、此度拙者方江御蔵宿被　仰付候ニ付、
御本文御済方之通請負申処実正㊞ニ御座候、然ル上者、来子春御借米ゟ年々三季御切米相渡候
度毎、拙者方勘定差引不構不足ニ、御本文御割合之通致承知、季毎引落置、急度相渡可申候、
仮令　御屋敷様ゟ御済方御差留メ被遊候共、如此請負候上者、不抱其儀無相違相渡可申候㊞、
若又御蔵宿外江被　仰付候ハヽ、其段貴殿江致通達、新規御蔵宿江申送り、請負印形為致可
申候、為後日仍如件

亥十一月　　下野屋
鉄吉㊞

泉屋
甚左衛門殿

一三六　根岸又八郎

一三六　根岸又八郎

軍役金請取覚

（1）（慶応三）卯年四月　軍役金請取覚（二四―四―七―二―一）

去寅十二月一ヶ月分
蔵米高三百俵

（割印）
一金三分銀五匁也

右御軍役金御蔵江納申処、仍如件
卯四月　　松村銈之允㊞
　　　　　花田武兵衛㊞
根岸又八郎殿

(2)（慶応三）卯年九月　軍役金請取覚（二四―四―七―二―三）

同右
（割印）
一金弐両弐分也　蔵米高三百俵　卯春分
右御軍役金御蔵江納申処、仍如件
卯九月　　松村銈之允㊞
　　　　　花田武兵衛㊞
根岸又八郎殿

(3)（慶応三）卯年十月　軍役金請取覚（二四―四―七―二―七）

同右
（割印）
一金弐両弐分也　蔵米高三百俵　卯夏分
右御軍役金御蔵江納申処、仍如件
卯十月　　松村銈之允㊞
　　　　　花田武兵衛㊞
根岸又八郎殿

御切米前金借用証文

一三七　野口富次郎　御切米前金借用証文（一一―四―一―三四）

嘉永四年三月

（端裏張紙）
「野口富次郎様」

借用申金子之事

一金八拾壱両三分拾三匁八分九厘者㊞　但無利足也

此済方、当亥夏ゟ春夏銀拾壱匁壱分四厘宛、冬金壱分ト七匁弐分八厘、都合壱ヶ年金弐分拾四匁五分六厘済、御仕法済方之通皆済迄、引取勘定可被申候事

前金返済は蔵宿の下野屋鉄吉

右是者我等御蔵宿其方江相頼候内、三季御切米書入、為前金慥ニ借用申処実正也㊞、返済之儀者、三季御切米相渡候度毎、書面御仕法済方割合之通、当御蔵宿下野屋鉄吉方江為引落置候間、此方江案内ニ不及、鉄吉方ゟ直々請取勘定可被申候、為其同人請負印為致置候、如斯御仕法之済方ニ相成候上者、向後何様之儀有之候共、皆済迄延減少等之義決而申入間敷候、家督代替等有之候共、可為同様候、依之此證文皆済迄相用可被申候、若又勝手ニ付御蔵宿外江引替候節者、済残金新規御蔵宿江申付、請負印形為致可申候、為後日仍如件

嘉永四亥年三月　野口富次郎㊞

泉屋
甚左衛門殿

右蔵宿の奥書

（割印）

（付箋）

前書之金子、野口富次郎様江貴殿御用立被成候処、此度拙者方江御蔵宿被　仰付候ニ付、御本文御割合之通請負申処実正ニ御座候㊞、然ル上者、当亥夏御借米ゟ年々三季御切米相渡候度毎、拙者方勘定差引不構不足ニ、御本文御割合之通致承知、季毎引落置、急度相渡可申候、

仮令　御屋敷様ゟ御済方御差留メ被遊候共、如此請負候上者、不拘其儀無相違相渡可申候、
若又御蔵宿外江被　仰付候ハヽ、其段貴殿江致通達、新規御蔵宿江申送り請負印形為致可申
候、為後日仍如件
亥三月　　　　　　　　　　　　　　　　下野屋
　　　　　　　　　　　　　　　　　　　　鉄吉㊞
　　　　　　　　　泉屋
　　　　　　　　　　甚左衛門殿

「(付箋)
　覚
一野口富次郎様御年賦金、当酉冬分来戌春夏共一ヶ年永延相成候歟、御済方来戌年冬ゟ壱ヶ
年金壱分四分四厘御減相成、以来金弐分拾四匁五分六厘済ニ相成候、申送書付慥請取申候、
以上
　六月十一日　　　　　　　　　　　　　坂倉屋
　　　　　　　　　　　　　　　　　　　　治郎左衛門㊞
　　泉屋
　　　甚左衛門殿」

一三八　野崎東五郎　御切米前金借用証文の奥書

一三八　野崎東五郎　御切米前金借用証文の奥書（一一―三―八―二四―二三）

巳年九月

(割印)
前書之金子、　野崎東五郎様江貴殿御用立被成候所、此度拙者方江御蔵宿被　仰付候ニ付、
御本文御済方之通慥ニ請負申処実正ニ御座候、然ル上者、当巳冬御切米ゟ年々三季御切米度
毎、拙者方御用立金差引勘定不構不足、前書割合之通引落置、無相違相渡可申候、万一御屋

敷様ゟ右御済方御差留被遊候共、約定之通無違乱相渡可申候、若又御蔵宿外江御引替被遊候節者、新規御蔵宿江申送、請負印形為致替可申候、為後日請負奥書仍如件

巳九月　　　　泉屋甚左衛門㊞

鹿島屋利助殿

○本史料の割印・実印は、墨書で抹消されている。

一三九　野田弥太郎　米渡方の案内書状（一一―三―八―二三―七）

二月五日

（上書）「泉屋勘（甚）左衛門殿内
支配人中
印子入　　　野田弥太郎」

〆

以　手紙啓上致候、然者今五日御米渡りニ付、案内之趣承知致候、則此者江御渡り米渡呉候様頼入候、以上

二月五日　　　　野田弥太郎㊞

猶以過日、三俵用立米差引跡御渡り米、此者江御遣し可給候、何も両三日内参り万々可申候、以上

一四〇　野村為治郎

御切米前金借用証文

弘化二年正月　御切米前金借用証文（一一―三―六―二一）

（端裏張紙）
「野村為治郎様」

御切米前金借用之事

一金拾七両六匁四分四厘　㊞　但無利足

此済方、春夏九匁六分四厘、冬金壱分四匁弐分八厘、一ヶ年金弐分八匁五分六厘済、御主法之通引取勘定可被申候

一金弐拾壱両壱分六匁　㊞　但無利足

此済方、春夏金壱分弐匁弐分五厘、冬金弐分四匁五分、一ヶ年金壱両九匁済、御主法之通引取勘定可被申候事

前金返済は蔵宿の坂倉屋平吉

右是者無拠借用申処実正也、㊞返済之儀者前書済方割合之通、当宿坂倉屋平吉方江為引落可相渡間、此方江不及案内、直々同人方ゟ請取可被申候、為其同人江請負奥印為致置候、此金子之儀者御仕法御定之儀故、㊞済方差留候儀堅申入間敷、急度皆済可致候、且又此末札差外へ引替候ハヽ、其節済残金新規札差江請負奥印為致替可申、若家督代替ニ相成候とも、右金子者皆済迄此證文相用可被申候、為後日前金借用證文仍如件

弘化二巳年正月　野村為治郎㊞

泉屋
甚左衛門殿

右蔵宿の奥書

（割印）前書之金子、野村為治郎様江貴殿御用立被成候処、拙者御蔵宿相勤居候ニ付、前書御定之

通請負申処実正ニ御座候、然ル上者、年々三季御切米度毎、拙者勘定差引不足ニ不抱引落置、（割印）
貴殿江直々相渡可申候、若又此末外へ札差御引替被遊候ハヽ、新規御蔵宿江申送り請負奥印（割印）
為致替可申候、為後日請負奥印入置申処、仍如件（割印）

巳正月　　　　　　　　　　　　　　　　　　　　　　　　　　　坂倉屋
　　　　　　　　　　　　　　　　　　　　　　　　　　　　　　　　平吉㊞

泉屋
　甚左衛門殿　　　　　　＊＊

○＊印の紙背二箇所に割印がある。

一四一　橋本喜八郎・巳三郎

一四一　橋本喜八郎・巳三郎御切米前金借用証文の奥書

（1）辰年六月　御切米前金借用証文の奥書（一一―三―八―二四―一四）（割印）

前書之金子、橋本喜八郎様江貴殿御用立被成候処、拙者御蔵宿相勤居候ニ付、前書御定之通請負申処実正ニ御座候、然ル上者、年々三季御切米之度毎ニ、拙者方勘定差引不足ニ不抱引落置、貴殿江直々相渡し可申候、如斯請負候上者、御屋鋪様ゟ延減少渡方御差留之儀被仰付候共、其儀ニ不抱急度相渡し可申候、若又此末外江札差御引替被遊候ハヽ、新規御蔵宿江申送り、請負印形為致替可申候、為後日請負奥印入置申処、仍如件

辰六月　　　　　　　　　　　　　　　　　　泉屋
　　　　　　　　　　　　　　　　　　　　　甚左衛門㊞

伊勢屋
　四郎左衛門殿

（2）辰年六月　御切米前金借用証文の奥書（一一―三―八―二四―一五）

同右

（割印）
前書之金子、橋本喜八郎様 橋本巳三郎様江貴殿御用立被成候処、此度拙者方江札差被仰付候ニ付、御本文之金子請負申処実正ニ御座候、然ル上者、当辰冬御切米ゟ年々三季御切米之度毎、拙者方勘定差引不足ニ不拘引落置、貴殿江直々相渡可申候、如斯請負候上者、御屋鋪様ゟ渡シ方御差留之儀被仰付候共、其儀ニ不拘急度相渡可申候、若又此末外江札差御引替被遊候ハヽ、新規御蔵宿江申送り請負印形為致替可申候、為後日請負奥印入置申所、仍如件

辰六月　　泉屋
　　　　　甚左衛門㊞

伊勢屋
平左衛門殿

○本史料（1）（2）の割印・実印は、墨書の「欠」の字で抹消されている。

一四二　橋本善三・稲生佐助

（安政五カ）午年五月　出雲崎陣屋詰につき年賦金請取印形の断書（四―二―四七）

（上書）
「年賦金請取印形断書付」

拙者共両人請取年賦金、去巳年分迄善三印形を以、左助分共一同請取候処、善三儀、此度越後国出雲崎陣屋江引越候ニ付、在陣中年賦金、当午年ゟ同人分とも一同、左助印形を以請取申候間、此段御断申置候、以上

（付箋）

午五月　　橋本善三㊞
　　　　　稲生左助㊞

一四二　橋本善三・稲生佐助　出雲崎陣屋詰につき年賦金請取印形の断書

住友吉次郎殿
名代
市郎右衛門殿

泉屋
甚左衛門殿

（付箋）
「本文年賦金、十一月十日渡、定日ニ有之候間、右日限為御持被遣候様いたし度存候」

（別紙1）
「印鑑　㊞　稲生佐助」

（別紙2）
「宿所附
小日向水道端
第六天前
稲生左助」

（別紙3）
「三百五十両　橋本分
百五両　六年分済
内拾七両弐分　壱年延之分
此度可請取分
拾七両弐分　当年分年賦
〆百四十両
残弐百拾両　十二ヶ年賦
弐百両　稲生分
六十両　六年分済
十両　壱年延之分
此度可請取分

十両　当年分年賦
〆八十両
残百弐拾両　十二ヶ年賦」

一四三　長谷川角之進

一四三　長谷川角之進

(0)（文久三）亥年十月　証文入包紙（一一―三―六―九―〇）

証文入包紙

「（包紙上書）長谷川角之進様證書入　」
「（包紙裏書）〆　亥十月、弥兵衛方へ御転宿」

(1) 文久三年十月　御蔵札差頼証文（一一―三―六―九―一）

御蔵札差頼証文

御蔵札差頼證文之事

高四五〇俵

一此度我等御切米本高四百五拾俵御蔵米渡札差、其方へ相頼候処実正也、然ル上者、御切米請取手形調印之上、其時々可相渡間、其方ニ而書替所両判取之被致差札、米金其方江請取、米者御蔵時之相場ニ売払勘定相立可被申候

金二一〇両借用、飯米は三〇俵と定む

一年々三季御切米書入、其方ゟ為前金致借用候儀者、我等勤向并勝手向為要用相頼候ニ付、三季御切米其時々御蔵渡米金共、其方ゟ借用前金之方へ金三拾両ニ付壱ヶ月金壱分宛之利足ヲ加江、元利共引取勘定相立可被申候、此度当金弐百拾両致借用、来子春ゟ壱ヶ年金弐㊞拾両減シ、飯米壱ヶ年三拾俵ニ相定、三季毎差引手取金以取賄可申候

札差料

一札差料之儀者、壱ヶ年高百俵ニ付金壱分宛之割合ヲ以、三季割合目録面ニ而引取可被申候、向

後御切高相増、(米脱カ)御蔵ゟ請取候節者、右之割合ヲ以引取可被申候

売側金

一惣而御蔵ゟ請取米之分、御場所ニ而売払候節者、米三拾五石ニ付為売側金弐分宛之割合ヲ以、其方江引取勘定可被申候

一他所ニ而米金及借用候節、其方江請負印形相頼申間敷候、且下知請等之類ニ而も決而頼入不申候

＊

先札差伊勢屋幾次郎

一先札差伊勢屋幾次郎方借用年賦済方金、此度其方江請負奥(印脱)相頼候上者、別紙證文表定之通皆済迄、年々三季御切米渡度毎、其方江引落置、其時々幾次郎方江直々可被相渡候、仮令何様之儀有之候共、済方差留等一切申入間敷候、万一申入候共、請負之廉ヲ以、此方江不及断、直々同人江可被相渡候、向後札差外へ引替候ハヽ、年賦済残金新規札差江申付、請負為致候上、宿引替可申候

三季御切米、諸勘定差引目録書

一年々三季御切米其外諸勘定目録書、此方江請取候上者、其時々相調、若書損・算違有之見出候ハヽ、早速申聞、双方共過不足之米金無利足ニて致取引、勘定違目録書改、早速引替可申候、尤此条者季勘定目録奥書ニ断有之候儀ニ而、若年数相立申入候而者、其方扣諸帳面も口々之儀ニ而、中に者虫喰破レ等も出来、無拠調方不行届、依之其時々能々致再調、相違見出候ハヽ、前年三季勘定目録書者、翌年春夏御借米前迄ヲ限り可申入候、右約定ニ致置候上者、其節彼是申入間敷候

手形差留め、直取引はしない

夜分の対談、迷惑の掛合を頼まない

一前書之通取極、御蔵札差其方江相頼候上者、向後何様之儀有之候共、三季御切米手形差留直差等、決而致間敷候、且用談之儀ニ付其方呼寄候儀、幷夜分之対談其外迷惑ニ相成懸合等、決而相頼申

間敷候、若違約致候ハヽ、何方江成共可被訴出候、其節違乱申間敷候、且又此末々家督代替ニ相成候共、此證文永々相用可被申候、為後日頼證文仍如件

文久三亥年十月　長谷川角之進㊞

泉屋
甚左衛門殿

○＊印の紙背に裏継目印がある。

（2）（文久三）亥年十月二十七日　用立金申送り覚（二一―三―六―九―二―一）

用立金申送り覚

高四五〇俵
小普請

覚

御高四百五拾俵
小普請御世話取扱
長谷川角之進様

「(付箋)時々三季共御立合
原田友八郎様」

(印)(付箋)

(割印)一　亥冬引残
同十一月〆
金七百八両弐分
弐匁四分

いせ屋幾次郎殿方
御年賦金

此御済方、来子春〆春夏金三両弐分六匁九分ツヽ、冬金七両拾三匁八分、都合一ヶ年金拾四両壱分拾弐匁六分済、外ニ壱両ニ付一ヶ月銀三分五厘ツヽ利付

(割印)一　金百五拾四両也

手前方御用立
御立替金

「(付箋)一金三両弐分也

御春入敷金
御立替金之外
御渡し可被下候」

(印)(付箋)

右之通ニ御座候、此外御出入等、一切無御座候、

為念申送り如斯御座候、以上

亥十月廿七日

いせ屋*
弥兵衛㊞

泉屋
甚左衛門殿

○*印の紙背に裏継目印がある。

用立金請取覚

(3)(文久三)亥年十月二十八日　用立金請取覚（二一―三―六―九―二―二）

覚

一金㊞百五拾四両ト
拾三匁弐分㊞　御敷金

右者長谷川角之進様御突金之方、慥請取申候、以上

亥十月廿八日

伊勢屋
弥兵衛㊞
代半兵衛

泉屋
甚左衛門殿

加判役任用の一札

(4)文久三年十月　加判役任用の一札（二一―三―六―九―三）

入置申書付之事

一我等勝手向為取締由緒、原田友八郎を以、三季勘定之節為立会候間、左様相心得可給候、為念両判を以申入置候、仍如件

文久三亥年十月

長谷川角之進㊞
立会
原田友八郎㊞

泉屋
甚左衛門殿

一四四　長谷川久助　銃隊勤務入用金の借用依頼書状

一四四　長谷川久助

三月十二日　銃隊勤務入用金の借用依頼書状（一一―五―一四―八―七）

（上書）
「泉屋甚左衛門殿　長谷川久助
〆　」

以手紙申入候、然者拙者五男英五郎儀、去ル六日銃隊被仰付、並之通御手当扶持被下置候旨被仰渡、難有存候、右ニ付金子入用之儀有之候ニ付、由緒向井七郎右衛門罷越候間、対談之通用弁可給候、為念印紙如斯御座候、以上

三月十二日　長谷川久助㊞

泉屋
甚左衛門殿

一四五　蜂屋勝次郎　御切米前金借用証文の奥書

一四五　蜂屋勝次郎

辰年十二月　御切米前金借用証文の奥書（一一―三―八―二四―一八）

（割印）
前書之金子、蜂屋勝次郎様江貴殿御用立被成候処、拙者御蔵宿相勤候ニ付、前条御定之通請負申処実正ニ御座候、然ル上者、年々三季御切米之度毎、拙者方勘定差引不足ニ不拘引落置、貴殿江直々相渡し可申候、如斯請負候上者、万一御屋敷様ゟ渡し方御差留之義被　仰付

候共、其儀ニ不拘急度相渡し可申候、若亦此末外へ札差御引替被遊候ハヽ、新規御蔵宿江申
送り、請負印形為致替可申候、為後日請負奥印入置申処、仍如件

辰十二月　　　　　　泉屋
　　　　　　　　　　甚左衛門㊞

伊勢屋
清左衛門殿

○本史料の割印・実印は、墨書で抹消されている。

一四六　早川助右衛門臨時蔵宿依頼の書付
蔵宿の泉屋茂右衛門方、近頃不如意

一四六　早川助右衛門

(1) 慶応三年十二月　臨時蔵宿依頼の書付（一一―三―五―一一―二）

（包紙上書）
「御入置書付」

入置申書付之事

一我等御蔵宿泉屋茂右衛門方江申付置候処、近頃不如意ニ相成、家業向夫々不行届之儀も有之、
右体之宿江御手形向等取扱為致候も気遣敷存候ニ付、追而同人方内間仕法相付候歟、又者外方
江転宿致候迄、貴殿方ニ而御手形幷御作事飯米渡り等取扱被呉候様相頼候処、承知被呉、過分
ニ存候、然ル上者、兼而茂右衛門方江差入有之候頼證文之通、承知罷在候ニ付、万端同人方仕
来通り取計可給候、為後日仍如件

慶応三卯年十二月　　　　早川助右衛門㊞

泉屋
甚左衛門殿

預け金請取覚

（2）慶応四年正月二十九日　預け金請取覚（二一―三―五―一一―三）

覚

一金拾両也㊞

右者去々寅年十二月預ヶ金之内、請取申処仍如件

慶応四辰年
正月廿九日　早川助右衛門㊞

御扶持方払代金の請取覚

（3）慶応四年二月朔日　御扶持方払代金の請取覚（二一―三―五―一一―四）

覚

一金壱両壱分㊞
拾四匁七分四厘

右者当辰二月分御扶持方払代金、請㊞取申処仍如件

慶応四年二月朔日　早川助右衛門㊞

泉屋
茂右衛門殿

御扶持方払代金の請取覚

（4）慶応四年二月七日　御扶持方払代金の請取覚（二一―五―一四―八―三）

覚

一金壱両壱分拾弐匁七分四厘㊞

右者当辰正月分御扶持方払代金、請取申処仍如件

慶応四辰年正月廿九日
二月七日
早川助右衛門㊞

（5）慶応四年三月　御扶持方払代金の請取覚（一一―五―一四―八―一〇）

覚

三両也
一金八両也㊞　借用
預ヶ金之内

右者当辰二月分雑用金、請取申処仍如件

慶応四辰三月　早川助右衛門㊞

（6）慶応四年三月　御蔵米前金借用証文（一一―三―五―一八―二）

借用申御蔵米前金之事

一金三両也㊞

右之金子慥ニ借用申処実正也、返済之儀者、三季御切米相渡次第、御定之利足ヲ加、元利共引取勘定可被申候、若又致転宿候節者、借用金元利共皆済之上、宿引替可申候、為後日仍如件

慶応四辰年三月　早川助右衛門
代　勝次郎㊞

泉屋
甚左衛門殿

（7）慶応四年五月　金子請取覚（一一―三―五―二一―三九）

覚

一金五両也㊞

右之通請取申処実正也、仍如件

慶応四辰年五月　　　　　早川助右衛門㊞

泉屋
甚左衛門殿

一四七　林亀次郎　御切米前金借用証文（一一―四―一―六四）

一四七　林亀次郎
御切米前金借用証文
前金返済は蔵宿の坂倉屋治郎左衛門

文久元年十月
（端裏書）
「林亀次郎様」

借用申金子之事

一金拾壱両ト拾三匁壱分弐厘者㊞　　但無利足

此済方、来戌春御借米ゟ春夏銀五匁六分弐厘宛、冬銀拾壱匁弐分六厘、都合壱ヶ年金壱分七匁五分済、御仕法済方之通皆済迄、引取勘定可被申候

右是者我等御蔵宿其方江相頼候内、三季御切米書入、為前金㊞借用申所実正也、返済之儀者、三季御切米相渡候度毎、書面御仕法済方割合之通、当御蔵宿坂倉屋治郎左衛門方江為引落置候間、此方江不及案内、治郎左衛門方直々請取勘定可被申候、為其同人請負印形為致置候、如斯御仕法之済方ニ相成候上者、向後何様之儀有之候共、皆済迄延減少等之儀決而申入間敷候、家督代替等有之候共、可為同様候、依之此證文皆済迄相用可被申候、若亦勝手ニ付御蔵宿外江引替候節者、済残金新規御蔵宿へ申付、請負印形為致可申候、為後日仍如件

文久元酉年十月　　　　　林亀次郎㊞

右蔵宿の奥書

泉屋
甚左衛門殿

（割印）前書之金子、林亀次郎様へ貴殿御用立被成候処、此度拙者方江御蔵宿被　仰付候ニ付、御本文御済方之通り請負申処実正ニ御座候、然ル上者、来戌春御借米ゟ年々三季御切米相渡候度毎、拙者方勘定差引不構不足、御本文御割合之通り致承知、季毎引落置、急度相渡可申候、仮令　御屋敷様ゟ御済方御差留メ被遊候共、如此請負候上者、不抱其儀無相違相渡可申候、若又御蔵宿外へ被　仰付候ハヽ、其段貴殿へ致通達、新規御蔵宿へ申送り請負印形為致可申候、為後日仍如件

酉十月　　坂倉屋　治郎左衛門㊞

泉屋
甚左衛門殿

一四八　春野金太郎・隣三郎　（慶応四）辰年三月二十日　金子請取覚（一一―三―五―一七―三）

覚

一金五両也

但春野金太郎
同　隣三郎

右両人米金共時々加印罷り在、前書之金子引落ニ御座候処、慥ニ受取申候、然ル上者、当五月御借米相渡り次第立合勘定可被致候、為念如件

辰三月廿日　　西久保延之助㊞

泉屋甚左衛門殿

一四九　日根九郎兵衛　証文入包紙

一四九　日根九郎兵衛

（0）年欠　証文入包紙（一一―三―六―一〇―〇）

（包紙上書、朱書）「日根九郎兵衛様」

（包紙裏書、朱書）「御転宿ニ相成候」

御蔵札差頼証文

（1）元治二年三月　御蔵札差頼証文（一一―三―六―一〇―一）

御蔵札差頼證文之事

本高四〇〇俵

一此度我等御切米本高四百俵御蔵米渡札差、其方江相頼候処実正也、然ル上者、御切米請取手形調印之上、其時々可相渡間、其方ニ而書替所両判取之被致差札、米金其方江請取、米者御蔵時之相場ニ売払勘定相立可被申候

前金二三〇両借用、飯米は四五俵に定む

一年々三季御切米書入、其方ゟ為前金致借用候儀者、我等勤向幷勝手向為要用相頼候ニ付、三季御切米其時々御蔵渡米金共、其方ゟ借用前金之方江金三拾両ニ付一ヶ月金壱分宛之利足を加、引取勘定相立可被申候、此度当金弐百三拾両致借用、当夏ゟ壱ヶ年金弐拾両減ニ致し、飯米壱ヶ年四拾五俵ニ相定、三季毎差引、残手取金を以取賄可申候

札差料

一札差料之儀者、壱ヶ年高百俵ニ付金壱分宛之割合を以、三季毎目録面ニ而引取可被申候

売側金

一惣而御蔵ゟ請取米之分、御場所ニ而売払候節者、米三拾五石ニ付為売側金弐分宛之割合を以、其方江引取勘定可被申候

一他所ニ而米金及借用候節、其方江請負印形相頼申間敷候、且下知請等之類ニ而も決而頼入申間敷候

先札差伊勢屋市郎左衛門・泉屋茂右衛門・伊勢屋幾次郎

一先宿伊勢屋市郎左衛門方・泉屋茂右衛門・伊勢屋幾次郎方借用年賦済方金、此度其方江請負奥印相頼候上者、別紙證文表定之通皆済迄、年々三季御切米渡度毎、其方江引落置、其時々右三人方江直々可被相渡候、仮令何様之儀有之候共、済方差留等一切申入間敷候、万一申入候共、請負之御廉を以此方江不及断、直々可被相渡候、向後札差外江申付候ハヽ、年賦済残金新規札差江申付、請負為致候上、宿引替可申候

三季御切米、諸勘定目録書

一年々三季御切米其外諸勘定差引目録書請取候上者、其時々早速相調、若書損・算違有之見出候ハヽ、早速申聞、双方共過不足之米金無利足ニ而致取引、勘定違之目録書改、早速引替可申候、尤此条者季々勘定目録奥書ニ断有之候儀ニ而、若年数相立申入候而者、其方扣諸帳面も口々之儀ニ而、中ニ者虫喰破レ等も出来、無拠調方不行届、依之其時々致再調相違見出候ハヽ、前年三季勘定目録(書脱)者翌年春夏御借米前迄を限可申入候、右約定ニ致置候上者、其節彼是申入間敷候

手形差留め直請取はしない

*前書之通取極、御蔵札差其方江相頼候上者、向後何様之儀有之候共、三季御切米手形差留直差等決而致間敷候、且用談之儀ニ付、其方呼寄候儀幷夜分之対談、其外迷惑ニ相成懸合等、決而申入間敷候、若違約致候ハヽ、何方江成共可被訴出候、其節違乱申間敷候、且又此末々家督代替ニ相成候とも、此證文永々相用可被申候、為後日頼證文仍如件

元治二丑年三月　　日根九郎兵衛㊞

泉屋
甚左衛門殿

○＊印の紙背に裏継目印がある。

（2）（元治二）丑年三月　用立金申送り覚（二一―三―六―一〇―二―一）

用立金申送り覚

小姓組

高四〇〇俵

覚

御小性組
日根九郎兵衛様

一　御高四百俵

伊勢屋
市郎左衛門殿

（付箋）
印

「（付箋）
御加印
池田政吉様
三季立会
野田清左衛門様」

（割印）
一　丑春引残り
金百七拾弐両弐分ト
壱匁八分壱厘

此御済方、（春夏脱カ）壱両弐分宛

冬金三両也

都合壱ヶ年金六両済

泉屋
茂右衛門殿

（割印）
一　丑春引残り
金弐拾五両也

此御済方、春夏金五両也ツヽ

冬金拾両也

都合壱ヶ年金弐拾両済

伊勢屋
幾次郎殿

（割印）丑春引残、丑三月ゟ利付
一金四百九拾七両三分ト
　　四匁六分九厘　＊

此御済方、春夏金三両壱分弐匁八分壱厘ツヽ、
冬金六両弐分五匁六分三厘
都合壱ヶ年金拾三両拾壱匁弐分五厘済
　　　　但三分五厘利付
　　　　　　手前方
　　　　　　御突金

（割印）一　金百四拾三両ト
　　　　拾壱匁也

右之通御用立金ニ御座候、此外御出入等一切無
御座候、為念申送り如斯御座候、以上
　丑三月　　　　　　　　　井筒屋
　　　　　　　　　　　　　庄兵衛㊞
　　　泉屋
　　　　甚左衛門殿

○＊印の紙背に裏継目印がある。

（3）（元治二）丑年三月二十五日　用立金請取覚（二一―三―六―一〇―二―二）

用立金請取覚

覚

一金㊞百四拾三両ト
　　拾壱匁也

右者日根九郎兵衛様御突金之分、慥㊞請取申候、以上

丑三月廿五日

井筒屋
庄兵衛
代勇吉㊞

泉屋
甚左衛門殿

日根九郎兵衛証文の引替依頼覚

（4）（元治二）丑年三月　日根九郎兵衛証文の引替依頼覚（一一―三―六―一〇―三）

覚

一日根九郎兵衛様御證文御会所江御引当ニ差上置候間、下し次第此書付御引替可被下候様、御頼申上候、以上

丑三月

井筒屋
庄兵衛㊞

泉屋
甚左衛門殿

加判役任用の一札

（5）元治二年三月　加判役任用の一札（一一―三―六―一〇―四）

入置申書付之事

一此度我等勝手向為取締由緒、池田政吉加判を以諸事致通用候間、左様相心得可給候、尤加判之儀ニ付其方江迷惑相懸申間敷候、為後日入置仍如件

元治二丑年三月

日根九郎兵衛㊞
池田政吉㊞

泉屋
甚左衛門殿

御切米前金借用証文の奥書

（6）（元治二）丑年三月　御切米前金借用証文の奥書（三七―五―二―二六―一）

（割印）

前書之金子、日根九郎兵衛様江貴殿御用立被成候処、此度拙者方江御蔵宿被　仰付候ニ付、御本文御済方之通請負申処実正ニ御座候、然ル上者、当丑夏御切米ゟ年々三季御切米相渡度毎、拙者方勘定差引不構不足、御本文御割合之通致承知、季毎引落置、急度相渡可申候、仮令御屋敷様ゟ御済方御差留被遊候共、如此請負候上者、不抱其儀無相違相渡可申候、若又御蔵宿外江被　仰付候ハヽ、其段貴殿江致通達、新規御蔵宿江申送り請負印形為致可申候、為後日仍如件

丑三月　泉屋
甚左衛門㊞

泉屋
茂右衛門殿

宿替の申送り依頼書状

（7）（慶応二）寅年正月二十四日　宿替の申送り依頼書状（二一―三―六―一〇―五）

（上書）
「泉屋
甚左衛門殿
両印
日根九郎兵衛
池　田　政　吉」

以手紙申入候、然者此度勝手ニ付、札差宿和泉屋源兵衛方江申付候間、是迄借用金取調同人方江申送り、且又加印池田政吉義、下ヶ札を以申送り、尚又当節転宿ニ付、由緒野田清左衛門三季立合ニ申送り可給候、此段何分御頼申入候、右為念両判を以断返し申入候、以上

寅正月廿四日
日根九郎兵衛㊞

加判
池田政吉㊞

泉屋
甚左衛門殿

一五〇　平岩治郎兵衛金子借用証文（四―一―一―一八）

一五〇　平岩治郎兵衛金子借用証文
子息右膳代官につき用立金

文化五年九月

「（包紙上書）
金五拾両證文壱通
［割印］
内弐拾弐両弐分請取
平岩次郎兵衛様用立金
御同人様御子息右膳様御儀、御代官被蒙仰候節、右等之訳合を以用立金」㊞

「（包紙裏書）
無之掛屋被仰付、難有受合候事
右ニ付進上
（封印）㊞与四郎懸中　改　久右衛門」

借用申金子之事

合金五拾両者㊞　但文字金也

此御済方、来巳年ゟ壱ヶ年金拾両宛三季ニ割合、御切米渡り次第金五拾両ニ壱分之利足
相添、向酉年迄五ヶ年賦ニ皆済可申候

右者無拠入用ニ付、借用申所実正也、返済之儀者前書済方之通、来巳春ゟ酉年迄五ヶ年賦、元利共返済可申候、為後日借用申一札、仍而如件
(印)

文化五辰年九月

平岩治郎兵衛内
吉見文内(印)

泉屋甚左衛門殿

前書之通相違無之候、以上

平岩治郎兵衛(印)

一五一 平沢久太夫 御切米前金借用証文 前金返済は蔵宿坂倉屋治郎右衛門

一五一　平沢久太夫

弘化二年二月　御切米前金借用証文（一一―三―六―三一）

（端裏張紙）
「平沢久太夫様」

御切米前金借用之事
巳春引残り

一　金弐拾六両拾三匁九分弐厘(印)　但無利足

此済方、当巳春ゟ春夏金壱分五匁九分八厘ツヽ、冬金弐分拾壱匁九分八厘、都合壱ヶ年(印)

金壱両壱分八匁九分四厘済、御仕法通引取勘定可被申候

右是者我等無拠要用ニ付、借用申所実正也、返済之儀者前書済方割合之通、当宿坂倉屋治郎左衛門方江為引落可相渡候間、此方江不及案内、直々同人方ゟ請取可被申候、為其同人江請負奥印為致置候、此金子之儀者、御仕法御定之儀故、済方差留候儀堅申入間敷、急度皆済可致候、且又此(印)(印)

末札差宿外江引替候ハヽ、其節済残金新規札差江請負奥印為致可申、若家督代替ニ相成候共、右
金子皆済迄此證文相用可被申候、為後日前金借用證文、仍如件

弘化二巳年二月　　平沢久太夫㊞

泉屋
甚左衛門殿

右蔵宿の奥書

（割印）前書之金子、平沢久太夫様江貴殿御用立被成候所、拙者御蔵宿相勤居候ニ付、前書御定之
（割印）通請負申処実正ニ御座候、然ル上者、年々三季御切米度毎、拙者方勘定差引不足ニ不拘引落
置、貴殿江直々相渡可申候、如斯請負候上者、御屋鋪様ゟ渡シ方御差留之儀被　仰聞候共、
其儀ニ不拘急度相渡可申候、若又此末外江札差宿御引替被遊候ハヽ、新規御蔵宿江申送り、
請負印形為致可申候、為後日請負奥印入置申処、仍如件

巳二月　　坂倉屋
治郎左衛門㊞

泉屋
甚左衛門殿　＊

○＊印の紙背に割印がある。

一五二　平野助之進・徳太郎　証文入包紙

一五二　平野助之進・徳太郎

（０）（嘉永四）戌年三月　証文入包紙（一一―三―八―三五―〇）

（包紙上書）
「平野徳太郎様證書入　」
（包紙裏書）
「〆　戌三月松や佐吉殿へ御転宿成ル」

（1）嘉永四年六月　御蔵札差頼証文（一一―三―八―三五―一）

御蔵札差頼證文之事

本高一五〇俵

一此度我等御切米本高百五拾俵御蔵米渡札差、其方江相頼候処実正也、然ル上者、春夏御借米・冬御切米請取手形調印之上、其時々可相渡間、其方ニ而書替所両判取之被致差札、米金其方江請取、米者御蔵時之相場ニ売払勘定相立可被申候事

一年々三季御切米書入、其方ゟ為前金致借用候儀者、我等勤向幷勝手向為要用相頼候ニ付、三季御切米其時々御蔵渡米金共、其方ゟ借用前金之方江金三拾両ニ付壱ヶ月金壱分宛之利足ヲ加江、元利共引取勘定相立可被申候事

札差料

一札差料之儀者、壱ヶ年高百俵ニ付金壱分宛之割合を以、三季ニ割合、目録面ニ而引取可被申候、向後御切米高相増、御蔵ゟ請取候節者、高百俵ニ付金壱分宛之割合を以引取可被申候事

売側金

一惣而御蔵ゟ請取米之分、御場所ニ而売払候節者、米三拾五石ニ付為売側金弐分宛之割合ヲ以、其方江引取勘定可被申候事

一他所ニ而米金及借用候節、其方江請負印形相頼申間敷、且下知請等之類ニ而も決而頼入不申候事

先札差上総屋源七

一先札差上総屋源七方借用年賦済方金、此度其方江請負奥印相頼候上者、別紙證文表定之通済方皆済迄、年々三季御切米渡度毎、其方江引落置、其時々源七方江直々可被相渡候、若向後札差外江引替候ハヽ、右年賦済方金新規札差方江請負申付、奥印為致候上引替可申候、如斯取極奥印請負相頼候上者、仮令何様之儀出来候共、右済方金渡方差留一切申入間敷候、若違失之義申

入候共、其方奥印請負之約束を以此方江不及断、源七方江直々定通可被相渡候、其節彼是申入間敷候事

三季御切米、諸勘定差引目録書

一年々三季御切米其外諸勘定差引目録書、此方江請取候上者、其時々早速相調、若書損・算違有之見出候ハヽ、早速申聞、双方共過不足之米金無利足ニ而取引致、勘定＊違之目録書改、早速引替可申候、尤此条者季々勘定目録奥書ニ断有之儀ニ而、若年数相立勘定違見出申入候而者、其方扣諸帳面も口々之儀ニ而、中ニ者虫喰破レ等も出来、無拠調方不行届、依之其時々能々再調致、相違見出し候ハヽ、前年三季勘定目録書者、翌年春夏御借米前迄ヲ限り可申入候、右約定ニ致置候上者、其節彼是申入間鋪候事

手形差留め、直請取はしない

前書之通取極、御蔵札差其方江相頼候上者、向後何様之儀有之候共、三季御切米請取手形差留メ、御蔵ゟ米金直請取等決而致間鋪候、若違約致候ハヽ、何方江成共可被　訴出候、其節違乱申間敷候、且又此末々家督代替等有之候共、可為同様候、依之此證文永々相用可被申候、為後日頼證文仍如件

嘉永四亥年六月　　平野助之進㊞

泉屋
甚左衛門殿

○＊印の紙背に裏継目印がある。

対談取極証文

(2)　嘉永四年六月　対談取極証文（一一―三―八―三五―二）

対談取極證文之事

前金一一〇両借用、飯米一五俵に定む

一我等年々三季御切米書入、為前金借用申入候義者、別紙證文ヲ以致通用可申候、此度別紙證文之通り、金百拾両致借用候上者、当亥冬ゟ壱ヶ年金八両減シ致、飯米拾五俵相定、三季毎勘定差引残手取金ヲ以、取賄可申候約定ニ而、当亥冬御切米迄者米金借用之儀、決而申入間敷候、同御切米後ゟ右約定之通取賄可申候、尤米者其時々相場ニ而代金ニ直シ、惣而借用前金之分者、金三拾両ニ付壱ヶ月金壱分宛之利足ヲ加、元利共三季御切米渡之時々引取勘定可被申候事

先宿上総屋源七

一先宿上総屋源七方借用年賦済方金有之上、其方江当用金致借用候上者、御切米高引当不相当之無心、決而申入間敷候事

一預ヶ金致候歟、都而金子請取書被差出候節者、其方大帳之始メニ印鑑有之候間、引合セ可申旨被相断、致承知置候事

夜分の対談、迷惑の掛合を頼まない

一其方共家業之儀、是迄致来り等之儀者、其趣を以取計可被申候、且亦諸家方多引受被在、其上諸役所勤方も有之事故、諸家方用談ニ付向々屋敷方江被出、用談承り候儀、人少ニ而無拠行届兼候趣、尤之事ニ候、其意味聞届ヶ置候間、諸用談者此方ゟ可申入候、尤夜分之対談、其外迷惑相成掛合等、相頼申間敷候事

右之通対談取極札差相頼候上者、約定相違之儀申入間敷候、為後日対談取極證文、仍如件

嘉永四亥年六月　　　平野助之進㊞

泉屋
甚左衛門殿

用立金申送り覚

（3）（嘉永四）亥年六月　　用立金申送り覚（一一―三―八―三五―三）

覚

「(付箋)御つき入湊屋栄助殿、敷金弐分之由、
付渡りニ御請合置可被下候、以上」

㊞(付箋)

上総屋
源七殿

御小普請
平野助之進様

高一五〇俵

一御高百五拾俵

(割印)
無利足
一金八拾六両ト
八匁三分九厘
当亥冬〆春夏壱両弐分拾三匁三分六厘ツヽ、
冬金三両壱分拾壱匁七分四厘済
都合壱ヶ年金六両三分八匁四分六厘
手前方
御突金

(割印)
一金九拾壱両也
右之通御用立金ニ御座候、此外米金御出入一＊
切無御座候、以上
亥六月　鹿島清兵衛㊞
泉屋
甚左衛門殿

○＊印の紙背に継紙印がある。

用立金請取覚

（4）（嘉永四）亥年六月十日　用立金請取覚（一一―三―八―三五―四）

覚

一金九㊞拾壱両也

右者　平野助之進様御突金之分、慥㊞ニ請取候、已上

亥六月十日　　　鹿島清兵衛㊞
　　　　　　　　代安次郎

泉屋
甚左衛門殿

春入屋指名の一札

（5）嘉永四年七月　春入屋指名の一札（一一―三―八―三五―五）

入置申書付之事

一我等年中飯米春入湊屋栄助へ申付候間、三季毎不及断、同人印形を以無相違相渡可給候、為念入置申処、仍如件

嘉永四亥年七月　　平野助之進㊞

泉屋
甚左衛門殿

金子用弁依頼の書状

（6）（嘉永五）子年四月　金子用弁依頼の書状（一一―三―八―三五―七）

（上書）
「泉屋
甚左衛門殿
又次郎殿　　秋山清三郎
〆」

以　手紙啓上仕候、其後者不得高顔候得共、御機嫌克御勤仕被成御座奉賀候、然者平野徳太郎殿少々無拠入用出来、其上五月節句両様而秘至と差支候ニ付、壱両御用弁被成下置候様、於私御頼申上候、余者貴顔万々可申上候、以上

子四月
秋山清三郎㊞

泉屋
甚左衛門様
同
又次郎様

(7) 安政五年四月　金子借用の一札 (一一―三―八―三五―六)

入置申一札之事

一我等此度難捨置入用出来候ニ付、金談頼入候処、格別之厚勘弁ヲ以金八両用弁給、過分ニ存候、然ル上者、以来勤向勝手向何様之非常入用出来候共、三季玉落勘定之外、米金借用之儀決而申入間鋪候、為後日差遣申一札、仍如件

安政五午年四月
平野徳太郎㊞
秋山清三郎㊞
泉屋
甚左衛門殿

(8) (安政六) 未年四月三日　金子借用依頼の書状 (一一―三―八―三五―八)

(上書)
「泉屋
甚左衛門殿
同
喜七殿
秋山清三郎
印紙
〆
」

以手紙致啓上候、其後者御安泰被成御勤仕目出度奉存候、然者去月平野勘定之節、秀蔵殿江殿

様ゟ具ニ御噺置、則今日者右之金子御借用致度候ニ付、印紙差出呉候様ニ御頼付、如斯御座候、
以上

未四月三日　　秋山清三郎㊞

泉屋
甚左衛門殿
喜　七殿

加判役除名の書状

（9）（安政七）申年三月二十日　加判役除名の書状（一一―三―八―三五―九）

（上書）
「泉屋
甚左衛門殿
秀　蔵殿　　秋山清三郎
〆　　」

以　手紙申入候、然者　平野徳太郎様御加印時々仕来候処、此度惣方相談熟談相調候間、加判断㊞
返約定之通り、両判以此段為後日申入候、以上

申三月廿日　　平野徳太郎㊞
秋山清三郎㊞

泉屋
甚左衛門殿
秀　蔵殿

借財相嵩につき依頼書状

（10）（安政七）申年三月二十五日　借財相嵩につき依頼書状（一一―三―八―三五―一〇）

（上書）
「泉屋
甚左衛門殿
同
秀　蔵殿　　秋山清三郎

〆　　」

以　手紙啓上、漸時候相応相成御同意奉存候、然者平野徳太郎殿昨年以来物入相続、借財相嵩勘定等も六ッヶ敷候㊞共、情々勘弁取続ニ相成候様、御頼申入候、為念印紙以此段御頼申候、以上

申三月廿五日　　秋山清三郎㊞

泉屋
甚左衛門殿
同
秀　蔵殿

加判役任用の一札

(11)　安政七年三月　　加判役任用の一札（一一―三―八―三五―一一）

入置申書付之事

一我等此度勝手ニ付、為取締保坂忠蔵加判ヲ以諸事致通用候間、左様相心得可給候、尤加判之儀ニ付、其方江迷惑相掛ヶ申間敷候、為後日入置申処、仍如件

安政七申年三月　　平野徳太郎㊞
加判
保坂忠蔵㊞

泉屋
甚左衛門殿

加判役除名の書状

(12)　（文久二年）三月朔日　　加判役除名の書状（一一―三―八―三五―一二）

（上書）
「泉屋
甚左衛門殿　　平野徳太郎
保坂忠蔵

〆　　」

以　手紙申入候、然者平野徳太郎取締加判罷在候処、此度双方熟談之上、加判断返ニ相成、為念
以両判申入候、以上

三月朔日

保坂忠蔵㊞

平野徳太郎㊞

泉屋
甚左衛門殿

（13）（文久二年）三月十八日　宿替の申送り依頼書状（一一―三―八―三五―一三）

（上書）
「泉屋
甚左衛門殿　平野徳太郎内
同　手代中　三橋猶八」

〆

以　手紙申入候、然者勝手ニ付、札差宿此度松屋佐吉方江申付候間、借財取調申送り差出可被給
候、為念以印紙申入度如斯ニ候、以上

三月十八日

平野徳太郎㊞㊞

泉屋
甚左衛門殿

宿替の申送り依頼書状

一五三　福井与八郎

一五三　福井与八郎

証文入包紙

（0）年欠　証文入包紙（一一―三―四―一四―〇）

（包紙上書）
「山本福次郎様入書」

御蔵札差頼証文

（1）文久四年二月　御蔵札差頼証文（一一―三―四―一四―一）

御蔵札差頼證文之事

切米高三〇〇俵

一此度我等御切米高三百俵御蔵米渡札差、其方江相頼候処実正也、然ル上者、御切米請取手形調印之上、其時々可相渡間、其方ニて書替所両判取之被致差札、米金其方江請取、米者御蔵時之相場ニ売払勘定相立可被申候事

前金七五両借用、飯米三五俵に定む

一年々三季御切米書入、其方江為前金致借用候儀者、我等勤向幷勝手向為要用相頼候ニ付、三季御切米其時々御蔵渡米金共、其方ゟ借用前金之方江金三拾両ニ付壱ヶ月金壱分ツ、之利足ヲ加へ、元利共引取勘定相立可被申候、此度当金七拾五両致借用、当子夏御借米ゟ壱ヶ年金拾五両減し、飯米壱ヶ年三拾五俵ニ相定、三季毎差引残手取金ヲ以取賄可申事

札差料

一札差料之儀者、壱ヶ年高百俵ニ付金壱分ツ、之割合ヲ以、三季割合、目録面ニて引取可被申候、向後御切米高相増、御蔵ゟ請取候節者、右之割合ヲ以引取可被申候事

売側金

一惣而御蔵ゟ請取米之分、御場所ニ而売払候節者、米三拾五石ニ付為売側金弐分ツ、之割合ヲ以、其方江引取勘定可被申候事

一他所ゟ米金及借用候節、其方江請負印形相頼申間敷候、且下知請等之類ニても決而頼入不申候事

先札差和泉屋喜平次・青地四郎左衛門

一先札差和泉屋喜平次方・青地四郎左衛門方借用年賦*済方金、此度其方江請負奥印相頼候上者、別紙證文之通皆済迄、年々三季御切米渡度毎、其方江引落置、其時々喜平次方・四郎左衛門方

へ直々可被相渡、仮令何様之儀有之候共、済方差留等一切申入間敷候、万一申入候共、請負之廉ヲ以此方へ不及断、右両人江可被相渡候、向後札差外へ引替候ハヽ、年賦済残金新規札差へ申付請負為致候上、宿引替可申候事

三季御切米、諸勘定差引目録

一年々三季御切米其外諸勘定差引目録書、此方江請取候上者、其時々早速相調、若書損・算違有之見出候ハヽ、早速申聞、双方共過不足之米金無利足ニて致取引、勘定違之目録書改、早速引替可申候、尤此条者季々勘定目録奥書ニ断有之候儀ニて、若年数相立申入候而者、其方扣諸帳面も口々之儀ニて、中ニ者虫喰破レ等も出来、無拠調方不行届、依之其時々能々致再調、相違見出候ハヽ、前年三季勘定目録書者、翌年春夏御借米前迄ヲ限り可申入候、右約定ニ致置候上者、其節彼是申入間敷候事

手形差留め、直請取はしない、迷惑の対談を頼まない

前書之通取極、御蔵札差其方江相頼候上者、向後何様之儀有之候共、三季御切米手形差留、直請取等決而致間敷候、且用談之儀ニ付其方呼寄候儀、幷夜分之対談其外迷惑之懸合等、決而相頼申間敷候、若違約致候ハヽ、何方江成共可被訴出候、其節違乱申間敷候、且又此末々家督代替ニ相成候共、此證文永々相用可被申候、為後日頼證文仍如件

文久四子年二月　　福井与八郎㊞

泉屋
甚左衛門殿

○＊印の紙背に裏継目印がある。

用立金申送り覚

(2)（元治元）子年二月　用立金申送り覚（一一—三—四—一四—二—一）

覚

講武所御奉行支配
小普請
福井与八郎様

御高三百俵

和泉屋喜平次殿方
御年賦金

一 子春引残り
金弐百四拾四両弐分ト
八匁弐分九厘　但無利足

此御済方、当子夏ゟ春夏金壱両七匁五分宛、冬金
弐両壱分也
都合壱ヶ年金四両弐分済

手前方
御年賦金

（割印）一 子春引残り
金三百七拾六両三分ト
五匁六分三厘
三月ゟ利付

此御済方、当子夏ゟ春夏金弐両壱分拾匁八分七厘
宛、冬金四両三分六匁七分六厘
都合壱ヶ年金九両弐分拾三匁五分済
外ニ金壱両ニ付壱ヶ月銀三分五厘宛、外利済之事

（割印）一 金四拾三両也　御突金

右之通御用立金之外、米金共御出入等一切無御座候、
為念申送り如斯御座候、以上

子二月　　　　　　　　青地四郎左衛門㊞

泉屋
甚左衛門殿

用立金請取覚

（3）（元治元）子年二月　用立金請取覚（一一―三―四―一四―二―二）

覚

一金四拾三両也㊞

右者福井与八郎様御突金分、慥ニ請取申候、以上㊞

子二月
　　　　　　　　　　　　　青地
　　　　　　　　　　　　　四郎左衛門
　　　　　　　　　　　　　代太七㊞

泉屋
甚左衛門殿

蔵宿の誓約覚

（4）（元治元）子年二月　蔵宿の誓約覚（一一―三―四―一四―三）

覚

割印

一御用立金ニ而礼金幷御酒代ヶ間敷儀、一切請取不申候

月踊りの利足

一米金御用候節者、高利幷月踊之利足、決而請取不申候

奥印金

一仲ヶ間請負之外、他所之金子江奥印幷諸請合等ニ似寄候儀、決而不仕候

右者此度御蔵宿私方江被仰付候間、此段御断奉申上置候、以上

子二月
　　　　　　　　　　　　　泉屋
　　　　　　　　　　　　　甚左衛門㊞

福井与八郎様
御用人中様

（5）（元治元年）六月十九日　金子借用申入の書状（二一―三―四―一四―四）

金子借用申入の書状

（上書）
「泉屋
甚左衛門殿　福井与八郎」

〆

以手紙申入候、然者此度一昨年物価高直ニ付拝借被　仰付候金子、昨亥年分年賦上納ニ相成候ニ付、相納候様支配ゟ達ニ付、相納申候事ニ候間、過日此段山田伝吉郎ゟ其方へ右申入置候事と存候、今日手形持金子請取ニ参り候間、則右手形持差遣申候、金子之義者金弐両弐分外、諸入用三匁九分ニ候間、右直々手形持ニ渡給り候様致候、右金子借用申度此段申入候、承知可給候、以上

六月十九日　福井与八郎㊞

尚々今日少々其方へ談事候事有之、通用印山田伝吉郎方へ遣置、只今差支候間、実印ニ而右申遣候、為念此段申遣候、印紙仮請取遣候間、金子御渡可給候、以上

（6）（元治元）子年十二月二十三日　宿替の申送り依頼書状（二一―三―四―一四―五）

宿替の申送り依頼書状

（上書）
「泉屋
甚左衛門殿　福井与八郎」

〆

以　手紙申入候、然者勝手ニ付、札差宿伊勢屋弥太郎方江申付候間、借財高取調、早々申送り差出し可給候、此段為念印紙如此候、以上

子十二月廿三日　福井与八郎㊞㊞

泉屋
甚左衛門殿
＊＊

○＊印の紙背二箇所に裏継目印がある。

一五四　藤村伝助　御切米前金借用証文

前金返済は蔵宿の坂倉屋治郎左衛門

一五四　藤村伝助

弘化二年二月　御切米前金借用証文（一一―四―一―七）

（端裏張紙）
「藤村伝助様」

御切米前金借用之事

巳春引残り
一金拾九両㊞壱分三匁三分五厘　但無利足
此済方、当巳夏ゟ春夏拾匁七分壱厘㊞ツヽ、冬金壱分六匁四分三厘、都合壱ヶ年金弐分拾弐匁八分五厘済、御仕法通引取勘定可被申候
一金弐㊞分也　但右同断
此済方、当巳夏ゟ春夏㊞弐匁五分ツヽ、冬五匁、都合壱ヶ年拾匁済
右是者我等無拠要用ニ付、借用申所実正㊞也、返済之儀者前書済方割合之通、当宿坂倉屋治郎左衛門方江為引落可相渡候間、此方江不及案内、直々同人方ゟ請取可被申候、為其同人江請負奥印為致置候、此金子之儀者御仕法御定之儀故、済方差留候儀堅申入間敷、急度皆㊞済可致候、且又此末札差宿外江引替候ハヽ、其節済残金新規札差江請負奥印為致可申候、若家督代替ニ相成候共、右金子皆済迄此證文相用可被申候、為後日前金借用證文、仍如件

弘化二巳年二月　　藤村伝助㊞

泉屋
甚左衛門殿

右蔵宿の奥書

（割印）（割印）（割印）（割印）
前書之金子、藤村伝助様江貴殿御用立被成候所、拙者方御蔵宿相勤居候ニ付、前書御定之通請負申所実正ニ御座候、然ル上者、年々三季御切米度毎、拙者方勘定差引不足ニ不抱引落置、貴殿江直々相渡可申候、如此請負候上者、御屋敷様ゟ渡シ方御差留之儀被仰聞候共、其儀ニ不抱急度相渡可申候、若又此末外江札差御引替被遊候ハヽ、新規御蔵宿江申送請負印形為致替可申候、為後日請負奥印入置申所、仍如件

巳二月　　坂倉屋
治郎左衛門㊞ ＊＊

泉屋
甚左衛門殿

○＊印の紙背二箇所に割印がある。

一五五　布施登・釜次郎御切米前金借用証文

一五五　布施登・釜次郎

弘化二年二月　御切米前金借用証文（一一―三―六―二四）

（端裏張紙）
「布施　登様
同釜次郎様」

御切米前金借用之事

巳春引残り ㊞ ㊞
一　金百九拾壱両壱分三匁五分壱厘　　但無利足

此済方、当巳夏ゟ春夏金壱両三分弐匁壱分三厘ツヽ、冬金三両弐分四匁弐分九厘、都合
壱ヶ年金七両八匁五分五厘済、御仕法通引取勘定可被申候

前金返済は蔵宿の
坂倉屋平吉

右是者我等無拠要用ニ付、借用申所実正也、㊞返済之儀者前書済方割合之通、当宿坂倉屋平吉方江為引落可相渡候間、此方江不及案内、直々同人方ゟ請取可被申候、為其同人江請負奥印為致置候、此金子之儀者御仕法御定之儀故、済方差留候儀堅申入間敷、急度皆済可致候、且又此末札差宿外江引替候ハヽ、其節済残金新規札差江請負奥印為致可申、若家督代替ニ相成候共、右金子皆済迄此證文相用可被申候、為後日前金借用證文、仍如件

弘化二巳年二月　布施　登㊞
同釜次郎㊞

泉屋
甚左衛門殿

右蔵宿の奥書

（割印）

前書之金子（ママ）貴殿御用立被成候所、拙者御蔵宿相勤居候ニ付、前書御定之通請負申所実正ニ御座候、然上者、年々三季御切米度毎、拙者方勘定差引不足ニ不拘引落置、貴殿江直々相渡可申候、如此請負候上者、御屋敷様ゟ渡シ方御差留之儀被仰聞候共、其儀ニ不拘急度相渡可申候、若又此末外江札差御引替被遊候ハヽ、新規御蔵宿江申送請負印形為致替可申候、為後日請負奥印入置申所、仍如件

巳二月　坂倉屋
平吉㊞

泉屋
甚左衛門殿

一五六　古川供道　軍役金請取覚

一五六　古川供道

（1）（慶応三）卯年四月　軍役金請取覚（二七―五―二―一八―三九）

去寅十二月一ヶ月分
蔵米高弐拾人扶持
一金壱分也
（割印）
右御軍役金御蔵江納申処、仍如件

卯四月　松村銈之允㊞
花田武兵衛㊞

古川供道殿

同右

（2）（慶応三）卯年六月　軍役金請取覚（二七―五―二―一八―三八）

蔵米高弐拾人扶持
卯春分
一金三分也
（割印）
右御軍役金御蔵江納申処、仍如件

卯六月　松村銈之允㊞
花田武兵衛㊞

古川供道殿

一五七　古屋平蔵　年賦金利足減額の覚

一五七　古屋平蔵

（慶応四）辰年三月二十六日　年賦金利足減額の覚（二一―五―一四―八―八）

覚

一古屋平蔵様三分五厘利付年賦段々御頼ニ付、御相談之上、御利足之儀者是迄之通り、御元済者当辰春夏共金弐両弐分宛ニ御勘弁申上候間、左様御承知可被下候、為念申送如此御座候、以上

辰三月廿六日　　　井筒屋
八郎右衛門㊞

泉屋
甚左衛門殿

一五八　逸見左太郎

証文入包紙

御蔵札差頼証文

本高二〇〇俵

一五八　逸見左太郎

(0) 文久二年三月十二日　証文入包紙（一一―三―八―三九―一―〇）

(包紙上書)
「逸見左太郎様證書類入　」

(包紙裏書)
「〆　文久二戌年三月十二日御取引
坂くらや文六殿へ御転宿ニ成ル」

(1) 安政六年六月　御蔵札差頼証文（一一―三―八―三九―一―一）

御蔵札差頼證文之事

一此度我等御切米本高弐百俵御蔵米渡札差、其方へ相頼候処実正也、然ル上者、春夏御借米・冬御切米請取手形調印之上、其時々可相渡間、其方ニ而書替所両判取之被致差札、米金其方江請取、米者御蔵時之相場ニ売払勘定相立可被申候事

一年々三季御切米書入、其方ゟ為前金致借用候儀者、我等勤向并勝手向為要用相頼候ニ付、三季御切米其時々御蔵渡米金共、其方ゟ借用前金之方江金三拾両ニ付壱ヶ月金壱分宛之利足ヲ加、元利共引取勘定相立可被申候事

札差料
一札差料之儀者、壱ヶ年高百俵ニ付金壱分宛之割合ヲ以、三季ニ割合、目録面ニ而引取可被申候、向後御切米高相増、御蔵ゟ請取候節者、高百俵ニ付金壱分宛之割合ヲ以、引取可被申候事

売側金
一惣而御蔵ゟ請取米之分、御場所ニ而売払候節者、米三拾五石ニ付為売側金弐分宛之割合ヲ以、其方江引取勘定可被申候事

一他所ニ而米金及借用候節、其方江請負印形相頼申間敷、且下知請等之類ニ而も決而頼入不申候事

先札差十一屋善八・伊勢屋嘉右衛門
一先札差十一屋善八・伊勢屋嘉右衛門方借用年賦済方金、此度其方江請負奥印相頼候上者、別紙證文表定之通済方皆済迄、年々三季御切米渡度毎、其方江引落置、其時々善八・嘉右衛門方江直々可被相渡候、若向後札差外へ引替候ハヽ、右年賦済方金新規札差方へ請負申付、奥印為致候上、引替可申候、如斯取極奥印請負相頼候上者、仮令何様之儀出来候共、右済方金渡方差留メ一切申入間敷候、若違失之儀申入候共、其方奥印請負之約束ヲ以、此方江不及断、善八・嘉右衛門方江直々定通可被相渡、其節彼是申入間敷候事

三季御切米、諸勘定目録書
一年々三季御切米其外諸勘定差引目録書、此方へ請取候上者、其時々早速相調、若書損・算違有之見出候ハヽ、早速申聞、双方共過不足之米金無利足ニ而取引致、勘定違之目録書改、早速引替可申候、尤此条者季々勘定目録奥書ニ断有之候儀ニ而、若年数相立勘定違見出申入候而者、其方扣諸帳面も口々之儀ニ而、中ニ者虫喰破レ等も出来、無拠調方不行届、依之其時々能々再調致、相違見出候ハヽ、前年三季勘定目録書者、翌年春夏御借米迄ヲ限り可(前脱)申入候、右約定ニ致置候上者、其節彼是申入間敷候事

手形差留め、直請取はしない

前書之通取極、御蔵札差其方江相頼候上者、向後何様之儀有之候共、三季御切米請取手形差留メ、御蔵ゟ米金直請取等決而致間敷候、若違約致候ハヽ、何方江成共可被　訴出候、其節違乱申間敷候、且又此末々家督代替ニ相成候共、可為同様候、依之此證文永々相用可被申候、為後日頼證文、仍如件

安政六未年六月　　逸見左太郎㊞

泉屋
甚左衛門殿

○＊印の紙背に裏継目印がある。

対談取極証文

(2) 安政六年六月　対談取極証文（一一―三―八―三九―二）

対談取極證文之事

前金一八〇両借用、飯米三〇俵に定む

一我等年々三季御切米書入、為前金借用申入候儀者、別紙證文ヲ以致通用可申候、此度別紙證文之通、金百八拾両致借用候上者、当未冬ゟ壱ヶ年金拾両減シニ致、外ニ金拾両者当冬済切、壱ヶ年飯米三拾俵ニ相定、三季毎勘定差引残手取金ヲ以、取賄可申候約定ニ而、当未冬御切米迄ハ米金借用之儀、決而申入間敷候、同御切米後ゟ右約定之通取賄可申候、尤米者其時々相場ニ而代金ニ直シ、惣而借用前金之分者、金三拾両ニ付壱ヶ月金壱分宛之利足ヲ加、元利共三季御切米渡之時々引取勘定可被申候事

先宿十一屋善八・伊勢屋嘉右衛門

一先宿十一屋善八・伊勢屋嘉右衛門方借用年賦済方金有之上、其方へ当用金致借用候上者、御切米高引当不相当之無心、決而申入間鋪候事

一預ケ金致候歟、都而金子請取書被差出候節者、其方大帳之始メニ印鑑有之候間、引合セ可申旨

被相断、致承知置候事

一其方共家業之儀者、是迄致来り等之儀者、其趣ヲ以取計可被申候、且又諸家方多引請被在、其上諸役所勤方も有之事故、諸家方用談ニ付向々屋鋪方へ被出、用談承り候儀、人少ニ而無拠行届兼候趣、尤之事ニ候、其意味聞届ケ置候間、諸用談者此方ゟ可申入候、尤夜分之対談其外迷惑ニ相成掛合等、相頼申間敷候事

夜分の対談、迷惑の掛合を頼まない

右之通対談取極札差相頼候上者、約定相違之儀申入間敷候、為後日対談取極證文、仍如件

安政六未年六月　　　　逸見左太郎㊞
*
泉屋
甚左衛門殿

○*印の紙背に裏継目印がある。

（3）（安政六）未年六月　用立金申送り覚（一一―三―八―三九―三）

用立金申送り覚

覚

御小普請
逸見左太郎様

小普請

印
（付箋）

（付箋）
「御加判　山田伝吉郎様」

高二〇〇俵

一御高弐百俵也

伊勢屋加右衛門殿

（割印）
無利足
一金五両ト三匁九分

当未冬ゟ春夏金三分ツヽ、冬金壱両弐分、

都合壱ヶ年金三両済

十一屋善八殿

（割印）一金四拾五両三分拾四匁六分七厘（無利足）

当未冬ゟ春夏金弐両弐分ツヽ、冬金五両、

都合壱ヶ年金拾両済

（割印）一金百四拾九両ト拾四匁　手前方御突金

右之通御用立金ニ御座候、此外米金共御出入

等一切無御座候、以上

未六月　　鹿島清兵衛㊞

泉屋
甚左衛門殿

（4）（安政六）未年六月　用立金請取覚（一一―三―八―三九―四）

覚

金百四拾九両
拾四匁 ㊞

右者逸見左太郎様御突金之分、不残慥㊞ニ受取申候、以上

未六月　　鹿島清兵衛㊞

泉屋
甚左衛門殿

（5）安政六年六月　蔵宿の誓約覚（一一―三―八―三九―五）

覚

〔割印〕

一御用立金ニ而礼金幷ニ御酒代ケ間敷儀、一切請取不申候

月踊りの利足

一米金御用立候節者、高利幷ニ月踊り之利足、決而請取不申候

奥印金

一仲ケ間請負之外、他所之金子江奥印幷ニ諸請合等ニ似寄候儀、決而不仕候

右者此度御蔵宿私方江被　仰付候間、為後日此段御断奉申上置候、以上

安政六未年六月　泉屋甚左衛門㊞

逸見左太郎様御内
御用人中様

加判役任用の一札

(6)安政六年十一月　加判役任用の一札（一一―三―八―三九―六）

差遣申一札之事

一我等勝手向為取締由緒、山田伝吉郎加判ヲ以米金共申入候間、左様相心得可給候、為後日差遣申一札、仍如件

安政六未年十一月　逸見左太郎㊞
加判 山田伝吉郎㊞

泉屋甚左衛門殿

宿替の申送り依頼書状

(7)(文久二年)三月十一日　宿替の申送り依頼書状（一一―三―八―三九―七）

(上書)
「泉屋甚左衛門殿　山田伝吉郎内
用事　三井勇次

〆　　　　　　　　　　　　　　　　　　　　　　」

以手紙致啓上候、然者過日者逸見左太郎様御金談之儀ニ付、不一通り御深切ニ被成下、千万忝存候、然ル処、兼而旧冬〆札替之儀頼置候処、此度坂倉屋文六方へ札替出来致候間、申送り之儀、早々無差遣御差出可被下候、尤拙者儀取引之節ハ、文六方へ立合申候間、例之通り加印之申送り可被成下候、右申入度、書外者召出、万々可申述候、以上

三月十一日

逸見左太郎㊞

山田伝吉郎㊞

泉屋

甚左衛門殿

○*印の紙背三箇所に裏継目印がある。

消防手当等の借用金依頼書状

(8) 十月十五日　消防手当等の借用金依頼書状（一一―三―八―三九―八）

（上書）
「泉屋
甚左衛門殿
秀蔵殿　　逸見左太郎

〆　　　　　　　　　　　　　　　　　　　　　　」

以手紙申入候、弥御障無御座珍重存候、然者一昨夜近火ニ而住居向大破ニ相成、其上消防働候者江手当等物入多ニ付、金五両借用申度存候、依之竹尾六郎差遣候間、宜敷相談頼入候、為念印紙を以如此御座候、以上

十月十五日

逸見左太郎㊞

泉屋
甚左衛門殿

一五九　穂坂甚十郎

享和二年五月　御蔵米前金借用証文（一一―三―四―三）

（端裏書）
「穂坂甚十郎様」

請取申御蔵米前金之事

一金壱両壱分也㊞　但冬木義左衛門方分米引当

右是者我等無拠要用ニ付、三季御切米書入、為米前金慥ニ請取借用申処実正也、㊞返済之儀者御切米相渡次第、定之利足加へ元利急度引取可被申候、若又勝手ニ付蔵宿外江申附候ハヽ、右借用金元利皆済之上、宿引替可申候、為後日依而如件

享和二戌年五月　穂坂甚十郎㊞

泉屋
甚左衛門殿

（別紙）
「　冬木儀左衛門様

前々戌五月廿九日
一金壱両壱分　丑年帳面ゟ出ス

御臨時御廻り衆
穂坂甚十郎様へ
御催促可申事
」

一六〇　星野源助
御切米前金借用証文

前金返済は蔵宿の山田屋金右衛門

一六〇　星野源助

弘化三年二月　御切米前金借用証文（一一―四―一―一六）

（端裏張紙）
「星野源助様
高橋浅次郎様ニ成」

御切米前金借用之事

一金拾四両三分ト弐厘者（印）　但無利足
此済方、当午夏御借米ゟ春夏銀弐匁五分七厘ツヽ、冬銀五匁壱分四厘、都合壱ヶ年銀拾匁弐分八厘済、皆済迄御仕法通引取勘定可被申候

一金四両弐分ト三匁九分弐厘者（印）　但無利足
此済方、当午夏御借米ゟ春夏銀三匁八分五厘ツヽ、冬銀七匁七分三厘、都合壱ヶ年金壱分ト四分三厘済、皆済迄御仕法通引取勘定可被申候

右是者我等無拠要用ニ付、借用申所実正也（印）、返済之儀者前書済方割合之通、当宿山田屋金右衛門方江為引落可相渡候間、此方江不及案内、直々同人方ゟ請取可被申候、為其同人江請負奥印為致置候、此金子之儀者、御仕法御定之儀故、済方差留候儀堅申入間敷、急度皆済可致候、且又此末札差宿外江引替候ハヽ、其節済残金新規札差江請負奥印為致可申、若家督代替ニ相成候共、右金子皆済迄此證文相用可被申候、為後日前金借用證文、仍如件

弘化三午年二月　星野源助（印）（印）

泉屋
甚左衛門殿

右蔵宿の奥書

前書之金子、　星野源助様江貴殿御用立被成候所、拙者御蔵宿相勤居候ニ付、前書御定之通
（割印）（割印）
請負申所実正ニ御座候、然ル上者、年々三季御切米度毎、拙者方勘定差引不足ニ不拘引落置、
貴殿江直々相渡可申候、如斯請負候上者、御屋敷様ゟ渡し方御差留之儀被仰聞候共、其儀ニ
不拘急度相渡可申候、若又此末外江札差御引替被遊候ハヽ、新規御蔵宿江申送請負印形為致
替可申候、為後日請負奥印入置申所、仍如件

午二月

山田屋
金右衛門㊞㊞

泉屋
甚左衛門殿

【一六一】堀田伊勢守組与力
宿替の申送り依頼一札

一六一　堀田伊勢守組与力

（1）文化十一年六月　宿替の申送り依頼一札（一一―三―四―四―一）

入置申一札之事

合金四百八拾八両壱分弐匁四分九厘　但六拾両壱分之利

但一ヶ年金四拾八両弐分拾三匁弐厘五毛済、元利之内江三季割合

一金三両壱分也　土肥三郎助様

但此御済方、当戌冬ゟ春夏金壱分宛、冬弐分、一ヶ年都合壱両済

一金拾八両弐分（也脱、以下同じ）　山条右内様

但春夏金壱分九匁九分七厘五毛宛、冬三分四匁九分五厘、一ヶ年都合金壱両弐分九匁九

分済

一金拾八両壱分　　　　木呂子次太夫様
但春夏壱分九匁六分弐厘五毛宛、冬三分四匁弐分五厘、都合一ヶ年金壱両弐分八匁五分
済

一金五両也　　　　楠　十郎兵衛様
但春夏壱分三匁七分五厘宛、冬弐分七匁五分、都合一ヶ年壱両壱分済

一金五両弐分也　　　　武井作左衛門様
但右同断

一金四両也　　　　大塚兵右衛門様
但右同断

一金弐拾四両壱分　　　　小林七右衛門様
但春夏弐分弐匁七分五厘宛、冬壱両五匁五分、都合壱ヶ年金弐両拾壱匁済

一金三拾弐両弐分七匁五分　　　　池田十左衛門様
但春夏弐分拾四匁三厘七毛宛、冬壱両壱分拾三匁七厘六毛、都合一ヶ年金弐両三分拾壱*
匁壱分五厘済

一金四拾八両壱分九匁九分九厘　　　　石橋三郎左衛門様
但春夏壱両五匁三分六毛宛、冬弐両拾匁六分壱厘三毛、都合一ヶ年金四両壱分六匁弐分
弐厘五毛済

一金五両弐分　　　　藤田助蔵様

但春夏壱分三匁七分五厘宛、冬弐分七匁五分、都合一ヶ年金壱両壱分済
一金五拾四両三分　杉山半兵衛様
但春夏壱両拾三匁九分壱厘弐毛宛、冬弐両壱分拾弐匁八分弐厘六毛、都合一ヶ年金四両
三分拾匁六分五厘済
一金弐拾壱両三分七匁五分　吉村又六郎様
但春夏壱分拾四匁五分三厘壱毛宛、冬三分拾四匁六厘三毛、都合壱ヶ年金壱両三分拾三
匁壱分弐厘五毛済
一金三拾八両壱分　窪田源左衛門様
但春夏三分六匁六分三厘七毛宛、冬壱両弐分拾三匁弐分七厘六毛、都合壱ヶ年金三両壱
分拾壱匁五分五厘済
一金四拾両也　川上藤四郎様
但春夏三分九匁宛、冬壱両三分三匁、都合壱ヶ年金三両弐分六匁済
一金拾六両弐分　堀口市兵衛様
但春夏壱分七匁弐分七厘五毛宛、冬弐分拾四匁五分五厘、都合壱ヶ年金壱両壱分拾四匁
壱分済
一金四拾弐両壱分　小川武八様
但春夏三分拾弐匁三厘七毛宛、冬壱両三分九匁七厘六毛、都合壱ヶ年金三両三分三匁壱
分五厘済

一金四両壱分　　牧野甚平様
但春夏壱分三匁七分五厘宛、冬弐分七匁五分、都合壱ヶ年金壱両壱分済

一金四拾五両弐分七匁五分　　窪田雅之丞様
但春夏壱両壱匁五分九厘三毛宛、冬弐両三匁壱分八厘九毛、都合壱ヶ年金四両六匁三分
七厘五毛済

一金拾九両壱分　　岩田貞助様
但春夏壱分拾匁九分八厘七毛宛、冬三分六匁九分七厘六毛、都合壱ヶ年金壱両弐分拾三*
匁九分五厘済

一金四拾両壱分　　吉田勇吉様
但春夏三分九匁三分三厘七毛宛、冬壱両三分三匁六分七厘六毛、都合壱ヶ年金三両弐分
七匁三分五厘済

右者堀田伊勢守様御組与力様方、此度貴殿方江御蔵宿被　仰付候処、右御札方ニ付、泉屋甚左衛門方引合金有之候間、則御組様ゟ市郎兵衛方江被遊御渡候、年賦金一ヶ年御済方御證文、都合金四拾八両弐分拾三匁弐厘五毛宛、三季ニ割合、甚左衛門方江同人一判を以直々御渡可被下候、尤双方連印を以御断返し致候迄者、無相違甚左衛門方江御渡可被下候、為念一札入置申処如件

文化十一戌年六月

森田屋
市郎兵衛㊞
泉屋
甚左衛門㊞

伊勢屋三郎右衛門殿

○＊印の紙背二箇所に裏継目印がある。

（2）（文化十一）戌年六月　申送り金の勘定覚（一一―三―四―四―二）

覚

一金三両壱分也　土肥三郎助様
但此済方、春夏壱分宛、冬弐分、都合壱ヶ年壱両、六拾両壱分利ニ而元利之内済

一金拾八両弐分也　山条右内様
但春夏壱分九匁九分七厘五毛宛、冬三分四匁九分五厘、都合壱ヶ年壱両弐分九匁九分済

一金拾八両壱分也　木呂子次太夫様
但春夏壱分九匁六分弐厘五毛宛、冬三分四匁弐分五厘、都合壱ヶ年壱両弐分八匁五分済

一金五両也　楠十郎兵衛様
但春夏壱分三匁七分五厘宛、冬弐分七匁五分、都合壱ヶ年壱両壱分済

一金五両弐分也　武井作左衛門様
但右同断

一金四両也　大塚兵右衛門様
但右同断

一金弐拾四両壱分也　小林七右衛門様
但春夏弐分弐匁七分五厘宛、冬壱両五匁五分、都合壱ヶ年弐両拾壱匁済

一金三拾弐両弐分七匁五分（也脱、以下同じ）　池田十左衛門様
但春夏弐分拾四匁三厘七毛宛、冬壱両壱分拾三匁七厘六毛、都合壱ヶ年弐両三分拾壱匁壱分
五厘済

一金四拾八両壱分ト九匁九分九厘　石橋三郎左衛門様
但春夏壱両五匁三分六毛宛、冬弐両拾匁六分壱厘三毛、都合壱ヶ年四両壱分六匁弐分弐厘五
毛済

一金五両弐分也　藤田助蔵様
但春夏壱分三匁七分五厘宛、冬弐分七匁五分、都合壱ヶ年壱両壱分済

一金五拾四両三分也　杉山半兵衛様
但春夏壱両拾三匁九分壱厘弐毛宛、冬弐両壱分拾弐匁八分弐厘六毛、都合壱ヶ年四両三分拾
匁六分五厘済

一金弐拾壱両三分七匁五分　吉村又六郎様
但春夏壱分拾四匁五分三厘壱毛宛、冬三分拾四匁六厘三毛、都合壱ヶ年壱両三分拾三匁壱分
弐厘五毛済

一金三拾八両壱分也　窪田源左衛門様
但春夏三分六匁六分三厘七毛宛、冬壱両弐分拾三匁弐分七厘六毛、都合壱ヶ年三両壱分拾壱
匁五分五厘済

一金四拾両也　川上藤四郎様

但春夏三分九匁宛、冬壱両三分三匁、都合壱ヶ年三両弐分六匁済

一金拾六両弐分也　堀口市兵衛様

但春夏壱分七匁弐分七厘五毛宛、冬弐分拾四匁五分五厘、都合壱ヶ年壱両壱分拾四匁壱分済

一金四拾弐両壱分也　小川武八様

但春夏三分拾弐匁三厘七毛宛、冬壱両三分九匁七厘六毛、都合壱ヶ年三両三分三匁壱分五厘

済

一金四両壱分也　牧野甚平様

但春夏壱分三匁七分五厘宛、冬弐分七匁五分、都合壱ヶ年壱両壱分済

一金四拾五両弐分七匁五分　窪田雅之丞様

但春夏壱両壱匁五分九厘三毛宛、冬弐両三匁壱分八厘九毛、都合壱ヶ年四両六匁三分七厘五

毛済

一金拾九両壱分也　岩田貞助様

但春夏壱分拾匁九分八厘七毛宛、冬三分六匁九分七厘六毛、都合壱ヶ年壱両弐分拾三匁九分

五厘済

一金四拾両壱分也　吉田勇吉様

但春夏三分九匁三分三厘七毛宛、冬壱両三分三匁六分七厘六毛、都合壱ヶ年三両弐分七匁三

分五厘済

〆金四百八拾八両壱分弐匁四分九厘

壱ヶ年四拾八両弐分拾三匁弐厘五毛済

右之通御座候、以上

戌六月　　　　　　　　　　　　　　　　　　森田屋
　　　　　　　　　　　　　　　　　　　　　市郎兵衛
　　泉屋
　　甚左衛門殿

一六二　前島金十郎
御切米前金借用証文
前金返済は蔵宿の下野屋十右衛門

一六二　**前島金十郎**

嘉永七年七月　御切米前金借用証文（一一―四―一―四〇）

（端裏張紙）
「前島金次郎様」

借用申金子之事

一金六両三分七匁四分㊞　　但無利足

此済方、当寅冬御切米ゟ春夏銀三匁㊞、冬銀六匁㊞、都合壱ヶ年銀拾弐匁済、御仕法済方之通皆済迄、引取勘定可被申候

右是者我等御蔵宿其方へ相頼候内、三季御切米書入、為前金慥ニ借用申処実正也㊞、返済之儀者三季御切米相渡候度毎、書面御仕法済方割合之通、当御蔵宿下野屋十右衛門方へ為引落置候間、此方へ不及案内、十右衛門方ゟ直々請取勘定可被申候、為其同人請負印形為致置候、如斯御仕法之済方ニ相成候上者、向後何様之儀有之候共、皆済迄延減少等之儀決而申入間敷候、家督代替等有之候共、可為同様候、依之此證文皆済迄相用可被申候、若又勝手ニ付御蔵宿外へ引替候節者、済残金新規御蔵宿へ申付、請負印形為致可申候、為後日仍如件

嘉永七寅年七月　前島金十郎㊞
泉屋
甚左衛門殿

右蔵宿の奥書
（割印）
前書之金子、前島金十郎様江貴殿御用立被成候所、此度拙者方へ御蔵宿被　仰付候ニ付、御本文御済方之通り請負申処実正ニ御座候、然ル上者、当寅冬御切米ゟ年々三季御切米相渡候度毎、拙者方勘定差引不構不足ニ、御本文御割合之通り致承知、季毎引落置、急度相渡可申候、仮令　御屋敷様ゟ御済方御差留メ被遊候共、如此請負候上者、不抱其儀無相違相渡可申候、若又御蔵宿外へ被　仰付候ハヽ、其段貴殿へ致通達、新規御蔵宿へ申送り、請負印形為致可申候、為後日仍如件
寅七月　下野屋
十右衛門㊞
泉屋
甚左衛門殿

一六三　前田鉄之助　御切米前金借用証文

一六三　**前田鉄之助**
弘化二年二月　御切米前金借用証文（二一―四―一―一）
（端裏張紙）
「前田鉄之助様」辰
御切米前金借用之事
巳春引残り㊞
一金五拾弐両拾匁五分弐厘　但無利足

此済方、当巳夏ゟ春夏五匁三分五厘ツヽ、冬拾匁七分三厘、都合壱ヶ年金壱分㊞六匁四分
三厘済、御仕法通引取勘定可被申候
右是者我等無拠要用ニ付、借用申所実正也㊞、返済之儀者前書済方割合之通、当宿坂倉屋治郎左衛門方江為引落可相渡候間、此方江不及案内、直々同人方ゟ請取可被申候、為其同人請負奥印為致置候、此金子之儀者、御仕法御定之儀故、済方差留候儀堅申入間敷、急度皆㊞済可致候、且又此末札差宿外江引替候ハヽ、其節済残金新規札差江請負奥印為致可申、若家督代替ニ相成候共、右金子皆済迄此證文相用可被申候、為後日前金借用證文、仍如件

弘化二巳年二月　前田鉄之助㊞

泉屋
甚左衛門殿

前金返済は蔵宿坂倉屋治郎左衛門

右蔵宿の奥書

（割印）（割印）

前書之金子、前田鉄之助様江貴殿御用立被成候処、拙者御蔵宿相勤居候ニ付、前書御定之通請負申所実正ニ御座候、然ル上者、年々三季御切米度毎、拙者方勘定差引不足ニ不抱引落置、貴殿江直々相渡可申候、如此請負候上者、御屋敷様ゟ渡方御差留之儀被　仰聞候共、其儀ニ不抱急度相渡可申候、若又此末外江札差御引替被遊候ハヽ、新規御蔵宿江申送、請負奥印為致替可申候、為後日請負奥印入置申所、仍如件

巳二月　坂倉屋
治郎左衛門㊞

泉屋
甚左衛門殿　*

○*印の紙背に割印がある。

一六四　増田半蔵

（頭注）一六四　増田半蔵　御切米前金借用証文

一六四　増田半蔵

弘化二年二月　御切米前金借用証文（二一―四―一―三）

（端裏張紙）
「増田半蔵様」

御切米前金借用之事

巳春引残り
一金拾両拾三匁　但無利足

此済方、当巳夏ゟ春夏六匁四分弐厘ツヽ、冬拾弐匁八分七厘、都合壱ヶ年金壱分拾匁七分壱厘済、御仕法通引取勘定可被申候

同
一金四拾五両弐分拾四匁六厘

此済方、当巳夏ゟ春夏壱匁九分弐厘ツヽ、冬三匁八分七厘、都合壱ヶ年七匁七分壱厘済

（頭注）前金返済は蔵宿坂倉屋治郎左衛門

右是者我等無拠要用ニ付、借用申所実正也、返済之儀者前書済方割合之通、当宿坂倉屋治郎左衛門方江為引落可相渡候間、此方江不及案内、直々同人方ゟ請取可被申候、為其同人請負奥印為致置候、此金子之儀者、御仕法御定之儀故、済方差留候儀堅申入間敷、急度皆済可致候、且又此末札差宿外江引替候ハヽ、其節済残金新規札差江請負奥印為致可申、若家督代替ニ相成候共、右金子皆済迄此證文相用可被申候、為後日前金借用證文、仍如件

弘化二巳年二月　増田半蔵㊞

泉屋
甚左衛門殿

（頭注）右蔵宿の奥書

（割印）前書之金子、増田半蔵様江貴殿御用立被成候所、拙者御蔵宿相勤居候ニ付、前書御定之通

(割印)請負申所実正ニ御座候、然ル上者、年々三季御切米度毎、拙者方勘定差引不足ニ不抱引落置、
(割印)貴殿江直々相渡可申候、如此請負候上者、御屋敷様ゟ御差留之儀被仰聞候共、其儀ニ不抱急
(割印)度相渡可申候、若又此末外江札差御引替被遊候ハヽ、新規御蔵宿江申送、請負印形為致替可
申候、為後日請負奥印入置申所、仍如件

巳二月

坂倉屋
治郎左衛門㊞ ＊＊

泉屋
甚左衛門殿

○＊印の紙背二箇所に割印がある。

一六五　町田金太郎

嘉永七年七月　御切米前金借用証文（一一―四―一―四二）

（端裏張紙）
「町田金太郎様」

借用申金子之事

一金拾四両弐分拾匁弐分四厘㊞　但無利足也

此済方、当寅冬御切米ゟ春夏銀八匁五分七厘宛、冬金壱分弐匁壱分四厘、都合壱ヶ年金
弐分四匁弐分八厘済、御主法済方之通皆済迄、引取勘定可被申候

一金三両拾弐匁六分㊞　但無利足也

此済方、当寅冬御切米ゟ春夏銀弐匁五分七厘ツヽ、冬銀五匁壱分四厘、都合壱ヶ年銀拾

匁弐分八厘済、御仕法済方之通皆済迄、引取勘定可被申候

右是者我等御蔵宿其方へ相頼候内、三季御切米書入、為前金慥ニ借用申処実正也㊞、返済之儀者三季御切米相渡候度毎、書面御仕法済方割合之通り、当御蔵宿下野屋十右衛門方江為引落置候間、此方へ不及案内ニ、十右衛門方ゟ直々請取勘定可被申候、為其同人請負印形為致置候、如斯御主法之済方ニ相成候上者、向後何様之義在之候とも、皆済迄延減少等之義決而申入間敷候、家督代替等有之候共、可為同様候、依之此證文皆済迄相用可被申候、若又勝手ニ付御蔵宿外へ引替候節者、済残金新規御蔵宿へ申付、請負印形為致可申候、為後日仍如件

前金返済は蔵宿下野屋十右衛門

嘉永七寅年七月

町田金太郎㊞

泉屋
甚左衛門殿

右蔵宿の奥書

（割印）（割印）

前書之金子、町田金太郎様へ貴殿御用立被成候処、此度拙者方へ御蔵宿被　仰付候ニ付、御本文御済方之通請負申処実正㊞ニ御座候、然ル上者、当寅冬御切米ゟ年々三季御切米相渡候度毎、拙者方勘定差引不構不足ニ、御本文御割合之通引落置、急度相渡シ可申候、仮令　御屋敷様ゟ御済方御差留メ被遊候とも、如此請負候上者、不抱其義ニ無相違相渡し可申候、若亦御蔵宿外へ被　仰付候ハヽ、其段貴殿へ致通達、新規御蔵宿へ申送り、請負印形為致可申候、為後日仍如件

寅七月

下野屋
十右衛門㊞

泉屋
甚左衛門殿

一六六　松島玄英

（慶応三）卯年十二月　軍役金請取覚（二七―五―二―一八―四〇）

（割印）
一　金壱分也
去寅十二月一ヶ月分
蔵米高弐拾人扶持

右御軍役金御蔵江納申処、仍如件

卯十二月

松村銈之允㊞
花田武兵衛㊞

松島玄英殿

一六七　松田荘蔵

弘化二年二月　御切米前金借用証文（二一―三―六―三八）

（端裏張紙）
「松田荘蔵様」

御切米前金借用之事

巳春引残り
一　金五拾四両弐分五匁三厘㊞　但無り足

此済方、当巳夏ゟ春夏金壱分弐匁壱分四厘ツヽ、冬金弐分四匁弐分九厘、都合壱ヶ年金
壱両八匁五分七厘、御仕法通引取勘定可被申候

同
一　金弐拾五両弐分壱匁八分㊞　但右同断

此済方、当巳夏ゟ春夏五匁壱分四厘ツヽ、冬拾匁弐分九厘、都合壱ヶ年金壱分五匁五分
七厘、御仕法通引取勘定可被申候

前金返済は蔵宿坂倉屋次郎左衛門

右是者我等無拠要用ニ付、借用申所実正也㊞、返済之儀者前書済方割合之通、当宿坂倉屋次郎左衛門方江為引落可相渡候間、此方江不及案内、直々同人方ゟ請取可被申候、為其同人江請負奥印為致置候、此金子之儀者御仕法御定之儀故、済方差留候儀堅申入間敷、急度皆済㊞可致候、且又此末札差宿外江引替候ハヽ、其節済残金新規札差江請負奥印為致可申、若家督代替ニ相成候共、右金子皆済迄此證文相用可被申候、為後日前金借用證文、仍如件

弘化二巳年二月　　松田荘蔵㊞

泉屋
甚左衛門殿

右蔵宿の奥書

（割印）（割印）（割印）（割印）

前書之金子、　松田荘蔵様江貴殿御用立被成候所、拙者御蔵宿相勤居候ニ付、前書御定之通請負申所実正ニ御座候、然上者、年々三季御切米度毎、拙者方勘定差引不足ニ不抱引落置、貴殿江直々相渡可申候、如此請負候上者、御屋敷様ゟ渡し方御差留之儀被　仰聞候共、其儀ニ不抱急度相渡可申候、若又此末外江札差御引替被遊候ハヽ、新規御蔵宿江申送請負印形為致替可申候、為後日請負奥印入置申所、仍如件

巳二月　　坂倉屋
次郎左衛門㊞

泉屋
甚左衛門殿

＊＊

○＊印の紙背二箇所に割印がある。

一六八　松平左兵衛督

（0）年欠　証文入包紙（一一―三―八―二三―一―〇）

（包紙上書）
「松平様御御拝領
御合力米御手取金請取書入」

○この包紙の下部に「請取書」と異筆の墨書がある。

（1）文久元年八月十日　合力米払代金の請取覚（一一―三―八―二三―一）

覚

一金八百五拾六両弐分ト
　壱匁五分四厘

右者御合力米之内、払代手取金慥ニ請取候所也

文久元辛酉年八月十日

松平左兵衛督内
勝手頭取
古山市左衛門㊞
山内兼三郎㊞
小林彦右衛門㊞

泉屋
甚左衛門殿

（2）（文久二）戌年四月二十五日　払米代金の請取覚（一一―三―八―二三―二）

覚

一金弐百六両壱分ト
　拾壱匁四分
二郷半米弐百六拾俵払代、壱俵三斗九升七合入
但七拾両仕切

葛西米　一金五百両弐分ト　葛西米六百三拾壱俵三斗七升四合五勺払代、壱俵三斗九升五勺入
六匁六分五厘　但七拾壱両仕切

二口
〆金七百七両ト三匁五厘

札差料　内弐両弐分也　札差料

差引残
金七百四両印弐分ト三匁五厘
右之通受取印申処也

戌四月廿五日　古山市左衛門印
小林彦右衛門印

泉屋
甚左衛門殿

秋渡米払代金の請取覚　(3)（文久二）戌年九月朔日　秋渡米払代金の請取覚（一一―三―八―二三―三）

覚

一金五百九拾弐両弐分也

札差料　右者当戌之秋渡米三百五十石払代金之内、弐両弐分札差料差引、残高右之通請取申処也、依而如件

戌九月朔日　松平左兵衛督内
古山市左衛門印
山内兼三郎印

小林彦右衛門㊞

泉屋
甚左衛門殿

合力米払代金の請取覚

（4）（文久三）亥年四月十八日　合力米払代金の請取覚（二一―三―八―二三―四）

覚

一金七㊞百八両壱分ト
　銀三匁也

右者御合力米払代金、慥ニ請㊞取申候

亥四月十八日

松平左兵衛督内
山内謙三郎㊞
古山市左衛門
当時出役ニ付無印

泉屋
甚左衛門殿

拝領米払代金の請取覚

（5）（文久三）亥年七月二十九日　拝領米払代金の請取覚（二一―三―八―二三―五）

覚

一金四千百九拾六両ト
　拾三匁四分六厘

右者拝領米之内、六千六百六拾六俵払代金、正請取申候也

亥七月廿九日

勝野儀兵衛㊞
岡本久兵衛㊞

岡田柳兵衛㊞
田口景右衛門㊞
山内謙三郎㊞
泉屋
甚左衛門殿

(6)(文久三)亥年九月十八日　拝領米払代金の請取覚(一一―三―八―二三―六)

拝領米払代金の請取覚

覚
一金千八百四拾八両弐分ト
銀拾三匁三分六厘
右者拝領米三分一、三千三百三拾四俵払代、慥ニ請取申候
亥九月十八日
広瀬要人㊞
岡本久兵衛㊞
田口景右衛門㊞
山内謙三郎㊞
泉屋
甚左衛門殿

(7)(元治元)子年二月朔日　春渡米払代金の請取覚(一一―三―八―二三―七)

春渡米払代金の請取覚

覚
一金三千七百両壱分ト
銀四匁四分八厘

札差料

右者当春御渡米払代金之内、拾五両札差料差引、残高右之通受取申所也、依而如件

子二月朔日

松平左兵衛督内
広瀬要人㊞
岡本久兵衛㊞
岡田柳兵衛㊞
田口景右衛門㊞
長野八十四郎㊞

泉屋
甚左衛門殿

秋渡米払代金の請取覚

（8）（元治元）子年七月十三日　秋渡米払代金の請取覚（一一―三―八―一三―八）

覚

一金三百七拾五両三分ト（三両㊞壱歩ト）
　銀七匁弐厘

札差料

右者当秋御渡御合力米払代金之内、弐両弐分札差料差引、株高之通受取申所也、依而如件

子七月十三日

松平左兵衛督内
広瀬要人㊞
岡本久兵衛㊞
岡田柳兵衛㊞
田口景右衛門㊞
山内謙三郎㊞

（9）（元治元）子年十月十六日　冬渡米払代金の請取覚（二一―三―八―二三―九）

冬渡米払代金の請取覚

覚

一金三千五百弐拾五両三分ト
　銀拾匁七分七厘

右者当冬渡拝領米払代金、慥ニ受取申候、以上

子十月十六日

松平左兵衛督内
　堀越辰之助㊞
　岡本久兵衛㊞
　岡田柳兵衛㊞
　田口景右衛門㊞
　古山市左衛門㊞

泉屋
　甚左衛門殿

（10）（慶応元）丑年正月二十八日　合力米払代金の請取覚（二一―三―八―二三―一〇）

合力米払代金の請取覚

覚

一金㊞九百五拾五両也

右者御合力米千俵払代金請取申候、以上

丑正月廿八日

中　章作

泉屋
　甚左衛門殿

堀越辰之助㊞
岡本久兵衛㊞
岡田柳兵衛㊞
田口景右衛門㊞
山内謙三郎㊞

泉屋
甚左衛門殿

拝領米払代金の請取覚（二一—三—八—二三—一一）

(11)（慶応元）丑年正月二十八日　拝領米払代金の請取覚

覚

一金㊞四千三百六拾五両三分
八匁三分六厘

右者拝領米払代、御役所渡米代金共請取申候、以上

丑正月廿八日

中　章作
堀越辰之助㊞
岡本久兵衛㊞
岡田柳兵衛㊞
田口景右衛門㊞
山内謙三郎㊞

泉屋
甚左衛門殿

(12) 慶応元年七月　秋渡米払代金の請取覚（二一―三―八―二三―一二）

秋渡米払代金の請取覚

金子請取之事

一金七百拾九両弐分と㊞
　　　五匁四分

右者当丑之秋渡払米代差引残金、株高之通慥受取申処也、仍如件

慶応元丑年七月　古山市左衛門㊞

泉屋
甚左衛門殿

(13)（慶応元）丑年十月十五日　拝領米払代金の請取覚（二一―三―八―二三―一三）

拝領米払代金の請取覚

覚

一金五千五拾六両三分ト㊞
　　　九匁七分三厘
　但差料差引

右者拝領米払代金、株高之通請取申処、仍而如件

丑十月十五日

広瀬要人㊞
中　章作㊞
岡本久兵衛㊞
岡田柳兵衛㊞
田口景右衛門㊞

拝領米払代金の請取覚

（14）（慶応二）寅年正月二十七日　拝領米払代金の請取覚（二一―三―八―二三―一四）

覚

一金壱万四百六両ト
　銀拾壱匁五分三厘
　　但差料差引

右者拝領米払代金、株高之通請取申処、仍而如件

寅正月廿七日

古山市左衛門㊞

和泉屋
　甚左衛門殿

合力米払代金の請取覚

（15）（慶応二）寅年八月十三日　合力米払代金の請取覚（二一―三―八―二三―一五）

覚

武藤雄次郎㊞
広　瀬　要　人㊞
中　　章作
岡田柳兵衛㊞
田口景右衛門㊞
古山市左衛門㊞

和泉屋
　甚左衛門殿

一　金千六百四拾七両壱分ト
　　五匁壱厘
　　　但差料差引
右者御合力米払代金、株高之通請取申処、仍而如件
　寅八月十三日
武藤雄次郎㊞
広瀬要人㊞
中　章作㊞
岡田柳兵衛㊞
田口景右衛門㊞
古山市左衛門㊞
和泉屋
甚左衛門殿

拝領米払代金の請取覚

（16）（慶応二）寅年十月十七日　拝領米払代金の請取覚（一一―三―八―二三―一六）

覚
一　金壱万三千拾七両ト
　　拾壱匁七分五厘
　　　但差料差引
右者拝領米払代金、株高之通請取申処、依而如件
　寅十月十七日
武藤雄次郎㊞

中　兵四郎㊞
岡田柳兵衛㊞
田口景右衛門㊞
山内中衛㊞

和泉屋
甚左衛門殿

(17)（慶応四）辰年二月三日　拝領米払代金の請取覚（二一—五—一四—三）

（包紙上書）
「請取書」

覚

一金六百四拾六両壱分ト
拾弐匁七分弐厘
但差料差引

右者拝領米払代金、株高之通請取申処、仍如件

辰二月三日

武藤雄次郎㊞
中　兵四郎㊞
斎藤直記㊞
勝野儀兵衛㊞
田口景右衛門㊞
酒井清兵衛㊞

和泉屋
甚左衛門殿

一六九　三浦大助

安政六年九月　御切米前金借用証文（一一―四―一―五〇）

（端裏張紙）
「三浦大助様」

借用申金子之事

一金五拾八両三分ト四匁九厘者㊞　但無利足

此済方、当未冬御切米ゟ春夏銀拾匁七分壱厘ツヽ、冬金壱分ト六匁四分三厘、都合壱ヶ年金弐分ト拾弐匁八分五厘済、御仕法済方之通皆済迄、引取勘定可被申候

右是者我等御蔵宿其方江相頼候内、三季御切米書入、為前金借ニ借用申処実正也、㊞返済之儀者三季御切米相渡候度毎、書面御仕法済方割合之通、当御蔵宿笠倉屋鉄之助方江為引落置候間、此方へ不及案内、鉄之助方ゟ直々請取勘定可被申候、為其同人請負印形為致置候、如此御仕法之済方ニ相成候上者、向後何様之義有之候共、皆済迄延減少等之儀決而申入間敷候、家督代替等有之候共、可為同様候、依之此證文皆済迄相用可被申候、若又勝手ニ付御蔵宿外江引替候節者、済残金新規御蔵宿江申付、請負印形為致可申候、為後日仍如件

安政六未年九月　三浦大助㊞

泉屋
甚左衛門殿

一六九　三浦大助
御切米前金借用証文
前金返済は蔵宿笠倉屋鉄之助

右蔵宿の奥書

（割印）前書之金子、　三浦大助様江貴殿御用立被成候処、此度拙者方江御蔵宿被　仰付候ニ付、御本文御済方之通り請負申処実正ニ御座候、然ル上者、当未ノ冬御切米ゟ年々三季御切米相渡候度毎、拙者方勘定差引不構不足、御本文御割合之通致承知、季毎引落置、急度相渡可申候、仮令　御屋敷様ゟ御済方御差留メ被遊候共、如此請負候上者、不抱其儀無相違相渡可申候、若又御蔵宿外江被　仰付候ハヽ、其段貴殿江致通達、新規御蔵宿江申送り、請負印形為致可申候、為後日仍如件

未九月　　笠倉屋
　　　　　鉄之助㊞

泉屋
甚左衛門殿

一七〇　水野長之助

一七〇　水野長之助

証文入包紙

（0）年欠　証文入包紙（一一―三―四―九―〇）

「（包紙、上書なし）」

御切米前金借用証文

（1）天保十五年二月　御切米前金借用証文（一一―三―四―九―一）

御切米前金借用證文之事

一金三拾九両弐分㊞
　七匁八分七厘

此済方、当辰春ゟ春夏金壱分拾四匁七分弐厘宛、冬金三分拾四匁四分五厘済

但無利足

右是者我等勤向其外要用ニ付、借用申処実正也㊞、返済之儀者前書済方割合之通、去卯冬御主法済方被　仰出候ニ付、新規證文ニ相改、年々三季御切米相渡度毎皆済迄、直々引取勘定可被申候、然ル上者、向後如何様之不時臨時入用有之候共、御主法済方之儀ニ付、延減少等之儀一切申入間鋪候、若勝手ニ付札差宿外へ引替候ハヽ、新規宿へ申付請合奥印為致候上宿引替可申候、且亦家督代替ニ相成候共、右金子皆済迄此證文相用可被申候、右約定聊相違無之候、為後日仍如件

天保十五辰年二月　水野長之助㊞

伊勢屋
市右衛門殿

(2) 嘉永五年二月　御蔵札差頼証文（一一—三—四—九—二）

御蔵札差頼証文

本高一七石、御足高共二〇石七人扶持

金四〇両借用、飯米は四人扶持に定む

御蔵札差頼證文之事

一此度我等御切米本高拾七石、御足高共都合弐拾石七人扶持御蔵札差、其方江相頼候処実正也㊞、然ル上者、春夏御借米・冬御切米請取手形調印之上、其時々可相渡間、其方ニ而書替所両判取之被致差札、米金其方江請取、米者御蔵時之相場ニ売払勘定相立可被申候事

一年々三季御切米書入、為前金借用致候儀者、我等勤向幷勝手向為要用相頼候、此度金三拾両御扶持方三人扶持向切ニ而拾両、都合金四拾両致借用候上者、当子夏ゟ壱ヶ年金三両減シニ致シ、飯米四人扶持ニ相定、三季毎勘定差引残り手取金を以、取賄可申約定ニ而、当子夏御借米迄者米金借用之儀、決而申入間敷候、同御切米後ゟ右約定之通取賄可申候、尤米者其時々相場ニ而代金ニ直し、惣而借用前金之方江者金三拾両ニ付壱ヶ月金壱分宛之利足ヲ加へ、元利共三季御切米渡之時々引取勘定可被申候事

札差料

一 札差料之儀者、壱ヶ年金壱分宛之割合ヲ以、三季ニ割合、目録面ニ而引取可被申候、向後御切米高相増、御蔵ゟ請取候節者、高百俵ニ付金壱分宛之割合ヲ以引取可被申候、御扶持方札差料(印)之儀、壱人扶持ニ付月々三合宛之割合ヲ以引取可被申候、且御扶持方取越米相頼候節、利足之儀者壱人扶持ニ付初月五合、翌月ゟ弐合宛差遣し可申候、御扶持米ニ而引取候節者、引取掛りとして壱人扶持ニ付弐合宛引取可被申候事

売側金

一 惣而御蔵ゟ受取米之分、御場所ニ而売払候節者、米三拾五石ニ付為売側金弐分宛之割合ヲ以、其方江引取勘定可被申候事

一 他所ニ而米金及借用候節、其方江請負印形相頼申間敷、且下知請等之類ニ而も決而頼入不申候事

先札差伊勢屋市右衛門カ

一 先札差(ママ)　　借用年賦済方金、此度其方江請負奥印相頼候上者、別紙證文表(印)定之通、済方皆済迄年々三季御切米渡度毎、其方江引落置、其時々　　直々可被相渡候、若向後札差外江引替候ハヽ、右年賦済方金新規札差方江請負申付、奥印為致候上、引替可申候、如斯取極奥印請負相頼候上者、仮令何様之儀出来候共、右済方金渡し方差留メ一切申入間敷候、若違約之儀申入候共、其方請負*奥印之約速(ママ)ヲ以此方江不及断、　　直々定通可被相渡候、其節彼是申入間敷候事

三季御切米、諸勘定差引目録書

一 年々三季御切米其外諸勘定差引目録書、此方江受取候上者、其時々早速相調、若書損・算違等有之見出し候ハヽ、早速申聞、双方共過不足之米金無利足ニ而致取引、勘定違之目録書改、早速引替可申候、尤此条者季々勘定目録奥書之断有之候儀ニ而、若年数相立勘定違見出し申入候

而者、其方扣諸帳面も口々之儀ニ而、中ニ者虫喰破レ等も出来、無拠調方不行届、依之其時々能々致再調、相違見出し候ハヽ、前年三季勘定目録書者、翌年春夏御借米前迄ヲ限り可申入候、右約定ニ致置候上者、其節彼是申入間敷候事

手形差留め、直請取はしない

前書之通取極、御蔵札差其方江相頼候上者、向後何様之儀有之候共、三季御切米受取手形差留、御蔵ゟ米金直請取等決而致間敷候、且又御切米高引当不相当之無心決而申入間敷候、若違約致候ハヽ、何方江成共可被訴出候、其節違乱申間敷候、且又此末々家督代替等ニ相成候共、可為同様候、依之此證文永々相用可被申候、為後日頼證文仍如件

嘉永五子年二月　*水野長之助㊞

泉屋
甚左衛門殿

○*印の紙背二箇所に裏継目印がある。

用立金申送り覚

（3）（嘉永五）子年二月　用立金申送り覚（一一―三―四―九―三―一）

覚

御手当扶持四人扶持

一御高弐拾石三人扶持（御本高拾七石也）

御書院番格
御右筆
水野長之助様

（割印）一　金拾壱両弐匁八分弐厘　御上納金

此上納方、春夏金壱分三匁九分三厘宛

冬金弐分七匁八分九厘
一ヶ年金壱両壱分七分五厘也
外ニ利百壱

（割印）一 子春引残
金弐拾三両壱分
弐匁三厘
手前方
御年賦金

此御済方、当子夏ゟ春夏金壱分拾四匁七分弐厘宛
冬金三分拾四匁四分五厘
壱ヶ年金壱両弐分拾三匁八分九厘済
但無利足

（割印）一 金三拾七両壱分
拾四匁九分壱厘
御突金

（割印）一 御扶持方三人扶持宛、当子三月分ゟ*同八月分迄〆六ヶ月之御取越

（割印）一 御手当扶持、子三月分計り壱ヶ月之御取越し

右之通御用立金ニ御座候、此外米金共御出入等一切無御座候、以上

子二月　伊勢屋
市右衛門㊞

泉屋
甚左衛門殿

○*印の紙背に裏継目印がある。

（4）（嘉永五）子年二月　用立金請取覚（一一―三―四―九―三―二）

覚
一金三拾七両壱分㊞
　拾四匁九分壱厘
右者水野長之助様御突金之分、不残慥㊞請取申候、以上
子二月
伊勢屋
市右衛門㊞
代藤吉
泉屋
甚左衛門殿

一七一　水野富之助

（1）安政六年七月　改印届の一札（一一―三―四―九―五）
入置申一札事
一我等是迄相用候印形、以来相改申間鋪候、若相改候節者、此㊞印形相添相改可申候、若添印無之候得者、急度相断可給候、為後日入置申一札、依而如件
安政六未年七月
水野富之助㊞
泉屋
甚左衛門殿

（2）安政六年八月　扶持米引当前借の一札（一一―三―四―九―六）
入置申一札之事
一我等此度難捨置入用出来致候ニ付、御扶持方九人扶持之内、六人扶持向書入分、拾四両之用弁

之儀頼入候処、出格之勘弁を以、右金子給用立過分ニ存候、然ル上者、残り三人扶持ニ而月々
飯米取賄可申候、向後御扶持向済切候迄、飯米差支ヶ間敷儀決而申入間敷候、為後日仍如件

安政六未年八月　　水野富之助㊞

泉屋
甚左衛門殿

宿替の申送り依頼書状

（3）七月二十四日　宿替の申送り依頼書状（一一―三―四―九―四）

（上書）
「泉屋
甚左衛門殿　　水野富之助」

以手紙申入候、然者此度勝手ニ付、札差下野屋鉄吉江転宿いたし候間、宜申送可給候、印紙を以
此段申入候、以上

七月廿四日　　水野富之助㊞

一七二 三田弥次兵衛・丑五郎 御切米前金借用証文

一七二　三田弥次兵衛・丑五郎

弘化二年二月　御切米前金借用証文（一一―三―六―三七）

（端裏張紙）
「三田弥次兵衛様」

御切米前金借用之事

巳春引残り㊞㊞

一金拾四両壱分七分五厘　　但無利足

此済方、当巳夏㊞ゟ春夏拾匁七分壱厘ツヽ、冬金壱分六匁四分三厘、都合壱ヶ年金弐分拾

弐匁八分五厘済、御仕法通引取勘定可被申候
右是者我等無拠要用ニ付、借用申所実正也、返済之儀者前書済方割合之通、当宿坂倉屋治郎左衛門方江為引落可相渡候間、此方江不及案内、直々同人方ゟ請取可被申候、為其同人江請負奥印為致置候、此金子之儀者御仕法御定之儀故、済方差留候儀者堅申入間敷、急度皆済可致候、且又此末札差宿外江引替候ハヽ、其節済残金新規札差江請負奥印為致可申、若家督代替ニ相成候共、右金子皆済迄此證文相用可被申候、為後日前金借用證文、仍如件

弘化二巳年二月　　三田弥次兵衛㊞
　　　　　　　　　加印 同　丑五郎㊞
泉屋
甚左衛門殿

前金返済は蔵宿の坂倉屋治郎左衛門

右蔵宿の奥書

（割印）前書之金子、三田弥次兵衛様江貴殿御用立被成候所、拙者御蔵宿相勤居候ニ付、前書御定之通請負申所実正ニ御座候、然ル上者、年々三季御切米度毎、拙者方勘定差引不足ニ不拘引落置、貴殿江直々相渡可申候、如斯請負候上者、御屋敷様ゟ渡シ方御差留之儀被仰聞候共、其儀ニ不拘急度相渡可申候、若又此末外江札差御引替被遊候ハヽ、新規御蔵宿江申送請負印形為致可申候、為後日請負奥印入置申所、仍如件

巳二月　　坂倉屋
　　　　　治郎左衛門㊞
泉屋
甚左衛門殿

（割印）＊

○＊印の紙背に割印がある。

一七三　美濃部浩庵
御蔵札差頼証文
出役手当一五人扶持
札差料

一七三　美濃部浩庵

文久三年七月　御蔵札差頼証文（二七―五―二―一八―一〇）

御蔵札差頼證文之事

一我等出役御手当扶持拾五人扶持御蔵札差、其方へ相頼候処実正也、(印)然ル上者、月々手形可相渡間、其方ニ而差札被致、御蔵ゟ請取被申、米者時之相場ニ売払勘定相立可被申候、札差料之儀者、壱人扶持ニ付弐合宛之割合を以引取可被申候、尤御手当扶持見込金用等之儀、決而頼入申(印)間敷候、若又御扶持米ニ而引取候節者引取候分、懸り壱人扶持ニ付弐合宛之割合を以引取可被申候、為後日頼證文仍如件

文久三亥年七月　美濃部浩庵(印)

泉屋
甚左衛門殿

一七四　宮内陶亭
軍役金請取覚

一七四　宮内陶亭

（慶応三）卯年六月　軍役金請取覚（二七―五―二―一八―二）

蔵米高弐拾人扶持
卯春分
一金三分也

(割印)

右御軍役金御蔵江納申処、仍如件

卯六月　松村鉒之允(印)
花田武兵衛(印)

宮内陶亭殿

一七五　宮崎利兵衛　御切米前金借用証文

一七五　宮崎利兵衛

安政六年六月　御切米前金借用証文（一一―四―一―四八）

（端裏張紙）「宮崎利兵衛様」

借用申金子之事

一金拾弐両三分ト七分七厘者㊞　但無利足

此済方、当未冬御切米ゟ春夏銀四匁五分ツヽ、冬銀九匁、都合壱ヶ年金壱分ト三匁済、

御仕法済方之通皆済迄、引取勘定可被申候

前金返済は蔵宿の坂倉屋治郎左衛門

右是者我等御蔵宿其方江相頼候内、三季御切米書入、為前金慥ニ借用申処実正也、㊞返済之儀者三季御切米相渡候度毎、書面御仕法済方割合之通、当御蔵宿坂倉屋治郎左衛門方江為引落置候間、此方江不及案内、治郎左衛門方ゟ直々請取勘定可被申候、為其同人請負印形為致置候、如斯御仕法之済方ニ相成候上者、向後何様之儀有之候共、皆済迄延減少等之儀決而申入間敷候、家督代替等有之候共、可為同様候、依之此證文皆済迄相用可被申候、若亦勝手ニ付御蔵宿外江引替候節者、済残金新規御蔵宿江申付、請負印形為致可申候、為後日仍如件

安政六未年六月　宮崎利兵衛㊞

泉屋
甚左衛門殿

右蔵宿の奥書

（割印）前書之金子、宮崎利兵衛様江貴殿御用立被成候処、此度拙者方へ御蔵宿被仰付候ニ付、御

本文御済方之通請負申処実正御座候、然ル上者、当未冬御切米ゟ年々三季御切米相渡候度毎、拙者方勘定差引不構不足、御本文御割合之通致承知、季毎引落置、急度相渡可申候、仮令御屋鋪様ゟ御済方御差留被遊候共、如此請負候上者、不抱其儀無相違相渡可申候、若又御蔵宿外江被　仰付候ハヽ、其段貴殿江致通達、新規御蔵宿江申送り、請負印形為致可申候、為後日依而如件

未ノ六月

坂倉屋
治郎左衛門㊞

泉屋
甚左衛門殿

一七六　村垣与三郎　御切米前金借用証文の奥書（一一―三―八―二四―九）

辰年二月

(割印)

前書之金子、村垣与三郎様江貴殿御用立被成候処、拙者御蔵宿相勤居候ニ付、前書御定之通請負申処実正ニ御座候、然ル上者、毎月御扶持方相渡候度毎、拙者方勘定差引不足ニ不抱引落置、貴殿江直々相渡可申候、如斯請負候上者、御屋鋪様ゟ延減少渡方御差留之儀被　仰付候共、其儀ニ不抱急度相渡可申候、若亦此末外江札差御引替被遊候ハヽ、新規御蔵宿江申送り、請負印形為致替可申候、為後日請負奥印入置申所、仍如件

辰二月

泉屋
甚左衛門㊞

森村屋
次郎兵衛殿

○本史料の割印・実印は、墨書の「欠」の字で抹消されている。

一七七　村田彦次郎

（一七七　村田彦次郎　御切米前金借用証文）

安政六年十一月　御切米前金借用証文（一一―四―一―五二）

（端裏張紙）
「村田彦次郎様」

借用申金子之事

一　金六両ト六匁三分七厘者（印）　但無利足

此済方、来申春御借米ゟ春夏銀三匁三分七厘宛、冬銀六匁七分四厘、都合壱ヶ年銀拾三匁四分八厘済、御仕法済方之通皆済迄、引取勘定可被申候

（前金返済は蔵宿の大口屋弥右衛門）

右是者我等御蔵宿其方江相頼候内、三季御切米書入、為前金慥ニ借用申処実正也（印）、返済之儀者三季御切米相渡候度毎、書面御仕法済方割合之通り、当御蔵宿大口屋弥右衛門方江為引落置候間、此方江不及案内、弥右衛門方ゟ直々請取勘定可被申候、為其同人請負印形為致置候、如斯御仕法之済方ニ相成候上者、向後何様之義有之候共、皆済迄延減少等之儀決而申入間敷候、家督代替等有之候共、可為同様候、依之此證文皆済迄相用可被申候、若又勝手ニ付御蔵宿外江引替候節者、済残金新規御蔵宿へ申付、請負印形為致可申候、為後日仍如件

安政六未年十一月　村田彦次郎（印）

泉屋
甚左衛門殿

（右蔵宿の奥書）

（割印）前書之金子、村田彦次郎様江貴殿御用立被成候処、此度拙者方へ御蔵宿被仰付候ニ付、御

本文御済方之通り請負申処実正ニ御座候、然ル上者、来申春御借米ゟ年々三季御切米相渡候度毎、拙者方勘定差引不構不足、御本文御割合之通致承知、季毎引落置、急度相渡可申候、仮令　御屋鋪様ゟ御済方御差留メ被遊候共、如此請負候上者、不抱其儀無相違相渡可申候、若又御蔵宿外江被　仰付候ハヽ、其段貴殿江致通達、新規御蔵宿へ申送り、請負印形為致可申候、為後日依而如件

未十一月

大口屋
弥右衛門㊞

泉屋
甚左衛門殿

一七八　牟礼郷右衛門御切米前金借用証文の奥書

（割印）

辰年正月　御切米前金借用証文の奥書（一一―三―八―二四―八）

前書之金子、　牟礼郷右衛門様江貴殿御用立被成候処、拙者御蔵宿相勤居候ニ付、前書御定之通請負申処実正ニ御座候、然ル上者、年々三季御切米之度毎、拙者方勘定差引不足ニ不拘引落置、貴殿江直々相渡可申候、如斯請負候上者、　御屋鋪様ゟ渡シ方御差留之儀被仰聞候共、其儀ニ不拘急度相渡可申候、若又此末外江札差御引替被遊候ハヽ、新規御蔵宿江申送り、請負印形為致替可申候、為後日請負奥印入置申処、仍如件

辰正月

泉屋
甚左衛門㊞

笠倉屋
弥七殿

○本史料の割印・実印は、墨書で抹消されている。

一七九　森新十郎
役料渡り手取金・勘定書の請取覚

一七九　森新十郎

（慶応四年）三月二十三日　役料渡り手取金・勘定書の請取覚（一一―五―一四―四―五）

覚

一金弐㊞拾六両弐分弐匁五分

右者当辰㊞春御役料渡㊞り手取金幷勘定書㊞共、慥㊞ニ受取候、以上

三月廿三日　森新十郎㊞

泉屋
甚左衛門殿

一八〇　森百助・九一郎
御切米前金借用証文

一八〇　森百助・九一郎

文久三年十一月　御切米前金借用証文（一一―四―一一―六五）

（端裏書）
「森百助様」

借用申金子之事

一金百㊞拾㊞三両三分六匁壱分九厘　但無利足

但此済方、来子春㊞ゟ春夏金弐分九匁五分壱厘ツヽ、冬金壱両壱分四匁三厘、都合壱ヶ年

金弐両弐分八匁五厘済、御仕法御済方之通皆済迄、引取勘定可被申候

前金返済は蔵宿の
坂倉屋由次郎

右是者我等御蔵宿其方へ相頼候内、三季御切米書入、為前金慥ニ借用申処実㊞正也、返済之儀者三

季御切米相渡候度毎、書面御仕法済方割合之通、当御蔵宿坂倉屋由次郎方へ為引落置候間、此方へ不及案内、由次郎方ゟ直々請取勘定可被申候、為其同人請負印形為致置候、如斯御仕法済方ニ相成候上者、向後何様之義有之候共、皆済迄延減少等之儀決而申入間敷候、家督代替等有之候共、可為同様候、依之此證文皆済迄相用可被申候、若又勝手ニ付御蔵宿外へ引替候節ハ、済残金新規御蔵宿へ申付、請負印形為致可申候、為後日仍如件

文久三亥年十一月　森　百　助㊞

同　九一郎㊞

泉屋
甚左衛門殿

右蔵宿の奥書

（割印）前書之金子、森百助様 同九一郎様へ貴殿御用立被成候処、此度拙者方へ御蔵宿被　仰付候ニ付、御本文御済方之通請負申処実正ニ御座候、然ル上者、来子春御借米ゟ年々三季御切米相渡候度毎、拙者方勘定差引不構不足、御本文御割合之通致承知、季毎引落置、急度相渡シ可申候、仮令　御屋敷様ゟ御済方御差留メ被遊候共、如此請負候上者、不拘其儀無相違相渡可申候、若又御蔵宿外へ被　仰付候ハヽ、其段貴殿江致通達、新規御蔵宿へ申送り、請負印形為致可申候、為後日仍如件

坂倉屋
由治郎㊞

泉屋
甚左衛門殿

一八一　森内弥太郎

一八一　**森内弥太郎**

嘉永三年十二月　御切米前金借用証文（二一―四―一―二九）

（端裏張紙）
「森内弥太郎様」

借用申金子之事

一金四拾弐両壱分拾弐匁七分者㊞　但無利足

此済方、来亥春御借米ゟ春夏銀五匁六分弐厘宛、冬銀拾壱匁弐分六厘、都合壱ヶ年金壱分七匁五分済、御仕法済方之通皆済迄、引取勘定可被申候

一金拾六両弐分六匁四分五厘者㊞　但無利足

此済方、来亥春御借米ゟ春夏金壱分三匁七分五厘宛、冬金弐分七匁五分、都合壱ヶ年金壱両壱分済、御仕法済方之通皆済迄、引取勘定可被申候

右是者我等御蔵宿其方江相頼候内、三季御切米書入、為前金慥借用申処実正也、返済之儀者三季御切米相渡候度毎、書面御主法済方割合之通、当御蔵宿万田屋新右衛門方江為引落置候間、此方江不及案内、新右衛門方ゟ直々請取勘定可被申候、為其同人請負印形為致置候、如此御仕法之済方ニ相成候上者、向後何様之儀有之候共皆済迄、延減少等之儀決而申入間鋪候、家督代替等有之候共、可為同様候、依之此證文皆済迄相用可被申候、若亦御蔵宿外江引替候節者、済残金新規御蔵宿江申付、請負印形為致可申候、為後日仍如件

嘉永三戌年十二月　森内弥太郎㊞

泉屋
甚左衛門殿

前金返済は蔵宿の万田屋新右衛門

御切米前金借用証文

右蔵宿の奥書

（割印）（割印）
前書之金子、森内弥太郎様江貴殿御用立被成候所、此度拙者方江御蔵宿被　仰付候ニ付、御本文御済方之通請負申処実正ニ御座候、然ル上者、来亥春御借米ゟ年々三季御切米相渡候度毎、拙者方勘定差引不構不足ニ、御本文御割合之通致承知、季毎引落置、急度相渡可申候、仮令　御屋鋪様ゟ御済方御差留メ被遊候共、如此請負候上者、不抱其儀ニ相渡可申候、若亦御蔵宿外へ被　仰付候ハヽ、其段貴殿江致通達、新規御蔵宿江申送り、請負印形為致可申候、為後日仍如件

戌十二月

万田屋
新右衛門㊞

泉屋
甚左衛門殿

【一八二】 森山与一郎

一八二　森山与一郎

御蔵札差頼証文

（1）天保十三年七月　御蔵札差頼証文（一一―三―八―三〇―一）

本高一〇〇俵、足高合計二〇〇俵と役高三〇〇俵

御蔵札差頼證文之事

一旦那此度御切米本高百俵・御足高百俵、都合弐百俵幷御役料三百俵御蔵米渡札差、其方江相頼候所実正也、然ル上者、三季御切米幷御役料請取手形調印之上、其時々可相渡間、其方ニ而書替所両判取之被致差札、米金共其方江請取、米者御蔵時之相場ニ売払勘定相立可被申候事

一年々三季御切米幷御役料書入、其方ゟ為前金借用致候儀者、旦那勤向勝手向為要用相頼候ニ付、別紙入置候約定書之通、為少金共旦那裡判證文を以可及借用ニ候、高不相応之金用決而申入間

裡判証文

敷候、且又三季度其時々御蔵渡米金共、其方ゟ借用前金之方江金三拾両ニ付壱ヶ月金壱分宛之利足を加、元利共引取勘定相立可被申候事

札差料

一札差料之儀者、壱ヶ年百俵ニ付金壱分宛之割合を以、三季ニ割合、勘定目録面ニ而引取可被申候、若又御切米高相増、御蔵ゟ請取候節者、高百俵ニ付右割合を以引取可被申候事

売側金

一惣而御蔵ゟ請取米之分、御場所ニ而売払候節者、三拾五石ニ付為売側金弐分宛之割合を以、其方へ引取可被申候事

一他所ニ而米金及借用候節者、其方江請負印形相頼申間敷候、尤下知請等之類ニ而も決而頼入申間敷候事

三季御切米差引目録、諸勘定に至る迄

一年々三季御切米差引目録、其外諸勘定ニ至迄、書損・算違等見出シ候ハヽ、早速可申遣候間、相直シ可被差出候、早速引替可差遣候、其節彼是申入間敷候、*尤三季勘定目録相調候儀、年月相立候而者、致混雑調方不行届候段、兼而被相断致承知居候間、其次御借米・御切米御張紙出候前迄ニ可申遣候、向後年月相立候分、取調等決而申入間敷候事

前書之通取極、御蔵札差其方江相頼候上者、三季御切米手形差留メ、直差等決而致間敷候、若又約定相違候ハヽ、何方江成共可被　訴出候、其節違乱申間敷候、尚亦此末々家督御代替ニ相成候共、此證文永々相用可被申候、為後日旦那裏判を以頼證文、仍如件

天保十三寅年七月　　森山与一郎内
　　　　　　　　　　金子寛蔵㊞

泉屋
甚左衛門殿

「（裏書）表書之通相違無之候、以上

与一郎㊞」

○＊印の紙背に裏継目印がある。

（2）天保十三年七月　対談取極証文（一一―三―八―三〇―二）

対談取極証文

対談取極證文之事

前金一五〇両借用、当冬九〇両証文に致す

一旦那三季御切米幷御役料渡書入、為前金借用申入候義者、別紙證文を以通用可致候、此度別紙證文之通、金百五拾両致借用候上者、当冬相渡勘定之節、金九拾両高ニ證文面ニ致来、卯春ゟ壱ヶ年金拾両減、三季毎勘定差引ニ残り金を以取賄可申候約定ニ而、当冬御切米渡迄者金用決而申入間鋪候、同冬勘定渡ゟ別紙ニ書付置候五季定金、幷三季毎引残手取金を以取賄可申候、

飯米は知行所物成米で取賄う

飯米之義者知行所物成之内を以取入、月々取賄申候、万一飯米不足等在之候節者、賄金之内を以買入可申間、別段其方ゟ＊借用之義決而申入間鋪候、若又知行所方違作有之候歟、都而入用金等出来候共、其方江定置候約定金之外、一体借財高格別ニ相減不申候内者、金用決而申入間敷候、尤米者其時々相場ニ而代金直し、惣而借用前金之分者、金三拾両ニ付壱ヶ月五分宛之利足を加へ、元利とも三季渡之時々引取勘定可被申候事

一預ヶ金致候歟、都而金子請取書差出候節者、其方大帳之初ニ印鑑有之候間、引合可申旨被相断、致承知置候

夜分の対談、迷惑の掛合を頼まない

一同家業是迄仕来候義者、其趣を以取計可被申候、尤用事有之候共、其方呼寄申間敷候、且夜分之対談、其外迷惑ニ相成候掛合等相頼申間敷候事

右之通対談取極札差相頼候上者、約定相違申間敷候、為後日旦那裏判證文仍如件

天保十三年寅七月

森山与一郎内
金子寛蔵㊞

泉屋
甚左衛門殿

（裏書）
「表書之通相違無之候、以上

与一郎㊞
」

○＊印の紙背に裏継目印がある。

（3）（天保十三）寅年七月　用立金申送り覚（一一—三—八—三〇—三—一）

用立金申送り覚

覚

西御丸御小納戸
森山与一郎様

御本高百俵
一御高弐百俵

御役料三百俵

（割印）
一金九拾五両三分ト
弐匁五分

御用立
元利

右之通御座候、此外米金共御出入一切無御座候、以上

寅七月

伊勢屋
庄五郎㊞

泉屋
甚左衛門殿

（4）（天保十三）寅年七月十一日　用立金請取覚（一一―三―八―二三―三―一）

覚

一金九拾五両三分㊞
　　弐匁五分

右者森山与一郎様御立替金、慥ニ受取申候、以上㊞

寅七月十一日

伊勢屋
庄五郎㊞
代富蔵

泉屋
甚左衛門殿

（5）天保十三年七月　印鑑届の一札（一一―三―八―三〇―四）

差遣申書付之事

一旦那御切米御役料共三季相渡り候度毎、勘定目録手取金幷諸対談向、其外都而差入候書付之義者、拙者印形ニ而通用可致候、且米金借用之節者、為少分共旦那裏判を以可申入候、為後日旦那裡判を以此段申達シ置候条、如件

天保十三寅年七月

森山与一郎内
金子寛蔵㊞

泉屋
甚左衛門殿

（裏書）
「表書之通相違無之候、以上
与一郎㊞
」

（6）文久三年正月　御切米前金借用証文（一一―三―八―三〇―五）

御切米前金借用証文

御切米前金借用證文之事

一金八拾両也㊞　但三拾ヶ年済

但当亥春ゟ春夏金弐分ト拾匁ツヽ、冬金壱両壱分□□（五匁カ）、都合壱ヶ年金弐両弐分ト拾匁済、

外ニ戌十一月ゟ月三分五厘利外済之事

右是者我等無拠要用ニ付、三季御切米高書入、為前金借用申処実正也、返済之儀者三季御切米手形調印相済次第、早速其方江可相渡候間書替所両判取之、御蔵ニ而米金請取被申、前書済方割合之通季毎引取勘定可被申候、我等方ニ而直書替、御蔵米金直請取等堅致間敷候、此金子之儀者今般格別之御主意ニ而被　仰渡、安利御主法済ニ有之候上者、縦令公私如何様之儀有之候共、延滅少ヶ間敷頼筋決而申入間敷候、向後家督代替りニ相成候共右借用金皆済迄、此證文相用可被申候、若又札差宿外江引替候ハヽ、其節済残金新規札差江請負奥印為致候上、宿引替可申候、為後日仍如件

安利御主法済

文久三亥年正月　森山与一郎㊞

泉屋
甚左衛門殿

（7）（慶応三）卯年十二月　軍役金請取覚（二四―四―七―二―一三）

軍役金請取覚

（割印）

去寅十二月一ヶ月分
蔵米高百俵
一金壱分銀五匁也

右御軍役金御蔵江納申処、仍如件

卯十二月

松村鉒之允㊞
花田武兵衛㊞

森山与一郎殿

一八三　安井元達

（1）文久三年十月　御蔵札差頼証文（二七―五―二―一八―一九）

御蔵札差頼證文之事

一我等出役御手当扶持拾五人扶持御蔵札差、其方へ相頼候処実正也、然ル上者、月々手形可相渡間、其方ニ而差札被致、御蔵ゟ請取被申、米者時之相場ニ売払勘定相立可被申候、札差料之儀者、壱人扶持ニ付月々弐合宛之割合を以、引取可被申候、尤御手当扶持見込金用等之儀、決而頼入申間敷候、若又御扶持米ニ而引取候分、懸り壱人扶持ニ付弐合宛之割合を以引取可被申候、為後日頼證文仍如件

文久三亥年十月　安井元達㊞

泉屋
甚左衛門殿

（2）（慶応三）卯年六月　軍役金請取覚（二七―五―二―一八―二〇）

蔵米高弐拾人扶持
卯春分
一金三分也（割印）

右御軍役金御蔵江納申処、仍如件

卯六月　松村銈之允㊞
花田武兵衛㊞
安井元達殿

一八四　山木数馬・鉦太郎
証文入包紙

一八四　山木数馬・鉦太郎

（0）年欠　証文入包紙（一一―三―四―八―〇）

（包紙上書）
「山木鉦太郎様」

御蔵札差頼証文

（1）嘉永四年八月　御蔵札差頼証文（一一―三―四―八―一）

御蔵札差頼證文之事

本高四五〇俵、足高合計六〇〇俵

一此度我等御切米本高四百五拾俵・御足高百五拾俵、都合六百俵御蔵米渡札差、其方江相頼候処実正也、然ル上者、春夏御借米・冬御切米請取手形調印之上、其時々可相渡間、其方ニ而書替所両判取之被致差札、米金其方江請取、米者御蔵時之相場ニ売払勘定相立可被申候事

一年々三季御切米書入、其方ゟ為前金致借用候儀者、我等勤向并勝手向為要用相頼候ニ付、三季御切米其時々御蔵渡米金共、其方ゟ借用前金之方江金三拾両ニ付壱ヶ月金壱分宛之利足ヲ加、元利共引取勘定相立可被申候事

札差料

一札差料之儀者、壱ヶ年高百俵ニ付金壱分宛之割合ヲ以、三季ニ割合、目録面ニ而引取可被申候、向後御切米高相増、御蔵ゟ請取候節者、高百俵ニ付金壱分宛之割合ヲ以引取可被申候事

売側金

一惣而御蔵ゟ請取米之分、御場所ニ而売払候節者、米三拾五石ニ付為㊞売側金弐分宛之割合を以、㊞

其方江引取勘定可被申候事

一他所ニ而米金及借用候節者、其方江請負印形相頼申間鋪、且下知請等之類ニ而も決而頼入不申候事

先札差坂倉屋作兵衛・森村屋次郎兵衛

一先札差坂倉屋作兵衛・森村屋次郎兵衛方借用年賦済方金、此度其方江請負奥印相頼候上者、別紙證文表定之通済方皆済迄、年々三季御切米渡度毎其方江引落置、其時々右両人方江直々可被相渡間、若向後札差外へ引替候ハヽ、右年賦済方金新規札差方江請負申付、奥印為致候上、引替可申候、如斯取極奥印請負相頼候上者、仮令何様之儀出来候共、右済方金渡方差留メ一切申入間鋪候、若違失之儀申入候共、其方奥印請負之約速（ママ）を以此方江不及断、右両人方江直々定通可被相渡候、其節彼是申入間鋪候事

三季御切米、諸勘定差引目録書

一年々三季御切米其外諸勘定差引目録書、此方江請取候上者、其時々早速相調、若書損・算違有之見出候ハヽ、早速申聞、双方共過不足之米金無利足ニ而取引致、*勘定違之目録書改、早速引替可申候、尤此条者季々勘定目録奥書ニ断有之候儀ニ而、若年数相立勘定違見出申入候而者、其方控諸帳面も口々之儀ニ而、中ニ者虫喰破レ等も出来、無拠調方不行届、依之其時々能々再調致、相違見出候ハヽ、前年三季御切米勘定目録書者、翌年春夏御借米前迄ヲ限り可申入候、右約定ニ致置候上者、其節彼是申入間鋪候事

手形差留め、直受取はしない

前書之通取極、御蔵札差其方江相頼候上者、向後何様之儀有之候共、三季御切米請取手形差留メ、御蔵ゟ米金直受取等決而致間鋪候、若違約致候ハヽ、何方江成共可被　訴出候、其節違乱申間敷候、且亦此末々家督代替ニ相成候共、可為同様候、依之此證文永々相用可被申候、為後日頼證文

仍如件

嘉永四亥年八月　山木数馬㊞

泉屋
甚左衛門殿

○＊印の紙背に裏継目印がある。

（2）嘉永四年八月　対談取極証文（一一―三―四―八―一）

対談取極證文之事

対談取極証文

金四四五両借用、飯米一〇〇俵と留守飯米五〇俵に定む

一我等年々三季御切米書入、為前金借用申入候儀者、別紙證文ヲ以致通用可申候、此度別紙證文之通、金四百四拾五両致借用候上者、弐拾五両冬上ヶ切、来子春御借米ゟ壱ヶ年金弐拾五両減しニ致、飯米之儀者壱ヶ年百俵、留主飯米五拾俵ニ相定、三季毎勘定差引残手取金ヲ以、取賄可申候約定ニ而、当亥冬御切米迄者米金借用之儀決而申入間鋪候、同御切米後ゟ右約定之通取賄可申候、尤米者其時々相場ニ而代金ニ直シ、惣而借用前金之分者、金三拾両ニ付壱ヶ月金壱分宛之利足ヲ加へ、元利共三季御切米渡之時々引取勘定可被申候

先宿坂倉屋作兵衛・森村屋次郎兵衛

一先宿坂倉屋作兵衛・森村屋次郎兵衛方借用年賦済方金有之上、其方江当用金致借用候上者、御切米高引当不相当之無心、決而申入＊間鋪候事

一預ヶ金致候歟、都而金子請取書被差出候節者、其方大帳之始メニ印鑑有之候間、引合セ可申旨被相断、致承知置候事

一其方共家業之儀、是迄致来り等之儀者、其趣ヲ以取計可被申候、且亦諸家方多引受被在、其上諸役所勤方も有之事故、諸家方用談ニ付向々屋鋪方江被出用談承り候儀者、人少ニ而無拠行届

夜分の対談、迷惑の掛合は頼まない

兼候趣、尤之事ニ候、其意味聞届ヶ置候間、諸用談者此方ゟ可申入候、尤夜分之対談、其外迷惑ニ相成掛合等相頼申間鋪候事

右之通対談取極札差相頼候上者、約定相違之儀申入間敷候、為後日対談取極證文、仍如件

嘉永四亥年八月　　山木数馬㊞

泉屋
甚左衛門殿

○*印の紙背に裏継目印がある。

用立金申送り覚

（3）（嘉永四）亥年八月十二日　用立金申送り覚（一一—三—四—八—三—一）

覚

大御番与頭
山木数馬様

御高六百俵

内
御本高四百五拾俵

一金千六百拾両壱分
拾匁五分　　森村屋
次郎兵衛殿
無利足

此御済方、春夏金壱両弐分拾壱匁弐分五厘ツヽ、

冬金三両壱分七匁五分、都合壱ヶ年金六両三分済

一金百四拾五両弐分
七匁五分　　御会所金
無利足

此御済方、春夏金弐両三分三匁七分五厘ツヽ、

冬金五両弐分七匁五分、都合壱ヶ年金拾壱両壱分済

一 金百四拾壱両弐分七匁　手前方無利足

此御済方、前同断

〆

（割印）一 金三百四拾四両三分四匁壱分七厘　手前方御突金

右之通御用立金ニ御座候、此外米金等一切御出入無御座候、為念申送り如斯御座候、以上

亥八月十二日　坂倉屋作兵衛㊞

泉屋甚左衛門殿

用立金請取覚

（4）（嘉永四）亥年八月十三日　用立金請取覚（一一―三―四―八―三―二）

覚

一 金㊞三百四拾四両三分ト四匁壱分七厘

右者 山木数馬様御突金之分、不残慥㊞請取候、以上

亥八月十三日　坂倉屋作兵衛㊞代利助

泉屋（甚左）茂右衛門殿

用立金証文の返済方一札

（5）（嘉永四）亥年八月十三日　用立金証文の返済方一札（一一―三―四―八―三―三）

覚

一山木数馬様御用立金当亥夏御不足御證文、御改御役所へ御引当ニ差出し置候間、追而下り次第
返上可仕候、為念如此御座候、以上

亥八月十三日　坂倉屋
作兵衛㊞

泉屋
甚左衛門殿

同右

（6）（嘉永四）亥年八月　用立金証文の返済方一札（一一―三―四―八―三―四）

覚

一山木数馬様之御年賦古證文壱通、御会所御役所へ引当ニ差出申上置候間、下り次第早速送上可
致候、為念断り申上候、仍如件

亥八月　森村屋
次郎兵衛㊞

泉屋
甚左衛門殿

春入屋指名の一札

（7）嘉永四年十月　春入屋指名の一札（一一―三―四―八―四）

入置申書付之事

一旦那年中飯米此度春入大坂屋次助江申付候間、以来同人印形を以相渡可給候、為念旦那奥印を
以如此御座候、以上

嘉永四亥年十月　昆政次郎㊞

前書之通相違無之者也

数馬㊞

泉屋
甚左衛門殿

金子請取書紛失の覚

(8)（安政四）巳年十一月　金子請取書紛失の覚（一一―三―四―八―五）

「(上書)書付　山木数馬」

覚

当巳六月九日矢島鉄之助を以、入金拾両差遣し候、其節拾両金之請取り書被差越、鉄之助ゟ慥ニ請取仕舞置候処、何レ江仕舞候哉、仕舞失ひ候間、則此書付ヲ以断申候、万一被差越候請取書出候者、火中いたし候間、左様相心得可申候、為念印紙ヲ以如斯候、以上

巳十一月

山木数馬㊞

泉屋
甚左衛門殿

加判役除名の口上書

(9)（元治元）甲子年六月十七日　加判役除名の口上書（一一―三―四―八―六）

口上書

拙者義、是迄山木様御蔵宿加判入置申処、今般双方相談之上、右加判相除候間、其段以書付断返申候、左様承知可被給候

甲子六月十七日

(ママ)
林城之進㊞

㊞（山木鉦太郎印）

和泉屋
甚左衛門殿

(10) 元治元年六月　加判役任用の一札（一一—三—四—八—七）

入置申一札之事

一我等此度勤向并勝手向賄方為弁利由緒、麻生右衛門七江三季御切米者不及申、時々借用米金共万事為致加印致取引候間、其旨堅相心得可給候、然ル上者、若勝手ニ付転宿等いたし候節者、其旨下ヶ札ヲ以申遣可被給候、且又加印相除候節者、其段両印ヲ以断㊞返シ可申入、如斯取極メ致入置候上者、仮令内外如何様之不時臨時致出来候共、壱判ヲ以決而取引申入間敷候、若申入候共、此書付ヲ以堅相断可被申候、其節彼是難渋ヶ間敷義、一切申入間敷、将又向後家督代替相成候共、永々此書付相用可申候、為後日両印ヲ以入置申一札、仍如件

元治元子年六月　山木鉦太郎㊞
取締加印　麻生右衛門七㊞

和泉屋
甚左衛門殿

(11)（元治元）子年十一月二日　加判役除名の覚（一一—三—四—八—八）

覚

我等勝手向取締加印、是迄麻生右衛門七致来候処、今度双方示談之上、右相除申候、依之為後日両印ヲ以断返し申入候、以上

子十一月二日　山木鉦太郎㊞

麻生右衛門七㊞
和泉屋
甚左衛門殿

一八五　山口駿河守

(1)（慶応三）卯年十二月　軍役金請取覚（二四―四―七―二―一一）

軍役金請取覚
（割印）
蔵米高弐千四百九拾九俵
卯春分
一金三拾壱両銀拾四匁弐分也
右御軍役金御蔵江納申処、仍如件
卯十二月
松村鉒之允㊞
花田武兵衛㊞
山口駿河守殿

(2)（慶応三）卯年十二月　軍役金請取覚（二四―四―七―二―一二）

軍役金請取覚
（割印）
蔵米高弐千四百九拾九俵
卯夏分
一金三拾壱両銀拾四匁弐分也
右御軍役金御蔵江納申処、仍如件
卯十二月
松村鉒之允㊞
花田武兵衛㊞
山口駿河守殿

一八六　山崎源太郎
御切米借用前金証文

一八六　山崎源太郎

弘化三年二月　御切米前金借用証文（一一―四―一―一七）

（端裏張紙）
「山崎源太郎様」

御切米前金借用之事

一金拾三両三分ト（印）
　六匁八分七厘者　　但無利足

此済方、当午夏御借米ゟ春夏銀弐匁五分七厘宛、冬銀五匁壱分四厘、都合壱ヶ年銀拾匁弐分八厘済、御仕法済方之通皆済迄、引取勘定可被申候

前金返済は蔵宿の山田屋金右衛門

右是者我等無拠要用ニ付、借用申所実正也、（印）返済之儀者前書済方割合之通、当宿山田屋金右衛門方江為引落可相渡候間、此方江不及案内、直々同人方ゟ請取可被申候、為其同人江請負奥印為致置候、此金子之儀者、御仕法御定之儀故、済方差留候儀堅申入間敷、急度皆済可致候、且又此末札差宿外江引替候ハヽ、其節済残金新規札差江請負奥印為致可申、若家督代替ニ相成候共、右金子皆済迄此證文相用可被申候、為後日前金借用證文、仍如件

弘化三午年二月　山崎源太郎（印）

泉屋
甚左衛門殿

（割印）

右蔵宿の奥書

前書之金子、山崎源太郎様江貴殿御用立被成候所、拙者御蔵宿相勤居候ニ付、前書御定之通請負申所実正（印）ニ御座候、然ル上者、年々三季御切米度毎、拙者方勘定差引不足ニ不拘引落置、貴殿江直々相渡可申候、如斯請負候上者、御屋敷様ゟ渡し方御差留之儀被仰聞候共、

其儀ニ不拘急度相渡可申候、若又此末外江札差御引替被遊候ハヽ、新規御蔵宿江申送請負印
形為致可申候、為後日請負奥印入置申所、仍如件

二月　　　　山田屋
　　　　　　金右衛門㊞㊞

泉屋
甚左衛門殿

一八七　山城重三郎
御切米前金借用証文
前金返済は蔵宿の坂倉屋保蔵

一八七　山城重三郎

文久元年八月　御切米前金借用証文（一一—四—一—五六）

（端裏張紙）
「山城重三郎様」

借用申金子之事

一　金九拾弐両壱分七匁五分㊞　　但無利足
　此済方、当酉冬ゟ春夏銀壱匁八分七厘宛、冬銀三匁七分六厘、都合壱ヶ年銀七匁五分済、
御仕法済方之通り皆済迄、引取勘定可被申候

右是者我等御蔵宿其方江相頼候内、三季御切米書入、為前金慥ニ借用申処㊞実正也、返済之義者三
季御切米相渡候度毎、書面御仕法済方割合之通、当御蔵宿坂倉屋保蔵方へ為引落置候間、此方へ
不及案内、保蔵方ゟ直々受取勘定可被申候、為其同人請負印形為致置候、如斯御仕法之済方ニ相
成候上者、向後何様之義在之候共、皆済迄延減少等之儀決而申入間敷候、家督代替等有之候共、
可為同様候、依之此證文皆済迄相用可被申候、若又勝手ニ付御蔵宿外江引替候節者、新規御蔵宿

へ申付、請負印形為致可申候、為後日仍如件

文久元酉年八月

山城重三郎㊞*

泉屋
甚左衛門殿

右蔵宿の奥書

（割印）

前書之金子、山城重三郎様江貴殿御用立被成候処、此度拙者方へ御蔵宿被　仰付候ニ付、御本文御済方之通り請負申処実正ニ御座候、然ル上者、当酉冬御切米ゟ年々三季御切米相渡候度毎、拙者方勘定差引不構不足、御本文御割合之通致承知、季毎引落置、急度相渡可申候、仮令　御屋鋪様ゟ御済方御差留メ被遊候共、如此請負候上者、不抱其儀無相違相渡可申候、若又御蔵宿外江被　仰付候ハヽ、其段貴殿江致通達、新規御蔵宿へ申送り、請負印形為致可申候、為後日依而如件

八月

坂倉屋
保蔵㊞

泉屋
甚左衛門殿

○*印の紙背に裏継目印がある。

一八八　山田孝蔵　御切米前金借用証文

一八八　山田孝蔵

万延元年十二月　御切米前金借用証文（一一一四一一一九）

（端裏張紙）
「山田孝蔵様」

御切米前金借用之事

申冬引残り
一　金壱㊞両三匁七分五厘　　但無利足

此済方、春夏三匁七分五厘ツヽ、冬七匁五分也、都合壱ヶ年金壱分済

前金返済は蔵宿の下野屋鉄吉

右是者我等御蔵宿其方へ相頼候内、三季御切米書入、為前金慥ニ借用申処実正也、返済之儀者、御切米相渡候度毎㊞、書面御仕法済方割合之通、当御蔵宿下野屋鉄吉方へ為引落置候間、此方へ不及案内、鉄吉方ゟ直々請取勘定可被申候、如此御仕法之済方ニ相成候上者、向後何様之儀有之候共、皆済迄延滅少等之儀決而申入間敷候、家督代替等有之候共、可為同様候、依之此證文皆済迄相用可申候、若又勝手ニ付御蔵宿外へ引替候節者、済残金新規御蔵宿へ申付、請負印形為致可申候、為後日仍如件

万延元申年十二月　　山田孝蔵㊞

泉屋
甚左衛門殿

右蔵宿の奥書

（割印）（割印）

前書之金子、山田孝蔵様江貴殿御用㊞立被成候処、此度拙者方へ御蔵宿被　仰付候ニ付、御本文御済方之通致承知、季毎引落置相渡可申候、仮令　御屋敷様ゟ御済方御差留メ被遊候共、如此請負候上者、不抱其儀無相違相渡可申候、若又御蔵宿外へ被　仰付候者、其段貴殿へ致通達、新規御蔵宿へ申送り、請負印形為致可申候、為後日仍如件

申十二月　　下野屋
鉄吉㊞

泉屋
甚左衛門殿

一八九　山田米之助

証文入包紙

（0）（元治元カ）子年三月　証文入包紙（二一―三―四―七―〇）

（包紙上書）「山田米之助様證書入」

（包紙裏書）「子三月　四郎次郎殿へ御転宿」

〆　」

御蔵札差頼証文

（1）嘉永二年十一月　御蔵札差頼証文（二一―三―四―七―一）

御蔵札差頼證文之事

本高二〇〇俵

一此度我等御切米本高弐百俵御蔵米渡札差、其方江相頼候所実正也、然ル上者、春夏御借米・冬御切米請取手形調印之上、其時々可相渡間、其方ニ而書替所両判取之被致差札、米金其方江請取、米者御蔵時之相場ニ売払勘定相立可被申候事

一年々三季御切米書入、其方ゟ為前金致借用候義者、我等勤向幷勝手向為要用相頼候ニ付、三季御切米其時々御蔵渡米金共、其方ゟ借用前金之方江金三拾両ニ付壱ヶ月金壱分宛之利足を加、元利共引取勘定相立可被申候事

札差料

一札差料之儀者、壱ヶ年高百俵ニ付金壱分宛之割合ヲ以、三季ニ割合、目録面ニ而引取可被申候、向後御切米高相増、御蔵ゟ請取候節者、高百俵ニ付金壱分宛之割合を以引取可被申候事

売側金

一惣而御蔵ゟ請取米之分、御場所ニ而売払候節者、米三拾五石ニ付為売側金弐分宛之割合ヲ以、其方江引取勘定可被申候事

一他所ニ而米金及借用候節、其方江請負印形相頼申間敷、且下知請等之類ニ而も決而頼入不申候

事

三季御切米差引目録

一年々三季御切米其外諸勘定差引目録書、此方江請取候上者、其時々早速相調、若書損・算違有之見出し候ハヽ、早束（ママ）申聞、双方共過不足之米金無利足ニ而取引致、勘定違之目録書改、早速引替可申候、尤此条者季々勘定目録奥書ニ断有之候義ニ而、若年数相立勘定違見出申入候而者、其方扣諸帳面も口々之儀ニ而、中ニ者虫喰＊破レ等も出来、無拠調方不行届、依之其時々能々再調致、相違見出候ハヽ、前年三季勘定目録書者、翌年春夏御借米前迄ヲ限可申入候、右約定ニ致置候上者、其節彼是申入間鋪候事

手形差留め、直請取はしない

前書之通取極、御蔵札差其方江相頼候上者、向後何様之儀有之候共、三季御切米請取手形差留、御蔵ゟ米金直受取等決而致間鋪候、若違約致候ハヽ、何方江成共可被　訴出候、其節違乱申間鋪候、且又此末々家督代替ニ相成候共、可為同様候、依之此證文永々相用可被申候、為後日頼證文仍如件

嘉永二酉年十一月　　　　山田米之助㊞

泉屋
甚左衛門殿

○＊印の紙背に裏継目印がある。

対談取極証文

（2）嘉永二年十一月　　対談取極証文（一一―三―四―七―二）

対談取極證文之事

前金八五両借用、飯米二五俵に定む

一我等年々三季御切米書入、為前金借用申入候儀者、別紙證文ヲ以致通用可申候、此度別紙證文之通、金百八拾五両致借用候上者、来戌春御借米迄者堅金用申入間敷候、来春御借米ゟ壱ヶ年

定金弐拾七両、飯米弐拾五俵ニ相定、右仕送を以取賄可申候、尤米者其時々相場ニ而代金ニ直シ、惣而借用前金之分者金三拾両ニ付壱ヶ月金壱分宛之利足ヲ加、元利共三季御切米渡之時々引取勘定可被申候事

一預ヶ金致候歟、都而金子請取書被差出候節者、其方大帳之始メニ印鑑有之候間、引合セ可申旨被相断、致承知置候事

夜分の対談、迷惑の掛合を頼まない

一其方共家業之儀、是迄致来等之義者、其趣を以取計可被申候、且亦諸家方多引受被在、其上諸役所勤方も有之事故、諸家方用談ニ付向々屋鋪方江被出用談承り候義、人少ニ而無拠行届兼候趣、尤之事ニ候、其意味聞届ヶ置候間、諸用談者此方ゟ可申入候、尤夜分之対談、其外迷惑ニ相成掛合等、相頼申間敷候事

右之通対談取極札差相頼候上者、約定相違之儀申入間敷候、為後日対談取極證文、仍如件

嘉永二酉年十一月　　山田米之助㊞

泉屋
甚左衛門殿

用立金申送り覚

(3)（嘉永二）酉年十一月十八日　用立金申送り覚（一一―三―四―七―三―一）

覚

御立替金

御高弐百俵也
御小普請
山田米之助様

（割印）一　金百五拾六両弐分ト
四匁七分三厘

右之通御用立金ニ御座候、此外米金共御出入無御座候、為念申送り如此御座候、已上
酉十一月十八日　伊勢屋
清左衛門㊞
泉屋
甚左衛門殿

用立金請取覚

(4)（嘉永二）酉年十一月十九日　用立金請取覚（一一―三―四―七―三―二）

覚
一金百五拾六両弐分ト
四匁七分三厘㊞
右者山田米之助様御用立金之分、不残慥㊞受取申候、以上
酉十一月十九日　いせや
清左衛門㊞
代米蔵
泉屋
甚左衛門殿

金子借用の一札

(5) 嘉永七年十一月　金子借用の一札（一一―三―四―七―四―一）

入置申書付之事

金二六両二分余を用弁

一我等此度難捨置入用出来候ニ付、不得止事金用頼入候得共、其方ニ而も是迄数度之臨時用弁相頼、借財高相嵩居候上之儀、往々手詰りニ相成候廉ヲ以、断之段至極尤ニ者候得共、必至と差支候ニ付、達而頼入候得者、格別之厚勘弁ヲ以、金弐拾六両弐分余用弁給、跡々勤続暮シ方迄も行届、不一方深令安心候、然ル上者、来卯春ゟ別紙證文之通、金百八拾五両者壱ヶ年金拾両

飯米は年二五俵に定む

減し、金八拾五両者別口壱ヶ年金五両減シニ致、飯米之儀者壱ヶ年米弐拾五俵ニ相定、差引残り勘定手取金を以取賄、公私何様之非常入用出来候共、聊用弁相頼申間敷候、為後日入置申一札、仍如件

嘉永七寅年十一月　　山田米之助㊞

泉屋
甚左衛門殿

地震風災金借用の一札

(6)　安政四年十一月　　地震風災金借用の一札（一一―三―四―七―四―二）

入置申一札之事

一我等去ル寅年中難捨置入用有之、金弐拾六両弐分余用弁相頼、翌卯年ゟ約定之通り減シ方相立可申筈之処、地震風災ニ而不時之金用頼入、其後兎角物入多ニ而及難渋ニ、暮方難立行候ニ付、無拠又々出金相頼候処、格別之厚勘弁ヲ以、金拾両用立給過分ニ存候、然ル上者、来午春ゟ壱ヶ年金拾両宛堅相減シ、以来勤向勝手向何様之非常入用出来候共、三季玉勘定之外、決而米金用立之儀一切申入間敷候、為後日入置申一札、仍如件

安政四巳年十一月　　山田米之助㊞

泉屋
甚左衛門殿

金子借用の一札

(7)　安政五年十二月　　金子借用の一札（一一―三―四―七―四―三）

入置申一札之事

一我等此度難捨置入用候ニ付、金用頼入候処、厚勘弁ヲ以、別紙證文之通金七両弐分用弁給、過

分ニ存候、然ル上者、一ヶ年金弐両減シニ相定、三季玉落勘定之外、決而米金借用之儀申入間敷候、為後日入置一札、仍如件

安政五午年十二月　山田米之助㊞

泉屋
甚左衛門殿

（8）文久二年十二月　金子借用の一札（二一―三―四―七―四―四）

同右

入置申書付之事

一我等此度難捨置入用出来候ニ付、不得止事金用頼入候得共、其方ニ而も是迄数度之臨時用弁相頼、借財高相嵩居候上之儀、往々手詰りニ相成候廉を以、断之段至極尤ニ者候得共、必至と差支候ニ付、達而頼入候処、格別之厚勘弁を以、金九両用立給、跡々勤続キ暮シ方迄も行届、不一方深令安心候、然ル上者、来亥春ゟ別紙證文之通、金弐百弐拾両者壱ヶ年金拾両減し、別口金弐拾七両者壱ヶ年金五両減し之約定、以来勤向勝手向何様之非常入用出来候共、三季玉勘定之外、決而米金用立之儀一切申入間敷候、為後日入置申一札、仍如件

文久二戌年十二月　山田米之助㊞

泉屋
甚左衛門殿

一九〇　山田左太郎

一九〇　山田左太郎
御切米前金借用証文

文久元年十月　御切米前金借用証文（二一―四―一―六〇）

（端裏書）
「山田佐太郎様」

借用申金子之事

一金拾壱両拾三匁七分六厘（印）　但無利足

此済方、来戌春御借米ゟ春夏銀壱匁弐分八厘づゝ、冬銀弐匁五分八厘、都合壱ヶ年銀五匁壱分四厘済、御仕法済方之通皆済迄、引取勘定可被申候

前金返済は蔵宿の坂倉屋次郎左衛門

右是者我等御蔵宿其方江相頼候内、三季御切米書入、為前金慥ニ借用申処実正也、（印）返済之儀者三季御切米相渡候度毎、書面御仕法済方割合之通、当御蔵宿坂倉屋次郎左衛門方江為引落置候間、此方江不及案内、次郎左衛門方ゟ直々請取勘定可被申候、為其同人請負印形為致置候、如斯御仕法之済方ニ相成候上者、向後何様之儀在之候共、皆済迄延減少等之儀決而申入間敷候、家督代替等有之候共、可為同様候、依之此證文皆済迄相用可被申候、若又勝手ニ付御蔵宿外へ引替候節者、済残金新規御蔵宿へ申付、請負印形為致可申候、為後日仍如件

文久元酉年十月　　山田左太郎（印）

泉屋
甚左衛門殿

右蔵宿の奥書

（割印）

前書之金子、　山田左太郎様へ貴殿御用立被成候処、此度拙者方へ御蔵宿被　仰付候間、御本文御済方之通請負申所実正ニ御座候、然ル上者、来戌春御借米ゟ年々三季御切米相渡候度毎、拙者方勘定差引不構不足、御本文御割合之通致承知、季毎引落置、急度相渡可申候、仮令　御屋敷様ゟ御済方御差留メ被遊候共、如此請負候上者、不抱其儀無相違相渡可申候、若亦御蔵宿外江被　仰付候ハヽ、其段貴殿江致通達、新規御蔵宿江申送り、請負印形為致可申

候、為後日仍如件
西ノ十月
坂倉屋
次郎左衛門㊞
泉屋
甚左衛門殿

一九一　柳見仙

一九一　**柳見仙**

御蔵札差頼証文

慶応二年十一月　御蔵札差頼証文（二七―五―二―一八―三二）

御蔵札差頼證文之事

出役手当一五人扶持

一我等出役御手当扶持拾五人扶持、御蔵札差其方へ相頼候処実正也、然ル上者、月々手形可相渡間、其方ニ而差札被致、御蔵ゟ請取被申、米者時之相場ニ売払勘定相立可被申候、

札差料

札差料之儀者、壱人扶持ニ付弐合宛之割合を以引取可被申候、尤御手当扶持見込金用等之儀、決而頼入申間敷候、若又御扶持米ニ而引取候節者引取候分、懸り壱人扶持ニ付弐合宛之割合を以引取可被申候、為後日頼證文仍如件

慶応二寅年十一月
柳見仙㊞
泉屋
甚左衛門殿

一九二　湯川金十郎

一九二　**湯川金十郎**

御蔵札差頼証文

（1）嘉永元年六月　御蔵札差頼証文（二一―三―八―三四―一）

御蔵札差頼證文之事

本高二五〇俵
一此度我等御切米本高弐百五拾俵御蔵米渡札差、其方へ相頼候処実正也、然ル上者、春夏御借米・冬御切米請取手形調印之上、其時々可相渡間、其方ニ而書替所両判取之被致差札、米金其方へ請取、米者御蔵時之相場ニ売払勘定相立可被申候事

一年々三季御切米書入、其方ゟ為前金致借用候儀者、我等勤向幷勝手向為要用相頼候ニ付、三季御切米其時々御蔵渡米金共、其方ゟ借用前金之方へ金三拾両ニ付壱ヶ月金壱分宛之利足ヲ加へ、元利共引取勘定可被申候

札差料
一札差料之儀者、壱ヶ年高百俵ニ付金壱分宛之割合ヲ以、三季割合、目録面ニ而引取可被申候、向後御切米高相増、御蔵ゟ請取候節者、高百俵ニ付金壱分宛之割合を以引取可被申候事

売側金
一惣而御蔵ゟ請取米之分、御場所ニ而売払候節者、米三拾五石ニ付為売側金弐分宛之割合を以、其方江引取勘定可被申候事

一他所ニ而米金及借用候節、其方江請負印形相頼申間敷、且下知請等之類ニ而も決而頼入不申候事

三季御切米、諸勘定差引目録書
一年々三季御切米其外諸勘定差引目録書、此方江請取候上者、其時々早速相調、若書損・算違有之見出候ハヽ、早速申聞、双方共過不足之米金無利足ニ而取引致、勘定違之目録書改、早速引替可申候、尤此条者季々勘定目録奥書ニ断有之候儀ニ而、若年数相立勘定違見出申入候而者、其方扣諸帳面も口々之儀ニ而、中ニ者虫喰破レ等も出来、無拠調方不行届、依之其時々能々再調致、相違見出候ハヽ、前年三季勘定目録書者、翌年春夏御借米前迄ヲ限り可申入候、右約定

ニ致置候上者、其節彼是申入間敷候事

前書之通取極、御蔵札差其方江相頼候上者、向後何様之儀有之候共、三季御切米請取手形差留メ、御蔵ゟ米金直請取等決而致間敷候、若違約致候ハヽ、何方江成共可被訴出候、＊其節違乱申間敷候、且又此末々家督代替ニ相成候共、可為同様候、依之此證文永々相用可被申候、為後日頼證文仍如件

手形差留め、直請取はしない

嘉永元申年六月　湯川金十郎㊞

泉屋
甚左衛門殿

○＊印の紙背に裏継目印がある。

（2）嘉永元年六月　対談取極証文（一一―三―八―三四―二）

対談取極証文

対談取極證文之事

一我等年々三季御切米書入、為前金借用申入候儀者、別紙證文を以致通用可申候、此度別紙證文之通り、金五拾両致借用、且又当七月ゟ壱ヶ年暮し定金四拾五両、飯米之儀者、毎月玄米壱石五升宛ニ相定、右之外米金臨時借用之儀決而申入間敷候、尤向後米相場下落致候節者、暮し定金相減勘定相立候様、定直し可申候事

暮し定金四五両、飯米は毎月玄米一石五升に定む

一甲府借用年賦済方金有之候上、其方へ当用金致借用、尚又年中月割仕送り米金借用致取極ニ付、御切米高引当不相当之無心、決而申入間敷候事

甲府借用年賦金

一預ヶ金致候歟、都而金子請取書被差出候節者、其方大帳之始メニ印鑑有之候間、引合セ可申旨被相断、致承知置候

一　其方共家業之儀、是迄致来り等之儀者、其趣ヲ以取計可被申候、且又諸家方多引受被在、其上諸役所勤方も有之事故、諸家方用談ニ付向々屋敷方江被出、用談承り候儀、人少ニ而無拠行届兼候趣、尤之事ニ候、其意味聞届ヶ置候間、諸用談者此方ゟ可申入候、尤夜分之対談、其外迷惑ニ相成掛合等相頼申間敷候事

夜分の対談、迷惑の掛合を頼まない

右之通対談取極札差相頼候上者、約定相違之儀申入間敷候、為後日対談取極證文、仍如件

嘉永元申年六月　　湯川金十郎㊞

泉屋
甚左衛門殿

（3）文久元年十二月　　用立金の年賦返済金請取覚（一一―三―八―一四―一）

用立金の年賦返済金請取覚

覚

高金百八拾四両三分銀三匁
一金壱両三分銀七匁五分　　但百俵壱両弐分済之割、尤無利足

右者湯川金十郎様江御用立金、当酉冬済方書面之通御渡し被成下、慥ニ奉請取候、為後日仍而如件

文久元酉年十二月　　御蔵札差
十一屋
忠蔵㊞

御改正
御役所

（4）文久二年五月　　用立金の年賦返済金請取覚（一一―三―八―一四―二）

同右

覚

高金百八拾弐両三分銀拾匁五分
一金三分銀拾壱匁弐分五厘　　但百俵壱両弐分済之割、尤無利足

右者湯川金十郎様江御用立金、当戌春済方書面之通御渡し被成下、慥ニ奉請取候、為後日仍而如
件

文久二戌年五月
御蔵札差
十一屋
忠蔵㊞

御改正
御役所

同右

(5) 文久二年十二月　用立金の年賦返済金請取覚（一一―三―八―一四―三）

覚

高金百八拾壱両三分銀拾四匁弐分五厘
一金三分銀拾壱匁弐分五厘　　但百俵壱両弐分済之割、尤無利足

右者湯川金十郎様江御用立金、当戌夏済方書面之通御渡し被成下、慥ニ奉請取候、為後日仍而如
件

文久二戌年十二月
御蔵札差
十一屋
忠蔵㊞

御改正
御役所

同右

(6) 文久二年十二月　用立金の年賦返済金請取覚（一一―三―八―一四―四）

覚

高金百八拾壱両銀三匁
一金壱両三分銀七匁五分　　但百俵壱両弐分済之割、尤無利足

右者湯川金十郎様江御用立金、当戌冬済方書面之通御渡し被成下、慥ニ奉請取候、為後日仍而如件

文久二戌年十二月

御蔵札差
十一屋
忠蔵㊞

御改正
御役所

同右

(7) 文久三年六月　用立金の年賦返済金請取覚（一一―三―八―一四―五）

覚

高金百七拾九両銀拾匁五分
一金三分銀拾壱匁弐分五厘　但百俵壱両弐分済之割、尤無利足

右者湯川金十郎様江御用立金、当亥春済方書面之通御渡し被成下、慥ニ奉請取候、為後日仍而如件

文久三亥年六月

御蔵札差
十一屋
忠蔵㊞

御改正
御役所

同右

(8) 文久三年十月　用立金の年賦返済金請取覚（一一―三―八―一四―六）

覚

高金百七拾八両銀拾四匁弐分五厘
一金三分銀拾壱匁弐分五厘　但百俵壱両弐分済之割、尤無利足

右者湯川金十郎様江御用立金、当亥夏済方書面之通御渡し被成下、慥ニ奉請取候、為後日仍而如

件

文久三亥年十月　　　　御蔵札差
　　　　　　　　　　　十一屋
　　　　　　　　　　　忠蔵㊞

御改正
御役所

同右

（9）文久四年二月　用立金の年賦返済金請取覚（一一―三―八―一四―七）

覚

高金百七拾七両壱分銀三匁
一金壱両三分銀七匁五分　但百俵壱両弐分済之割、尤無利足

右者湯川金十郎様江御用立金、去亥冬済方書面之通御渡し被成下、慥ニ奉請取候、為後日仍而如件

文久四子年二月　　　　御蔵札差
　　　　　　　　　　　十一屋
　　　　　　　　　　　忠蔵㊞

御改正
御役所

同右

（10）元治元年八月　用立金の年賦返済金請取覚（一一―三―八―一四―八）

覚

高金百七拾五両壱分銀拾匁五分
一金三分銀拾壱匁弐分五厘　但百俵壱両弐分済之割、尤無利足

右者湯川金十郎様江御用立金、当子春済方書面之通御渡し被成下、慥ニ奉請取候、為後日仍而如件

元治元年子八月
御蔵札差
十一屋
忠蔵㊞

福田下総守様
御役所

軍役金請取覚

(11)（慶応三）卯年四月　軍役金請取覚（二四―四―七―二―五）

去寅十二月一ヶ月分
蔵米高弐百五拾俵
（割印）一金弐分弐朱也
右御軍役金御蔵江納申処、仍如件
卯四月
松村鉎之允㊞
花田武兵衛㊞

湯川金十郎殿

同右

(12)（慶応三）卯年六月　軍役金請取覚（二四―四―七―二―二）

蔵米高弐百五拾俵
卯春分
（割印）一金壱両三分弐朱也
右御軍役金御蔵江納申処、仍如件
卯六月
松村鉎之允㊞
花田武兵衛㊞

湯川金十郎殿

同右

(13)（慶応三）卯年十月　軍役金請取覚（二四―四―七―二―八）

（割印）
卯夏之分
蔵米高弐百五拾俵
一金壱両三分弐朱也
右御軍役金御蔵江納申処、仍如件
卯十月　　　　　松村銈之允㊞
　　　　　　　　花田武兵衛㊞
湯川金十郎殿

一九三　吉沢鉄之進　御切米前金借用証文の奥書

一九三　吉沢鉄之進

辰年三月　御切米前金借用証文の奥書（一一―三―八―二四―一三）

（割印）前書之金子、吉沢鉄之進様江貴殿御用立被成候処、拙者御蔵宿相勤居候ニ付、前書御定之通請負申処実正ニ御座候、然ル上者、年々御切米之度毎、拙者方勘定差引不足不抱引落置、（割印）貴殿江直々相渡可申候、如此請負候上者、御屋敷様ゟ渡方御差留之儀被仰聞候共、其儀ニ不抱急度相渡可申候、若又此末外江札差宿御引替被遊候共、新規御蔵宿江申送、請負印形為致替可申候、為後日請負奥印入置申処、仍如件
辰三月　　　　　泉屋
　　　　　　　　甚左衛門㊞
泉屋
平右衛門殿　　　　＊

○本史料の割印・実印は、墨書で抹消されている。また、＊印の紙背に割印がある。

御切米前金借用証文

前金返済は蔵宿の坂倉屋由次郎

右蔵宿の奥書

一九四　吉沢隆平

安政六年正月　御切米前金借用証文（二一―四―一―四六）

（端裏書）
「吉沢隆平様」

借用申金子之事

但無利足

一 金弐拾八両三分ト八匁弐分㊞

此済方、当未春御借米ゟ春夏金弐分ト拾弐匁八分五厘ツヽ、冬金壱両壱分ト拾匁七分弐厘、都合壱ヶ年金弐両三分六匁四分弐厘済、御仕法済方之通皆済迄、引取勘定可被申候

右是者我等御蔵宿其方江相頼候内、三季御切米書入、為前金慥ニ借用申処実正也、返済之儀者三季御切米相渡候度毎、書面御仕法済方割合之通り、当御蔵宿坂倉屋由次郎方江為引落置候間、此方江不及案内、由次郎方ゟ直々受取勘定可被申候、為其同人請負印形為致置候、如此御仕法之済方ニ相成候上者、向後何様之儀有之候共、皆済迄延減少等之儀決而申入間鋪候、家督代替等有之候共、可為同様候、依之此證文皆済迄相用可被申候、若又勝手ニ付御蔵宿外江引替候節者、済残金新規御蔵宿江申付、請負印形為致可申候、為後日仍如件

安政六未年正月　吉沢隆平㊞

泉屋
甚左衛門殿

（割印）

前書之金子、吉沢隆平様江貴殿御用立被成候処、此度拙者方へ御蔵宿被　仰付候ニ付、御本文御済方之通り請負申処実正ニ御座候、然ル上者、当未春御借米ゟ年々三季御切米相渡候

度毎、拙者方勘定差引不構不足、御本文御割合之通り致承知、季毎引落置、急度相渡可申候、
仮令　御屋敷様ゟ御済方御差留メ被遊候共、如此請負候上者、不抱其儀無相違相渡可申候、
若又御蔵宿外へ被　仰付候ハヽ、其段貴殿江致通達、新規御蔵宿へ申送り、請負印形為致可
申候、為後日仍如件

未正月　　坂倉屋
由次郎㊞

泉屋
甚左衛門殿

一九五　吉田金之丞家督返納米の請取書

一九五　吉田金之丞家督返納米の請取書

安政六年十一月十日　家督返納米の請取書（一一―三―八―一一）

請取申返納米之事

（割印）
米合八石七斗五升者　但三斗五升入
此俵弐拾五俵也

右是者百俵取御組吉田金之丞儀、養父家督被下取来御切米上り候、然ル処、当夏御借米養父
死後請取候ニ付、返納ニ成候、依之此度請取候家督、当夏御借米之内ヲ以返納皆済之筈ニ付、
書面之通御蔵江納申候、但金之丞当夏御借米手形、同年御勘定ニ仕組抜返し不被成候、仍如
件

安政六未年十一月十日　多田銃三郎㊞
鈴木萊助㊞

篠山金次郎㊞
竹島東太郎㊞
松村銈之允㊞
花田仁兵衛㊞
伴野権次㊞

永田豊後守殿

一九六　吉田主税（喜太郎）

（1）（慶応三）卯年十二月　軍役金請取覚（二四―四―七―二―一〇）

（割印）
蔵米高百五拾俵
卯春分
一金壱両弐朱也
右御軍役金御蔵江納申処、仍如件

卯十二月
松村銈之允㊞
花田武兵衛㊞

吉田主税殿

（2）（慶応三）卯年十二月　軍役金請取覚（二四―四―七―二―一四）

（割印）
蔵米高百五拾俵
卯夏分
一金壱両弐朱也
右御軍役金御蔵江納申処、仍如件

同右

卯十二月　　　　松村鉒之允㊞
　　　　　　　　花田武兵衛㊞

　　吉田主税殿

借用金利下げの覚

(3) 丑年十一月二十一日　借用金利下げの覚（一一―三―八―二〇―一）

（包紙上書）「よし田」
（端裏書）「吉田喜太郎様」

　　覚

一金四拾七両三分
　但壱両ニ付壱分五厘利

右金子ニ付、已来利下ヶ之儀申入間敷候、為念如此候、以上

丑十一月廿一日　　　吉田喜太郎㊞

　　　　泉屋
　　　　甚左衛門殿

借用米覚

(4) 巳年十月二日　借用米覚（一一―三―八―二〇―二）

　　覚

一米四㊞斗八升

右之通り慥借用申処実㊞正也、仍如件

巳十月二日　　　吉田主税㊞

　　泉屋
　　甚左衛門殿

*

○＊印の紙背に割印がある。

一九七　六郷春之助
御切米前金借用証文の奥書

一九七　六郷春之助

（1）戌年七月　御切米前金借用証文の奥書（一一―三―八―二四―三〇）

（割印）
前書之金子、　六郷春之助様江貴殿御用立被成候処、拙者御蔵宿相勤候ニ付、前条御定之通請負申処実正ニ御座候、然ル上者、年々三季御切米之度毎、拙者方勘定差引不足ニ不抱引落置、貴殿江直々相渡可申候、如斯請負候上者、万一　御屋敷様ゟ渡シ方御差留之儀被　仰付候共、其儀ニ不抱急度相渡シ可申候、若又此末外江札差御引替被遊候ハヽ、新規御蔵宿江申送り、請負印形為致替可申候、為後日請負奥印入置申処、仍如件

戌七月　　泉屋
甚左衛門㊞

伊勢屋
清左衛門殿

同右

（2）戌年七月　御切米前金借用証文の奥書（一一―三―八―二四―三一）

（割印）
前書之金子、　六郷春之助様江貴殿御用立被成候、此度拙者御蔵宿相勤候ニ付、請負申処実正也、然ル上者、御本文之通御済方春夏御借米・冬御切米相渡候度毎、手前方差引勘定不足ニ不構、其時々御定之通相渡可申候、万一　御屋鋪様ゟ御対談向之儀ニ付、御済方御差留被仰付候共、貴殿御承知無之内者、不拘其儀急度相渡可申候、若又御蔵宿外江被仰付候ハヽ、新規御蔵宿江申送、請負奥印為致替可申候、為後日請負奥印、仍如件

戌七月　　泉屋
　　　　　甚左衛門㊞
坂倉屋
　林右衛門殿

○本史料（1）（2）の割印・実印は、墨書で抹消されている。

一九八　脇坂中務大輔役料米代金請取覚

一九八　脇坂中務大輔

戌年七月　役料米代金請取覚（一一―三―八―二一）

覚

一金三千七百四拾七両壱分ト
　　　　　　　弐匁八厘㊞

右者当戌夏御役料米渡り引残金、慥ニ請取候、以上

戌七月　　脇坂中務大輔内
　　　　　岡　太兵衛㊞
泉屋
　甚左衛門殿

一九九　渡瀬惣次郎三季御切米書入借用証文

一九九　渡瀬惣次郎

文化五年二月　三季御切米書入借用証文（一二―一―八―八）

（包紙上書）
「金弐拾両證文壱通、内金拾両弐分入
　一橋
　渡瀬惣次郎殿」

三季御切米書入借用一札之事

一金弐㊞拾両也

金三両弐分六匁　当辰五月済方
金六両三分六匁　当辰十月済方
金三両壱分拾壱匁四分　来巳二月済方
金三両拾四匁四分　来巳五月済方
金五両壱分三匁　来巳十月済方

右者無拠入用ニ付、三季御切米書入借用申所実正也、返済之儀者前書割合済方定之通、御切米相渡次第無相違返済可申候、万一故障之儀有之相滞候ハヽ、加判之者相弁返済可致候、為後日借用一札、仍而如件

文化五辰年二月

渡瀬惣次郎㊞
加判 佐竹伊十郎㊞

泉屋甚左衛門殿

二〇〇　渡辺金次郎　御切米前金借用証文（一一―四―一―五三）

安政七年二月

（端裏張紙）
「渡辺金次郎様」

借用申金子之事

一 金拾㊞九両弐分ト
　拾三匁壱分八厘者　　但無利足
此済方、当申夏御借米ゟ春夏銀拾匁七分壱厘宛、冬金壱分六匁四分三厘、都合壱ヶ年金弐分拾弐匁八分五厘済、御仕法済方之通皆済迄、引取勘定可被申候
一 金弐㊞拾九両三分ト
　拾匁三分七厘者　　但無利足
此済方、当申夏御借米ゟ春夏銀三匁弐分壱厘宛、冬銀六匁四分三厘、都合壱ヶ年銀拾弐匁八分五厘済、御仕法済方之通皆済迄、引取勘定可被申候

前金返済は蔵宿の
下野屋十右衛門

右是者我等御蔵宿其方へ相頼候内、三季御切米書入、為前金借用申処実正也㊞、返済之儀者、三季御切米相渡候度毎、書面御仕法済方割合之通、当御蔵宿下野屋十右衛門方江為引落置候間、此方へ不及案内、十右衛門方ゟ直々請取勘定可被申候、為其同人請負印形為致置候、如斯御仕法之済方ニ相成候上者、向後何様之儀有之候共、皆済迄延減少等之儀決而申入間鋪候、家督代替等有之候共、可為同様候、依之此證文皆済迄相用可被申候、若又勝手ニ付御蔵宿外へ引替候節者、済残金新規御蔵宿へ申付、請負印形為致可申候、為後日仍如件

安政七申年二月　　渡辺金次郎㊞

泉屋
甚左衛門殿

右蔵宿の奥書

（割印）（割印）
前書之金子、渡辺金次郎様江貴殿御用立被成候所、此度拙者方へ御蔵宿被　仰付候ニ付、御本文御済方之通請負申所実正ニ御座候、然ル上者、当申夏御借米ゟ年々三季御切米相渡候度毎、拙者方勘定差引不構不足、御本文御割合之通致承知、季毎引落置、急度相渡可申候、

仮令　御屋鋪様ゟ御済方御差留メ被遊候共、如此請負候上者、不抱其儀無相違相渡可申候、若又御蔵宿外へ被　仰付候ハヽ、其段貴殿江致通達、新規御蔵宿へ申送り、請負印形為致可申候、為後日仍如件

申二月　　下野屋
十右衛門㊞

泉屋
甚左衛門殿

二〇一　藁品四郎兵衛
御切米前金借用証文

前金返済は蔵宿の吉野屋鉄吉

二〇一　藁品四郎兵衛

弘化二年三月　御切米前金借用証文（一一―四―一―一四）

（端裏張紙）
「藁品四郎兵衛様」

御切米前金借用之事

巳春引残り㊞
一金拾七両壱分四匁弐分　但無利足

此済方、巳夏ゟ春夏弐匁五分七厘ツヽ、冬五匁壱分四厘、都合壱ヶ年拾匁弐分八厘御主法之通、引取勘定可被申候事㊞

右是者我等無拠要用ニ付、借用申所実正也、返済之儀者前書済方割合之通、当宿吉野屋鉄吉方江為引落可相渡候間、此方江不及案内、直々同人方ゟ請取可被申候、為其同人江請負奥印為致置候、此金子之儀者、御仕法御定之儀故、済方差留候儀堅申入間敷、急度皆済可致候、且又此末札差宿外江引替候ハヽ、其節済残金新規札差江請負奥印為致可申、若家督代替ニ相成候共、右金子皆済

迄此證文相用可被申候、為後日前金借用證文、仍如件

弘化二巳年三月

藁品四郎兵衛㊞

泉屋
甚左衛門殿

右蔵宿の奥書

（割印）前書之金子、藁品四郎兵衛様江貴殿御用立被成候所、拙者御蔵宿相勤居候ニ付、前書御定之通請負申所実正㊞ニ御座候、然上者、年々三季御切米度毎、拙者方勘定差引不足ニ不拘引落置、貴殿江直々相渡可申候、如此請負候上者、御屋敷様ゟ渡方御差留之儀被仰聞候共、其儀ニ不拘急度相渡可申候、若又此末外江札差御引替被遊候ハヽ、新規御蔵宿江申送、請負印形為致替可申候、為後日請負奥印入置申所、仍如件

巳三月

吉野屋
鉄吉㊞

泉屋
甚左衛門殿

二〇二　某氏

二〇二　某氏
用立金勘定仕分け伺

辰年正月　用立金勘定仕分け伺（一一―三―八―一九）

乍恐以書付奉伺上候

本高・足高共七〇俵二人扶持、表火之番

一御本高弐拾俵弐人扶持、当時御足高共七拾俵弐人扶持、表火之番、去卯十月三日被　仰蒙候得共、去冬御切米者先之儘ニ而御渡ニ相成申候間、去夏御借返し御用立候金拾両、元利差引候而金七両壱分余之御不足金ニ相成、此処へ金弐拾両御用立借返し仕候、尤右之金子者卯年半年分

御足高米、幷当辰春御借米御引当ニ御座候、然ル処、去卯十二月廿七日右御足高米相渡申候ニ
付、御勘定仕分左ニ御伺奉申上候

卯夏御借返高

卯夏御借返高
四月十七日
一金拾両也　　壱ヶ年四両之御減し之御約定

五月ゟ十月迄

弐分ト五匁也

札差料

一金壱分八匁壱分三厘八毛　　三分利拾ヶ年賦之元利幷札差料共

〆金拾両三分拾三匁壱分三厘八毛

内三両弐分拾弐匁弐厘　　十月十日　卯冬御切米渡米金代之分　　＊

差引御不足金七両壱分壱匁壱分壱厘八毛

用立金

十月十六日
一金弐拾両也　　卯年半年分御足高米、幷辰春御借米御引当ニ而御用立

此内ニ而右御不足金七両壱分壱匁壱分壱厘八毛ヲ引候而、残金御屋鋪様御手入ニ相
成申候

内拾両者十月分御利足頂戴仕候

壱分拾匁也　　十二月迄

札差料

一銀七匁五分　　札差料

〆金弐拾両弐分弐匁五分

内拾両壱分八匁壱分五厘　　十二月廿六日　半年分御足高米、相渡御払代金之分

用立金

差引御不足金拾両ト九匁三分五厘
此分無利足年賦
御用立

御渡同日
一金五両也
此分前書御不足金ニ詰込、無利足ニ可仕候

(付箋)
「右之御振合ニ御勘定相立候而、宜敷御座候哉、此段乍恐奉伺上候、何卒御下知被成下置候様奉
願上候、以上

辰正月
泉屋
甚左衛門㊞

御改正
御役所

(付箋)
「書面伺之通たるへく事㊞」

II　泉屋茂右衛門札差証文

一　青木善太夫

（慶応四年）二月十一日　御借米残金の渡方依頼書状（一一―三―五―二一―二六）

（上書）
「泉屋
　茂右衛門殿
　　当用　　青木善太夫
〆　　　　　　　　　　」

以手紙申入候、然者御借米御渡ニ相成り入俵壱俵、残金此者江御渡被成候様頼入候、以上

二月十一日

二　赤井藤左衛門

（1）（慶応四）辰年二月十二日　入米請取覚（一一―三―五―二一―二八）

覚

一入米㊞　　七俵

右之通り慥㊞ニ受取申候、以上

辰二月十二日

赤井藤左衛門
内　勇次郎㊞

いづみ屋
御見世中様

九俵ニ成ル

（2）（慶応四年）五月二日　入米代金の請取覚（一一—三—五—二一—三八）

覚

印　印
一金九両弐分　　摺立六俵代
　四匁八分六厘

右者赤井藤左衛門様御入米九俵代、印慥請取申候、以上

五月二日　　　　　　　　仮会所印

泉屋
茂右衛門殿

三　朝比奈卯十郎

年欠　正月・四月・九月　三季御切米渡方帳の断簡（一一—三—五—二一—四三—一）

御高三百俵

小笠原順三郎
小普請組酒井内蔵助様御支配組頭
朝比奈卯十郎様
石井銀蔵様
井藤再兵衛様

（割印）正月廿日　春
（割印）四月廿八日　夏
（割印）九月廿八日　冬

○本史料は包紙に利用され、「泉茂證文入」と張紙がある。

四　市村仁右衛門・栄左衛門

証文入包封

（０）年欠　証文入包封（一一―三―八―二七―〇）

（包封、張紙上書）
「市村栄左衛門様
同　信太郎様」

御蔵札差頼証文

（１）天保五年八月　御蔵札差頼証文（一一―三―八―二七―一）

（端裏書）
「市村仁右衛門様」（朱書）「栄左衛門様」

御蔵札差頼證文之事

一此度我等御切米本高弐拾五石五人扶持、御足高共百俵拾人扶持、右御蔵渡り札差其元江相頼候処実正也、然ル上者、三季御切米幷月々御扶持米共、御殿（蔵）ゟ直々其元江請取、米者御蔵庭相場ニ売払勘定相立可被申事

一年々三季御切米幷月々御扶持米共、御蔵渡米金者其元ゟ借用前金之方江引取、勘定可被申候事

一御蔵渡米書入前金借用利足之儀者、金壱両ニ付一ヶ月ニ銀六分宛利足ヲ加江引取可被申、幷御扶持米取越借用利足之儀者、壱人扶持ニ付初月利米五合、翌月ゟ利米弐合宛割合ニ而、前利ニ引取勘定相立可被申候事

売払金

一惣而御蔵ゟ請取米之分、御場所ニ而売払候節者、三拾五石ニ付代金弐分江割合、引取可被申候事

札差料

一札差料之儀者三季七匁五分ツヽ、都合壱ヶ年金壱分七匁五分ニ相定引取可被申、御扶持米毎月

御蔵ゟ引取候掛り壱人扶持ニ付弐合宛、其時々引取可被申、若此上御足高米幷御扶持米共相増請取候節者、其節之振合を以差料相増可差遣候事

先札差泉屋甚左衛門

一先札差泉屋甚左衛門方ゟ借用年賦済方金、此度其元江請合奥印相頼候上者、別紙證文表定之通済方皆済迄、年々三季御切米渡度毎、其元江引落置、其時々甚左衛門方江直々可相渡候、若向後札差外江引替候ハヽ、右年賦済方金新規札差方江請合申付、奥印為致可申候、如此取極奥印請合相頼候上者、縦何様之儀出来致共、右済方金渡方差留等一切申入間敷候、若違失之儀申入共、其元奥印請合約定ヲ以此方江不及断、甚左衛門方江直々定通可相渡候、其節彼是申入間敷候事

三季御切米、諸勘定差引目録書

一年々三季御切米其外諸勘定差引目録書、此方江請取候上者、其時々早速相改、若書損・算違見出候ハヽ、双方共見出候方ゟ申出、過不足之米金無利足ニ而致取引、勘定違之目録書改、早速引替可申候、若年数相立候上、勘定違申入候而者、其元扣諸帳面も口々ニ而、中ニ者虫喰破等も出来、無拠調方不行届、依之季毎ニ能々再調致相違見出候ハヽ、前年三季勘定目録書者、翌年夏御借米前迄ニ限可申入候、右約定致置候上者、其節彼是申入間敷候事

前書之通取極、御蔵札差其元へ相頼候上者、若約定違失之儀有之候ハヽ、此證文ヲ以何方江成共可被願出候、其節申分無之候、且又向後札差外江引替候ハヽ、其元ゟ借用米金元利共不残新規札差ゟ為立替、皆済之上引替可申候、如此取極候上者、此末ニ至り家督代替りニ相成候共、此證文永々相用可申候、為後證札差頼證文仍如件

天保五午年八月　　市村仁右衛門㊞

泉屋
茂右衛門殿

(2)(天保五)午年八月朔日　用立金申送り覚(一一―三―八―二七―二)

宮内卿近習番、高一〇〇俵一〇人扶持

覚

御高百俵
　拾人扶持　　宮内卿様御近習番
　　　　　　　市村仁右衛門様

　但弐拾五石
　　五人扶持　　御本高

一午夏差引
　金壱両三分ト
　　拾壱匁六分九厘　　九ヶ年賦
　　　　　　　　　　　御殿上納

此御済方、春夏銀八匁三分三厘ツ、、
冬金壱分壱匁六分七厘、都合壱ヶ年
金弐分三匁三分三厘、外ニ当午六月
〆三拾壱利付

一同
　金拾弐両也　　御蔵役所上納

此御済方、春夏金壱分七匁五分宛、
冬金三分、都合壱ヶ年金壱両弐分、
外ニ当午六月〆金四拾両ニ付一ヶ月
壱分ツ、之利足、尤三季御蔵御役所
ニて御引落シ、御渡シニ相成候

（割印）一金五拾弐両ト　　手前方
　　七匁四分六厘三毛　無利足
此御済方、当午冬御切米ゟ春夏米八
斗弐升五合ツヽ、冬米壱石六斗五升、
都合壱ヶ年米三石三斗向、即町平均
直段
（割印）一金五拾両弐分ト
　　拾三匁五分弐厘壱毛　御突金　（付箋）「（付箋）銭九百八拾文　御飯米駄賃両度之分」
一御扶持方五人扶持者、当午十月分迄
御取越
右之外米金御出入等、一切無御座候、
為念申送り如斯御座候、以上
　午八月朔日　　泉屋
　　　　　　　　甚左衛門㊞
　　泉屋
　　茂右衛門殿

（3）（天保五）午年八月朔日　用立金請取覚（一一―三―八―二七―三）

用立金請取覚

覚
一金五㊞拾㊞両弐分
　拾三匁五分弐厘壱毛

外ニ銀八匁㊞九分四厘

右者、市村仁右衛門様御立替金（御飯米たちん 銭九百八拾文分）、慥ニ㊞受取申候、為念如此ニ御座候、以上

午八月朔日　　泉屋 甚左衛門㊞

泉屋 茂右衛門殿

御切米前金借用証文

(4) 天保十五年二月　御切米前金借用証文（一一—三—八—二七—四）

（端裏張書）「市村仁右衛門様
同　定次様」

御切米前金借用證之事

一 金九拾㊞八㊞両弐分者　　但無利足也

此済方、当辰春ゟ春夏金壱両拾三匁八分宛、冬金弐両壱分拾弐匁九分、都合壱ヶ年金四両三分拾匁五分御仕法通皆済迄、引取勘定可被申候

御主法替にて無利足済方

右是者無拠要用ニ付、三季御切米書入、為前金慥借用申処実正也㊞、返済之儀者、三季御切米手形裏判相済次第、早速相渡候間、両書替所裏判取之、御蔵ニ而米金請取被申、前書済方割合之通、季毎引取勘定可被申候、右者今般格別之　御主法替ニ而、御定之無利足済方ニ有之上者、縦令向後内外何様之臨時非常之儀出来候共、延減少等之頼筋決而申入間敷、皆済迄聊相違無之候、若又札差宿外江引替候ハヽ、其節済残金新規札差ニ請負奥印為致候上、宿引替可申候、為後日御切米前金借用證文、仍如件

天保十五辰年二月　　市村仁右衛門㊞

同　定　次㊞

泉屋
茂右衛門殿

(5)万延二年二月　御蔵米前金借用証文（一一―三―八―二七―五）

御蔵米前金借用証文

借用申御蔵米前金之事

一金六拾弐両拾壱匁五分五厘㊞
但通用金也

右是者我等無拠要用ニ付、三季御切米書入、為前金借用申処実正也、㊞返済之儀者三季御切米相渡次第、金壱両ニ付壱ヶ月銀五分宛之利足ヲ加江、元利共引取勘定可被申候、然ル上者、御蔵米金直請取等一切致間敷候、若亦致転宿候節者借用金元利共皆済之上、宿引替可申候、為後日仍如件

万延二酉年二月　　　市村栄左衛門㊞

泉屋
茂右衛門殿

(6)（慶応元）丑年十一月　冬御切米差引手取金の請取覚（一一―三―八―二七―六）

冬御切米差引手取金の請取覚

覚

一金弐㊞両弐分拾壱匁八分七厘

右者当丑冬御切米差引勘定手取金、目録古證文共慥㊞ニ受取候、為念如斯候、以上

丑十一月　　　市村栄左衛門㊞

泉屋
茂右衛門殿

（7）（慶応元）丑年十一月十六日　宿替の申送り依頼書状（一一―三―八―二七―七）

我等此度勝手ニ付、御蔵宿泉屋甚左衛門方へ致転宿候間、定例之通り被取計、申送り同人方へ差出可給候、為念印紙ヲ以如斯候、以上

丑十一月十六日

市村栄左衛門㊞

同　信太郎

泉屋
茂右衛門殿

五　伊藤太右衛門

慶応四年二月　御蔵米前金借用証文（一一―三―五―一二―九）

借用申御蔵米前金之事

一金五両也㊞　但夏上ケ

右之金子慥㊞借用申処実正也、返済之儀者三季御切米相渡り次第、御定之利足ヲ加江元利共引取勘定可被申候、若又致転宿候節者、借用金元利共皆済之上、宿引替可申候、為後日仍如件

慶応四辰年二月

伊藤太右衛門㊞

泉屋
茂右衛門殿

六　伊藤久之助

扶持方払代金の請取覚

（慶応三）卯年十一月廿八日　扶持方払代金の請取覚（一一―三―五―二一―一三）

覚　㊞

一金四両壱分壱匁四分　㊞

右卯八・九月分御扶持方払代金、慥ニ受取候、以上　㊞

十一月廿八日　伊藤久之助㊞㊞

㊞泉屋
茂右衛門殿

七　今村安太郎

銀子覚

七　今村安太郎

二月　銀子覚（一一―三―五―二一―一七―一）

覚

一八匁

〆

二月　今村安太郎様

御手形持
英助

八　上村長太郎

印鑑請取覚

八　上村長太郎（一一―三―五―二一―二）

（慶応三）卯年十一月二日　印鑑請取覚

＊

口上

（＊印付箋）
「留守印㊞　上村長太郎」

上村長太郎様御留守印鑑、御組頭ゟ御廻しニ相成候間、御受取可被成候、以上

卯十一月二日

伊勢屋
市十郎

泉屋
茂右衛門殿

九　岡田友三郎

慶応四年二月　御蔵米前金借用証文（一一―三―五―一二―一二）

借用申御蔵米前金之事

一　金百両也㊞　但玉勘定之内

右者借用申処実正也、返済之義㊞者三季御切米相渡次第、金壱両ニ付壱ヶ月銀五分宛之利足ヲ加へ、元利共引取勘定可被申候、然ル上者、御蔵ゟ米金直請取等一切致間敷候、若又致転宿候節者、借用金元利共皆済之上、宿引替可申候、為後日仍如件

慶応四辰年二月

岡田友三郎㊞

泉屋
茂右衛門殿

一〇　恩田守之助

（慶応三）卯年十二月　上納金借用覚（一一―三―五―二一―一二）

覚

一金壱分者㊞

右者当冬為上納金、借用申所実正也、仍如件

卯十二月　　　　　　　　恩田守之助㊞

一一　加藤金太郎

(1)（慶応四）辰年正月　組中積金の渡方依頼と積金請取書（一一―三―五―二一―四〇）

（上書）
「泉屋
　茂右衛門殿
　　用事　　　　加藤金太郎」

〆

鳥渡申入候、然者去十月弐拾人ニ而弐匁ツヽ、積金いたし置候、四拾匁御渡し可被下候様御頼申候、宜敷御取計御頼申候、用事如此御座候、以上

正月廿五日

一銀四拾匁也㊞

右者組中ニ而積金ニ致置御預ヶ申置候処、組入用出来ニ付御渡、慥ニ請取申候、以上

辰正月　　　　　　　　加藤金太郎㊞

泉屋
　茂右衛門殿

(2)（慶応四年）二月六日　組入用借用金の利息渡方依頼書状（一一―三―五―二一―三二）

組中積金の渡方依頼と積金請取書

組入用借用金の利息渡方依頼書状

「(上書)泉屋
茂右衛門殿　　　加藤金太郎
」

〆

前文御用捨、然者先日組引書付遣し置候処、見当り兼候由ニ付、去十月渡組入用惣割勘定之積り金五両、借用申有之候処、右組入用之分ハ弐拾人江割候事、右金子之利分者、外此度引落シ之分之内ゟ御引落シ可被成候事

一飯島猪兵衛分　　壱分引事

一加藤政司分
一本郷鉄五郎分　　壱分弐朱ツヽ引事

一小林重之助分　　弐分引事

〆金壱両弐分御引落可被下候

此内ニ而惣割之分利足引落可申候様、御頼申入候

二月六日

(3)(慶応四)辰年二月　組入用借用金の利息請取覚(一一―三―五―二一―三〇)

組入用借用金の利息請取覚

覚

一金壱両弐分　　四人分組引

内拾匁也　　元金五両之利

(印)残金壱両壱分五匁也　　此分壱分ト百九拾五匁

一金五両(印)　　弐拾人分引落候分

右者当春組引慥㊞ニ受取候、以上

辰二月　加藤金太郎㊞

泉屋
茂右衛門殿

御蔵米前金借用証文

（4）慶応四年二月　御蔵米前金借用証文（一一－三－五－一二－五）

借用申御蔵米前金之事

一金拾㊞六両弐分七匁八分壱厘　但通用金也

右之金子慥㊞ニ借用申処実正也、返済之儀者三季御切米相渡り次第、御定之利足ヲ加江元利共引取勘定可被申候、若又致転宿候節者、借用金元利共皆済之上、宿引替可申候、為後日仍如件

慶応四辰年二月　加藤金太郎㊞
同　作太郎

泉屋
茂右衛門殿

一二　貴志大隅守

御切米前金借用証文

一二　貴志大隅守

元治元年十二月　御切米前金借用証文（一一－五－一三－三－一二）

御切米前金借用證文之事

一金三百㊞七拾両三分五匁也　但拾五ヶ年賦

此済方、来丑冬御切米ゟ春夏金七両壱分拾匁ツヽ、冬金拾四両三分五匁、都合一ヶ年金

弐拾九両弐分拾匁済、外ニ丑正月ゟ金壱両ニ付一ヶ月銀三分五厘宛之利足相添、三季御
切米渡度毎、直々引取勘定可被申候事
右是者旦那無拠要用ニ付、三季御切米高書入、為前金慥借用申処実正也、㊞返済之儀者三季御切米
手形調印相済次第、早速其方江可相渡間、書替所両判取之、御蔵ニ而米金請取被申、前書済方割
合之通季毎引取勘定可被申候、我等方ニ而直書替、御蔵米金直請取等皆致間敷候、此金子之儀者、(堅)
今般格別之御主意被　仰出、安利御主法済ニ有之候上者、縦令公私如何様之儀有之候共、延滅少
等之頼筋、決而申入間敷候、向後家督代替ニ相成候共、右借用金皆済迄此證文相用可被申候、若
又札差宿外江引替候ハヽ、其節済残金新規札差江請負奥印為致候上、宿引替可申候、為後日仍如
件

元治元子年十二月

貴志大隅守内
若尾藤兵衛㊞

泉屋
茂右衛門殿

（裏書）
「表書之通相違無之候、以上
大隅㊞
」

安利御主法

一三　北川元次郎

扶持銭請取覚

一三　**北川元次郎**

（慶応四）辰年二月二十三日　扶持銭請取覚（一一―三―五―二一―二九）

覚

一銭弐拾㊞九〆弐百九拾弐文
右者御扶持㊞銭渡り之分慥ニ請取候、以上
辰二月廿三日　北川元次郎㊞
泉屋
茂右衛門殿

一四　桑原金三郎

（1）（慶応三年カ）十一月三日　金子請取覚（二一―三―五―二一―四）

覚
一金弐㊞分也
右慥㊞ニ受取申候
十一月三日　桑原金三郎㊞
泉屋
茂右衛門殿

（2）慶応四年二月　御蔵米前金借用証文

借用申御蔵米前金之事
一金三拾㊞四両六匁八分弐厘　但夏済
右之金子慥㊞ニ借用申処実正也、返済之儀者三季御切米相渡り次第、御定之利足ヲ加江元利共引取勘定可被申候、若又致転宿候節者、借用金元利共皆済之上、宿引替可申候、為後日仍如件

慶応四辰年二月　　　　　　　　　　　　　　桑原金三郎㊞

泉屋
茂右衛門殿

一五　小出豊次郎　御蔵米前金借用証文

一五　小出豊次郎

慶応四年二月　　御蔵米前金借用証文（一一―三―五―一二―一〇）

借用申御蔵米前金之事

一金拾五両弐分也㊞　　　　　　借用

右之金子慥ニ借用申処実正也㊞、返済之儀者三季御切米相渡り次第、御定之利足ヲ加へ、元利共引取勘定可被申候、若又致転宿候節者、借用金元利共皆済之上、宿引替可申候、為後日仍如件

慶応四辰年二月　　　　　　　　　　　　　　小出豊次郎㊞

泉屋
茂右衛門殿

一六　小松善太郎　留守中の蔵元引請方につき書状

一六　小松善太郎

（慶応四年）二月十一日　　留守中の蔵元引請方につき書状（一一―三―五―一二―一二七）

（上書）
「泉屋
茂右衛門殿御中　　　　　　小松善太郎」

以手紙申入候、然者拙者是迄留守中引請倉本之儀、勇太郎帰府致候間、自身罷越取引可致候間、為念此段申進候、以上

二月十一日　　小松善太郎㊞

一七　菰田柳三

一七　菰田柳三　御蔵米前金借用証文

慶応四年二月　　御蔵米前金借用証文（二一―三―五―一二―一七）

借用申御蔵米前金之事

一金壱両弐分也㊞　　但夏上ヶ

右者借用申処実正也㊞、返済儀者三季御切米相渡次第、金壱両ニ付壱ヶ月銀五分宛之利足ヲ加へ、引取勘定可被申候、然ル上者、御蔵〆米金直請取等一切致間鋪候、若又致転宿候節者、借用金元利共皆済之上、宿引替可申候、為後日仍如件

慶応四辰年二月　　菰田柳三㊞

泉屋
茂右衛門殿

一八　近藤平太郎

一八　近藤平太郎　御蔵米前金借用証文

慶応四年四月　　御蔵米前金借用証文（二一―三―五―一八―四）

借用申御蔵米前金之事

一金拾両也㊞　　但通用金也

右是者我等無拠要用ニ付㊞、三季御切米書入、為前金慥ニ借用申処実正也、返済之儀者三季御切米相渡次第、書面之金子壱両ニ付壱ヶ月銀五分宛之利足を加江、元利共引取勘定可被申候、然ル上

者、御蔵〆米金直請取等一切致間敷候、若又致転宿候節者、借用金元利共皆済之上、宿引替可申
候、為後日仍如件
慶応四辰年四月
近藤平太郎㊞
泉屋
茂右衛門殿

一九　斎藤左膳

御蔵米前金借用証文

一九　斎藤左膳

（1）慶応四年閏四月　御蔵米前金借用証文（一一―三―五―一八―五）

借用申御蔵米前金之事

一金五両也　但夏冬見込借用

右是者我等無拠要用ニ付、三季御切米書入、為前金慥ニ借用申処実正也、返済之儀者三季御切米
相渡次第、書面之金子壱両ニ付壱ヶ月銀五分宛之利足を加江、元利共引取勘定可被申候、然ル上
者、御蔵〆米金直請取等一切致間敷候、若又致転宿候節者、借用金元利共皆済之上、宿引替可申
候、為後日仍如件
慶応四辰年閏四月
斎藤左膳
（花押）
泉屋
茂右衛門殿

金子借用返済方の書付

（2）（慶応四年）閏四月二十二日　金子借用返済方の書付（一一―三―五―二一―三六）

書付

当五月御金渡之分、閏四月廿二日金五両借用致置候間、右御金渡之砌取引可申、残金之儀者当十月御切米之節、差引相立候様、為念書付如件

閏四月廿二日　　斎藤左膳（花押）

泉屋
茂右衛門殿

二〇 斎藤与一郎・小島七五郎御蔵米前金借用証文

二〇　斎藤与一郎・小島七五郎

慶応四年二月　御蔵米前金借用証文（一一―三―五―一二―一四）

借用申御蔵米前金之事

一金三両也㊞　　但通用金也

右之金子慥ニ借用申処実正也㊞、返済之儀者三季御切米相渡り次第、御定之利足ヲ加へ、元利共引取勘定可被申候、若又致転宿候節者、借用金元利共皆済之上、宿引替可申候、為後日仍如件

慶応四辰年二月　　斎藤与一郎㊞
小島七五郎㊞

泉屋
茂右衛門殿

二一 佐々木太之丞書類入包紙

二一　佐々木太之丞

（0）年欠　書類入包紙（二五―三―一三―〇）

（包紙、張紙上書）「佐々木大之丞様済方一件書類、并全九郎来状入」
（包紙上書）「当店書附壱通并ニ泉茂殿方預り一札弐通、都合三通入」

（1）慶応二年四月　金子預り証文（二五―三―一三―一）

奉預金子之事

一　金弐百弐拾七両也㊞　但通用金也

右之金子御預ヶ被成下、慥奉預候処実正ニ御座候、且又当寅冬御切米・来卯春御借米共、相＊1渡リ差引勘定御手取金之御分、猶又御預ヶ被成下候段、被仰聞奉畏候、尤御金御入用之節者、＊2被　仰付次第此書面引替ニ可奉返却候、為後日御預一札、仍如件

慶応二寅年四月　泉屋　茂右衛門㊞

佐々木大之丞様御内
　御用人中様

大坂在番

（＊1印付箋）「卯年大坂在番出立前、於江戸弐百弐十七両相預ヶ、寅冬卯之春御借米共相渡差引残金、并在番ゟ差下候金子共、都合金三百八拾五両三分五匁七厘ニ相成申候
　壱印」

（＊2印付箋）「金五拾五両三分五匁七厘　泉や茂右衛門ゟ差出候書付之外
右者寅十月卯二月禄高之内、大坂在番中ニ付、留守中暮金差引勘定卯年四月下着後、茂右衛門ゟ取調書付可差出候処、同人留守中泉屋甚左衛門引請候間、同人ゟ惣〆預ヶ金證文差出候事」

金子預り証文

（2）慶応二年六月　金子預り証文（二五―三―一三―二）

奉預金子證文之事

一金㊞百両也　但通用金

右之金子慥奉預候処実㊞正ニ御座候、御入用之節者、何時成共此證文ゟ引替可仕返進候、為後日奉預り金子證文、仍如件

慶応二寅年六月　泉屋
茂右衛門㊞

佐々木大之丞様御内
御用人中様

泉屋茂右衛門預り金肩代り返納覚

（3）（慶応三）卯年五月　泉屋茂右衛門預り金肩代り返納覚（二五―三―一三―三）

覚

一御屋鋪様御預り金之御分、泉屋茂右衛門方行届兼候ニ付、右御預り金之御分者私引請、追々返納可仕候間、宜敷御執成奉願上候、以上

卯五月　泉屋
甚左衛門

佐々木大之進様御内
大井貞右衛門様

泉屋茂右衛門弁納金の覚

（4）慶応三年七月　泉屋茂右衛門弁納金の覚（二五―三―一三―四）

覚

一金三百八拾五両三分ト五匁七厘

（付箋）

御主法年賦残金

内金百三拾両者、御主法年賦残金、御皆済被成下候分

御縁談御手当

残金弐百五拾五両三分ト五匁七厘

右者御蔵宿泉屋茂右衛門方江御預ヶニ相成候処、同人儀行届不申無拠相引請、追々弁能可仕候、尤内百両者此節御渡し可奉申上筈之所、御縁談御手当ニ被遊候ニ付、御入用之節早速御渡し可奉申上候、残金之儀者当冬来春迄、追々御渡可奉申上候、以上

慶応三卯年七月

泉屋
甚左衛門㊞

佐々木大之丞様御内
御用人中様

此書面を以、諸隊暴徒の強談

（付箋）
「此書面を以諸隊之暴徒替り〳〵縁類之趣ニ而強談ニ被参、誠以迷惑難渋仕候、右御預ヶ金書付三通者、佐々木様御親類田辺惣十郎様御暮方為手当と御もらひ請ニ相成候由、然ル処、毎度強談ニ参候内、壱人何様之悪事有之候哉、東京府江御召捕相成候、依之右惣十郎様御心配被成、当方へ直々御入来、是迄之始末柄悉御咄合有之候間、当方存寄も外ニ致方無之、泉茂方預り金差引詰ト御先代様江当店ゟ御用立金年賦御済方、去辰夏分迄之差引残金ト双方御差引之義相願候処、夫ニ而者甚以御迷惑之段被仰聞候得共、連々御入割申上候処、前件一条も有之候故哉、漸御示談相成候間、別書之通又兵衛殿共相談之上、取計申候、此段宜御承知可被下候」

冬玉落金の請取覚

（5）（慶応三）卯年十一月二十二日　冬玉落金の請取覚（一一—三—五—二一—七）

覚

一金百四十六両弐分　印
　拾三匁五分

卯冬
玉落手取

右慥ニ請取申候、已上　印

十一月廿二日

佐々木太之丞内
大井貞右衛門㊞

泉屋
茂右衛門殿

泉屋茂右衛門預け金弁済につき詫書

（6）慶応四年八月　泉屋茂右衛門預け金弁済につき詫書（二五—三—一三—五）

差上申御詫書之事

泉屋茂右衛門儀

一　佐々木大之進様御札差相勤、私方御札受仕候処、茂右衛門義昨年中家出仕、御同家様之御預ヶ金不納ニ付、私方札請之儀ニ付、御同家様ゟ御厳談之節御権威ニ恐縮仕、御相対御預ヶ金之儀も相弁不申、前後忘却一己之了簡ヲ以御受書差上、過半御弁金仕候処、此度尊公様ゟ残金御掛合御座候ニ付、前後始末奉申上候処、御聞取被成下難有奉存候、右者全私義篤と取調も不仕、疎忽之御請書差上置候故之儀ニ付、奉恐入候、以来右一条ニ付、御名前等差出候義、決而仕間敷候、為後證詫書奉差上候処、仍如件

慶応四辰年八月

泉屋甚左衛門
手代
又治郎

龍帍御隊中
沢辺良之進様

年賦返済金皆済につき証文返却の一札

（7）明治二年九月　年賦返済金皆済につき証文返却の一札（二五—三—一三—六）

差上申書付之事

一　金百四拾三両弐分九分七厘　但通用金也

猿屋町会所

右者御先代様ゟ御用立金年賦済方、去辰夏分迄頂戴仕、書面之通残金御座候処、此度不残御返済被成下慥ニ奉受取候、依而者右御證文今般返上可申上之処、私儀猿屋町御会所江拝借金相願候砌、右御證文者引当ニ差出有之候ニ付、追而御同所ゟ御下ヶ相成候節、早速返上可申上候、為後日仍如件

明治二巳年九月　　泉屋
　　　　　　　　　甚左衛門印

佐々木大之丞様
田辺惣十郎様
　御取次衆中様

右者九月五日田辺様へ御渡申上候

預け金請取証文紛失につき一札

(8) 明治二年九月　預け金請取証文紛失につき一札（二五―三―一三―七）

入置申一札之事

一合金百(印)四拾(印)八両弐分拾匁七厘
　但シ通用金也

右者無利足預ヶ金差引勘定慥ニ請取(印)申処実(印)正也、證文三通引替返却可申処、過日惣十郎ゟ為使差遣候松永庸一郎・大久保蔵司・伊東志津摩江證文相預ヶ渡し遣候処、紛失致、今以相知不申、依而厳敷吟味致取調候得共、相分り不申候ニ付、東京府江御届申上御調へ奉願候間、相分り次第急度相返し候、若万一外ゟ右證文貴殿方江持参候者有之候ハヽ、此書面之趣を以其證文御取可被成候、彼是故障申候ハヽ、其者留置、此方江早々其段御申越可被成候、貴殿方江迷惑不(印)相成様取計埒明ヶ可申候、為後日仍而如件

使者三人、証文紛失

（付箋）

明治二巳年九月

元徳川新三位家来勤仕並
駿府移住
預ヶ主　佐々木大之丞㊞
留守印

元徳川新三位家来大番
御扶助願中
預ヶ金取
立引請人　田辺惣十郎㊞

泉屋
甚左衛門殿

（付箋）
「本文證札三通共紛失之趣ニ御座候得共、其後御吟味之上御返却相成、則別ニ封入仕候、左様御承知可被下候」

金子請取覚

（9）明治二年九月　金子請取覚（二五―三―一三―八）

覚

一金弐千疋

右者大之丞ゟ預ヶ金差引勘定之外、今般御助情被呉、忝落手致候、為後證仍而如件

明治二巳年九月　田辺惣十郎㊞

泉屋
全九郎殿

佐々木大之丞貸借の顛末につき書状

（10）（明治二年）十月六日　佐々木大之丞貸借の顛末につき書状（二五―三―一三―九）

（端裏書）
「十一月五日着」

一筆啓上仕候、追日寒冷御座候処、先以各様愈御堅勝被成御座、珍重御儀奉存候、次ニ当方無異儀罷在候間、乍憚御安意思召可被下候

正月本店引払の四五日前、尾州隊五人連れで入来

一佐々木大之丞様ゟ泉茂殿方へ御預ヶ金一条之義、先便申上候通、当正月本店引払相成申候四五日前、尾州之隊中ゟ夏目権平様ト申御方頭として五人連ニ而町内名主方へ入来、甚左衛門江引合之筋御申立有之候処、名主方江者兼而内々引払上坂届致有之候故、町法を以執用無之、依而家主平十郎殿方へ尋被参、御談判ニ付、無拠川岸私宅江案内被致、右五人様共御入来、甚左衛門引払上坂いたし候由、左候ハヽ、留主預其元ゟ右返金いたし可申筈ト御厳談御座候ニ付、私義明店相預り居候得共、金談之義者少も相心得不申段答候処、懐中ゟ泉茂殿預り一札并当店ゟ差出有之候書付御取出し被成、是を得ト見請候ハヽ、委細相訳り可申旨被仰聞、夫々披見仕候処、当方ゟさし出有之候書付者、又次郎殿手跡ニ而、卯冬辰ノ春迄ニ追々御渡可申上候との書面、初而見請候ニ付、答方当惑仕候得共、只々右等之次第少も心得不申段申立候処、左候ハヽ、甚左衛門方へ急便を以懸合返金可致候、勿論飛脚往返日数取究相違無之様被仰聞候ニ付、掛合之儀ハ不取敢早便を以可仕候得共、日限相極候事ハ何分御断申上度、其訳者甚左衛門其節留主之義難計、自然不快等ニも候歟、無余儀筋ニ而延引仕候時者、日限相違之御咎メも恐入候ニ付、日数御請合申上候儀者何分御断申上候処、夫ニ而者何迄も不埒明候間、御公辺江御達之上、御取立ニ相成候趣ニ而御引取ニ相成、其後御同所様御病気之由ニ而何之沙汰も無御座、安心罷在処、六月初旬町内自身番屋町役ゟ罷出候様申参候ニ付、罷越候処、外之義ニ者無之、又々佐々木様一件ニ而五人組并家主平十郎殿、八幡町家主平八殿・泉茂殿方留主人老女、何れも呼出し有之、松永庸一郎様・伊藤志津摩様御両人、右預り一札を以返金可致旨被仰聞、若返済延引ニ及候而者、六七人之家族今日之活計ニ差支候間、此人数差向候故、相養ひ可申等ト種々雑乱之

懐中より泉茂預り一札等取出したので披見

公辺に上達し、取立てる事でお引取となる

六月初旬、佐々木様一件につき呼出

右家来、雑乱の強談

居宅鉱山局の引当の所、一応見分申出

御強談有之候得共、一統取計方難行届申上候処、左すれ者甚左衛門宅夫々封印付候様被申候ニ付、是者鉱山局江御引当ニ相成有之段申立候間、先甚左衛門宅一応見分可致旨被申出、無余義平十郎殿案内同道仕候処、一通被見請、川岸私宅江参り被申候ニ者、土蔵之内何ニも無之、畳建具計ニ候ハヽ、道具屋呼寄書面之金高丈売払返金致可申ト御談有之候得共、元来金談筋少しも相心得不申、如何共いたし方無之候段申張、是迄兵助ト申ものゟ御対談申上候趣、依而同人呼寄可申候間、委細是ゟ御承知被下候様申上候得共、最早夜四ツ頃ニ相成候故、又々明日御出張有之候筈ニ而、今日之人数相揃居候様被申置候、折悪敷雨天ニ付、傘貸呉候様被申掛、無拠私宅ゟ壱本、自身番屋ゟ壱本用立候処、両三日御出張無之、夫成傘者戻り不申候、元来立代り

催促人の行状

種々掛違の談判、支度料の無心など

参候催促人、去辰年暮迄度々当店江掛合之仁被参候得共、示談整兼候ニ付、家主平十郎殿方へ入込、種々掛違之談判被致、剰時々支度料無心有之、甚左衛門方ゟ金子請取、其節及返済候旨にて一向被帰不申、平十郎殿方少し商内致候ニ付、殊之外迷惑いたし、無余儀弐朱又者壱分用立相重り、都合金三分取替ニ相成、猶又夜中ニも相成、雨天之節者傘・挑灯・下駄迄、無是非用立貸呉ニ相成り、兵助殿義も応対掛り之節、無拠支度料金弐朱時貸被致、是以夫レ成けりニ相成候趣、誠ニ当時之人気御推察可被下候、且又大久保蔵司様ト申御方独御入来有之、殊之外静成御方ニ相見へ、佐々木様御縁類にて、右預ヶ金御引請之由、是迄参候者如何之掛合いたし候哉等と御問合而已ニ而、何れ近日罷出候ト申置御帰り有之候間、兼而兵助殿へ申通し相心得

六月二十三日、家来二人入来し強談

罷在候処、其後六月廿三日蔵司様・志津摩様御両人入来、先日ト違ひ殊之外強談ニ有之、兵助殿も出会罷在、以前之手続被申上候処、左様引請居候ハヽ、兵助ゟ訳立可致被仰聞候、依而同

大坂本店相談につき七月二十六日迄返答延期申入れ

七月二十一日、大坂本店より返書

七月二十三日家来入来

右同人、大坂返書の問合せ

右大坂書状の内容申入れ

佐々木様親類の田辺入来し、咄合い

人答候ニ者、甚左衛門之召遣中ニ付、其節御掛合向ハ被申付候通御達申上候得共、只今ニ而者、暇貰候故、於私方何も御掛り合無之候ト手離之返答被致候、然ル上者、是程之留主預り居候間、是非〳〵全九郎ゟ返金訳立いたし可申旨、色々御厳談御座候間、無余無余儀大坂表江掛合、其上御返答可仕候、併飛脚急便を以申遣候而も、往返日数三十日余ならてハ返書難届趣申入、七月廿六日迄申延、則書付兵助殿相認メ差出候ニ付、御引取ニ相成候、右ニ付前段御地へ御掛合申上候処、於貴地格別之御評義も被成下候得共、御廃業之儀ニ付、別段御勘弁之儀も難被遊、佐々木様御先代之節御用立金年賦御済方、一ヶ年金壱両三分ト三匁宛ニ候得共、泉茂殿方預り差引残金も年賦済方ニ相願、御承知ニ相成候ハヽ、別段之訳を以一ヶ年金弐両壱弐分宛相納可申歟、此外御勘弁無御座候趣御尤、具ニ承知仕候、右之御返書七月廿一日相達、拝見仕候上、種々愚案罷在候処、同廿三日志津摩様御入来ニ付、兼而廿六日迄御猶予相願置候義ト申上処、今日者此辺へ序有之、蔵司事病気ニ付、様子聞旁立寄候、上方ゟ便有之候哉と御尋御座候間、兼而申上候鉱山局江之御歎願向、程克御聞済被仰付候間、近々甚左衛門帰府可致趣、依而者佐々木大之丞様御先代様江当店ゟ御用立金年賦御済方も有之候間、夫是御入割可申上候外無之、駿府ニ被為入候ハヽ、幸道中筋ニ候故、同所御屋鋪江罷出相願ひ可然哉、又者東京御屋敷へ相願候方手順宜候哉之段、彼ノ地出立迄ニ早々申越候様との来状ニ御座候段申入候処、右御先代様当方年賦御済方有之候儀者不存、当方ゟ差出有之書面を以、金子御取立被成候御所存之処、前条之始末ニ而者、迚も手取金為差(出脱カ)義有之間鋪ト推量被致候哉、其後何之沙汰無御座候、然ル処、此度者佐々木様実正之御親類田辺惣十郎様ト申候御方御入来有之、段々御咄合仕候処、至而御人柄宜く正直成御方ト相見へ、近頃使ニ差越候三人之内壱人東京府江御召捕ニ相成候由、又志津摩ト申者何歟御上江大望申立居候由、元御屋敷様御出入之肴売ニ而次助と申者之趣迄、御内話有之、旁以大ニ御心配ニ付直々御入来、兼而申立居候双方差引、願之通速ニ御聞済被下候間、則別紙之通兵助殿共立会之上、書類為取替相済申候、此段宜御承知可被下候

金談の家来召捕、伊藤志津摩は屋敷出入の肴売

泉茂預け金返済の経緯

一佐々木大之丞様ゟ泉茂殿方へ御預ヶ金差引詰、百四拾八両弐分ト拾匁七厘有之候処、御先代様江当店ニ而御用立金年賦御済方、去辰ノ夏分迄差引、残百四拾三両弐分ト九分七厘、双方差引相立候処、全御預り金之方五両ト九匁壱分余分ニ付、此分御渡可申上筈御示談之上、泉茂殿方預り證文弐通幷当店引請之證札共、都合三通共慥ニ請取、双方無出入相成申候、右證文類者全御親類田辺惣十郎様東京御暮方為手当御渡置、駿州江御引越相成候ニ付、今更差引余分五両計ニ而者忽差支御難渋之御趣ニ而、折入て助情之儀御頼談被仰聞候、然共元来当方ゟ少しも可致筋ニ者無之儀ニ候得共、別書之通残金之儀者、卯冬辰ノ春迄ニ追々御渡可申上候ト、卯七月付之当店印書差出有之候ニ付、右を以猶又諸隊中ゟ是迄之通強談ニ参候而者難渋当惑仕候事、且又先達相伺候節、泉茂殿方預り金差引詰、是又年賦ニ相願可申旨も被仰聞、双方年賦算当相立見候処、荒増左ニ

年賦返済の荒増

一当店ゟ御用立金年賦御済方差引残百四拾三両弐分ト九分七厘、一ヶ年金壱両三分ト三匁宛之御済方、皆済迄凡七拾九ヶ年余

一五拾九ヶ年分六〆三百七拾弐匁可請取分、跡弐拾ヶ年分弐〆百六拾目相残申候

一泉茂殿方預り金差引残百四拾八両弐分ト拾匁七厘、一ヶ年金弐両弐分済ト積、御先方江相

渡、皆済迄凡五拾九ヶ年余
一五拾九ヶ年分八〆八百五拾目可相渡分
内六〆三百七拾弐匁
差引弐〆四百七拾八匁　此分渡過
又弐〆百六拾目　跡江相残分、此分入金無覚束
〆四貫六百三拾八匁余、損毛ニ相成可申歟
右之通相成申候、尤永年之儀如何共難計奉存候、併手数も相掛り候ニ付、助情金拾両頼談之処、又兵衛殿共いろ〱相談之上、金弐千疋為御助情ト被下候様取計、無滞相済申候間、此段宜御承知可被成下候

佐々木様返済一条の取替せ証文

一前書之通佐々木様一条相済申候ニ付、左ニ
一佐々木様ゟ泉茂殿方江御預ヶ金差引詰、百四拾八両弐分ト拾匁七厘、右大之丞様御留守印、御引請人田辺惣十郎様印紙之御請取、壱通
一御先代様江当店ニ而御用立金年賦御済方、差引残金百四拾三両弐分ト九分七厘、此分慥ニ請取、右御證文追而返上之書面差上置候写、壱通
一当店ゟ差出有之候引請證札、壱通
一泉茂殿方ゟ差出有之候預り金證札、弐通
一先便御写させ御差下し被成下候書付、弐通
一金弐千疋御助情被下候受取書、一通

右之通封中之別封為差登申候間、御落手之上、宜御承知可被成下候
先者右之段申上度、如斯御座候、猶期後便之時候、恐惶謹言
十月六日　越智全九郎
鷹藁源兵衛様
今沢卯兵衛様
清水惣右衛門様
松井嘉右衛門様
竹中小兵衛様

二二　佐野芳三郎御蔵米前金借用証文

二二　**佐野芳三郎**　慶応四年三月　御蔵米前金借用証文（一一―三―五―一二―一二）

借用申御蔵米前金之事
一金弐両弐分㊞　但玉勘定之内
右者借用申処実正也、返済之儀者三季御切米相渡次第、金壱両ニ付壱ヶ月銀五分宛之利足ヲ加へ、引取勘定可被申候、然ル上者、御蔵ゟ米金直請取等一切致間鋪候、若又致転宿候節者、借用金元利共皆済之上、宿引替可申候、為後日仍如件
慶応四辰年三月　佐野芳三郎㊞
泉屋
茂右衛門殿

二三　沢井勝司・庄次郎預け金利足請取覚

二三　沢井勝司・庄次郎

（1）（慶応二）寅年十二月二十九日　預け金利足請取覚（二一―五―一四―一一）

（包紙上書）
「沢井様御利足請取書入」

覚

一金四拾五両也　　金四百五拾両利　　丑五月ゟ寅十二月迄

一金弐両壱分也　　金五拾両利　　寅四月ゟ同十二月迄

〆金四拾七両壱歩也

右之通預ヶ金利足慥ニ受取候、為念如斯候、以上

寅十二月廿九日　　沢井勝司㊞

同　庄次郎㊞

泉屋
茂右衛門殿

扶持方払米代金の請取覚

（2）（慶応三）卯年十一月二十二日　扶持方払米代金の請取覚（二一―三―五―二一―八）

覚

寅九月分ゟ同十二月迄
一米五石八斗五升

三百弐拾四両弐分切

代金五拾四両ト
拾四匁弐分七厘

内金弐㊞拾七両ト
拾四匁弐分七厘請取

右者泉屋茂右衛門方へ預ヶ置候御扶持方払米代金之内、書面之通慥㊞請取候、以上

卯十一月廿二日　沢井庄次郎㊞

泉屋
甚左衛門殿

扶持方払米代金の請取覚

(3) 慶応三年十二月十五日　扶持方払米代金の請取覚（二一―三―五―二一―一〇）

覚

一　金弐㊞拾七両也

右者御扶持方払（米脱）代金之分、慥㊞ニ請取候、以上

慶応三卯年十二月十五日　沢井庄次郎㊞

泉屋
茂右衛門殿

二四　寒河綏太郎

上納金借用覚

二四　寒河綏太郎

(1)（慶応三）卯年十一月　上納金借用覚（二一―三―五―二一―一五）

覚

（割印）一　金弐分者

右者当冬為上納金借用申処、仍如件

卯ノ十一月　寒河綏太郎㊞

春備米の受取覚

（2）（慶応四）辰年二月二十一日　春備米の受取覚（一一―三―五―一七―二）

覚

辰春備米㊞　但シ玄米 三俵

右慥ニ受取申候、以上㊞

二月廿一日　寒河綏太郎内 鈴木登清㊞

泉屋 茂右衛門殿

二五　志村篤三郎

上納金借用覚

（1）（慶応三）卯年十二月　上納金借用覚（一一―三―五―一一―一〇）

覚

割印 一 金壱両者

右者当冬為上納金借用申所実正也、仍如件

卯十二月　志村篤三郎㊞

金子覚

（2）（慶応四）辰年正月十七日　金子覚（一一―三―五―一一―一八―三）

割印 志村篤三郎様　三丁行司印

〆金壱両弐分也

辰正月十七日　泉屋茂右衛門殿

銀子覚

（3）（慶応四）辰年二月　銀子覚（二一―三―五―二―一七―二）

覚

一五匁　志村篤三郎様
一四匁　恩田守之助様
一七匁五分　岡田源三郎様
一同　坂部龍助様
一五匁　広野貞勝様
一八匁　佐々木大之丞様

〆

辰二月　惣七

二六　鈴木鉄五郎

証文入包封

（0）年欠　証文入包封（二七―五―二―九―〇）

（包封、張紙上書）
「鈴木鉄五郎様」

御蔵札差頼証文

（1）弘化三年四月　御蔵札差頼証文（二七―五―二―九―一）

（端裏張紙）
「鈴木鉄五郎様」

御蔵札差頼證文之事

御切米二石一人扶持

一此度我等御切米弐石壱人扶持、右御蔵渡り札差、其元江相頼候処実正也、然ル上者、三季御切

米幷月々御扶持米共、御殿ゟ直々其元へ請取、米者御蔵庭相場ニ売払勘定相立可被申事

一年々三季御切米幷月々御扶持米共、御蔵渡米金者、其元ゟ借用前金之方江引取勘定可被申事

一御蔵渡米書入前金借用利足之儀者、金壱両ニ付壱ヶ月銀五分宛利足ヲ加へ引取可被申、幷御扶持米取越借用利足之儀者、壱人扶持ニ付初月利米五合、翌月ゟ利米弐合宛割合ニ而前利ニ引取勘定相立可被申事

一惣而御蔵ゟ請取米之分、御場所ニ而売払候節節(ママ)者、三拾五石ニ付代金弐分御割合引取可被申事

札差料

足高米・扶持米

一札差料之儀者、春夏銀壱匁、冬銀弐匁、都合銀四匁ニ相定引取可被申、御扶持米毎月御蔵ゟ引取候掛り、壱人扶持ニ付弐合宛、其時々引取可被申、若此上御足高米幷御扶持米共相増請取候節者、其節之振合を以差料相増可差遣事

三季御切米、諸勘定差引目録書

一年々三季御切米其外諸勘定差引目録書、此方江請取候上者、其時々早速相調、若書損・算違有之見出し候ハヽ、双方共見出候方ゟ申出、過不足之米金無利足ニ而致取引、勘定違之目録書改、早速引替可申候、若年数相立候上勘定違申入候而者、其元扣諸帳面も口々ニ而、中ニ者虫喰破レ等も出来、無拠調方不行届、依之季毎ニ能々再調致相違見出候ハヽ、前年三季勘定目録書者、翌年夏御借米前迄ヲ限可申入候、右約定致置候上者、其節彼是申入間敷候事

前書之通取極、御蔵札差其元江相頼候上者、若約定違失之儀有之候ハヽ、此證文を以何方江成共可被願出候、其節申分無之候、且又向後札差外へ引替候ハヽ、其元ゟ借用米金元利共不残新規札差ゟ為立替、㊞皆済之上引替可申候、如斯取極候上者、此末ニ至り家督代替ニ相成候共、此證文永々相用可申候、為後證札差頼證文、仍如件

弘化三午年四月　　　　　　　　鈴木鉄五郎㊞

泉屋
茂右衛門殿

御蔵米前金借用証文

（2）安政六年五月　御蔵米前金借用証文（二七―五―二―九―三）

借用申御蔵米金之事

一金壱分七匁五分㊞　　　　別済

右者借用申処実正也㊞、返済之義者三季御切米相渡次第、金壱両ニ付一ヶ月銀五分宛之利足ヲ加エ、元利共取引勘定可被申候、然ル上者、御蔵ゟ米金直請取等一切致間敷候、若亦致転宿候節者、借用金元利共皆済之上、宿引替可申候、為後日仍如件

安政六未年五月　　　　　　　　鈴木鉄五郎㊞

泉屋
茂右衛門殿

御切米前金借用証文

（3）文久三年二月　御切米前金借用証文（二七―五―二―九―六）

御切米前金借用證文之事

一金三両也㊞　　　　但拾ヶ年賦

此済方、当亥春御借米ゟ春夏銀四匁五分ツヽ、冬銀九匁、都合壱ヶ年金壱分三匁済、外ニ戌十一月ゟ金壱両ニ付壱ヶ月三分五厘ツヽ之利足相添、年々三季御切米度毎、直々引取勘定可被申候事

右是者我等無拠要用ニ付、三季御切米高書入、為前金借用申処実正也㊞、返済之儀者三季御切米手

安利御主法済

形調印相済次第、早速其方へ可相渡候間、書替所両判取之、御蔵ニ而米金請取被申、前書済方割合之通り季毎引取勘定可被申候、我等方ニ而直書替御蔵米金直請取等堅致間敷候、此金子之儀者、今般格別之御主意ニ而被仰渡、安利御主法済ニ有之候上者、仮令公私如何様之儀有之候共、延減少ヶ間敷頼筋決而申入間敷候、向後家督代替ニ相成候共、右借用金皆済迄此證文相用可被申候、若又札差宿外へ引替候ハヽ、其節済残金新規札差江請負奥印為致候上、宿引替可申候、為後日仍如件

文久三亥年二月　鈴木鉄五郎㊞

泉屋
茂右衛門殿

加判役任用の一札

（4）（元治元カ）子年三月九日　加判役任用の一札（二七―五―二―九―一三）

入置申一札之事

一我等勝手向為取締由緒、石川新左衛門加判致置候所、此度相断候間、左様相心得可給候、依之断返し両印ヲ以如斯御座候、以上

子三月九日　鈴木鉄五郎㊞
加印
石川新左衛門㊞

いつミや
茂右衛門殿

御蔵米前金借用証文

（5）慶応元年十一月　御蔵米前金借用証文（二七―五―二―九―四）

借用申御蔵米前金之事

一金弐両弐分㊞　十二月渡ゟ壱人半扶持向
右者借用申処実正也㊞、返済之儀者三季御切米相渡次第、金壱両ニ付壱ヶ月銀五分宛之利足ヲ加へ、元利共引取勘定可被申候、然ル上者、御蔵ゟ米金直請取等一切致間敷候、若又致転宿候節者、借用金元利共皆済之上、宿引替可申候、為後日仍如件
慶応元丑年十一月　鈴木鉄五郎㊞
泉屋茂右衛門殿

同右

（6）慶応二年三月　御蔵米前金借用証文（二七―五―二―九―五）

借用申御蔵米前金之事

一金五両也㊞　四月渡ゟ壱人扶持向
右者借用申処実正也㊞、返済之儀者三季御切米相渡次第、金壱両ニ付壱ヶ月銀五分宛之利足ヲ加へ、元利共引取勘定可被申候、然ル上者、御蔵ゟ米金直請取等一切致間敷候、若又致転宿候節者、借用金元利共皆済之上、宿引替可申候、為後日仍如件
慶応二寅年三月　鈴木鉄五郎㊞
泉屋茂右衛門殿

上京留守中の加判役任用の一札

（7）慶応三年正月　上京留守中の加判役任用の一札（二七―五―二―九―七）

入置一札之事

一我等此度上京被　仰付、留守中由緒計新太郎壱判ヲ以、米金共通用致可給候、為後日両判ヲ以、
入置一札仍如件

慶応三卯年正月

鈴木鉄五郎㊞
親類
計　新太郎㊞

泉屋
茂右衛門殿

二七　鈴木鉄次郎

（1）嘉永五年十月　御蔵米前金借用証文（二七―五―二―九―二）

借用申御蔵米前金之事

（一脱カ）㊞
金壱両弐分七匁四分五厘　但御扶持向

右者借用申処実正也、㊞返済之義者三季御切米相渡次第、金壱両ニ付壱ヶ月銀五分宛之利足ヲ加江、元利共引取勘定可被申候、然ル上者、御蔵ゟ米金直請取等一切致間敷候、若又致転宿候節者、借用金元利共皆済之上、宿引替可申候、為後日仍如件

嘉永五子年十月

鈴木鉄次郎㊞

泉屋
茂右衛門殿　＊

○＊印の紙背に割印がある。

（2）安政四年六月　加判役と扶持方示談中の一札（二七―五―二―九―八）

入置申證書之事

扶持方一人半扶持

一我等御扶持方壱人半扶持由緒、飯塚龍蔵加判相頼置候処、此義ニ付勤向及差支候儀出来いたし候間、以来同人通帳持参候共、双方示談行届候迄ハ其方へ相預り置可被給候、且勤続為弁利、此度達而無心申入、御扶持方三ヶ月分取越順ニ払金請取、万端都合宜過分ニ存候、然ル上者、前書加印之儀熟談之上、相預ヶ置候払代皆済請取候節、加判同道罷出、右三月分者差引勘定可被相立候、此義ニ付其方迷惑之対談等者不及申、向後右類例似寄候義共一切申入間敷候、為後念入置申證書仍如件

安政四巳年六月　鈴木鉄次郎㊞

いつミや
茂右衛門殿

加判役と扶持方掛合の一札

（3）安政四年六月　加判役と扶持方掛合の一札（二七―五―二―九―九）

断申一札之事

扶持方二人扶持

我等扶持方弐人扶持、月々飯塚龍蔵加印ヲ以、請取候約定致置候処、右扶持方之儀ニ付、込入候儀出来、当時懸合中ニ付、追而断返し及候迄、当月渡ゟ差留置可給候、為念印紙ヲ以断仍如件

安政四巳年六月　鈴木鉄次郎㊞

泉屋
茂右衛門殿

加判役と扶持方内済の一札

（4）安政四年八月　加判役と扶持方内済の一札（二七―五―二―九―一〇）

一我等御扶持方壱人半扶持、是迄由緒飯塚龍蔵加判相頼置候処、以来右之内壱人扶持断返申入候

間、左様可被相心得候、為念印紙如此候、以上
但当九月渡之分者、是迄之通同人江可被相渡
安政四巳年八月
鈴木鉄次郎㊞
飯塚龍蔵㊞
泉屋
茂右衛門殿

（5）（安政四年カ）八月十四日　加印承諾の書状（二七―五―二―九―一五）

〆（上書）「いつミや
茂右衛門殿　大谷松翁代り
藤村弥平」

以手紙致啓上候、然者鈴木鉄次郎立会加印相頼候旨、申聞承知致候、右ニ付印紙差出呉候様、申聞候得共、印形之儀者大谷方分相用、手元無御座、依之調印不仕候得共、可然御取計可被下候、何れ十八・九日頃罷出万々可申上候、早々以上
八月十四日
尚々拙者加印之儀者是迄之通、御心得可被下候

（6）（安政四）巳年九月朔日　母病死の諸入用差支につき依頼書状（二七―五―二―九―一一）

（上書）「泉屋茂右衛門殿
御見世中様　藤村弥平〆」

鈴木鉄次郎儀、母病死致し諸入用ニ差支候間、当十月渡御切米之所者、同人之手元江相渡し候積
有之間、右一季之所者此印紙を以、被相渡候様致し度候、尤来午春御借米ゟ是迄之通拙者共立合
請取候積、御承知可被給候、以上

巳九月朔日　大谷松翁㊞

藤村弥平㊞

加判役忌中不在の一札

（7）安政六年七月　加判役忌中不在の一札（二七―五―二―九―一二）

一札之事

一我等取締加判大谷松翁義、忌中且右ニ付近在滞留罷居、何分急速之場合間ニ合兼候ニ付、同人
帰府之上、転宿断り調印為致、無相違其方江相渡可申候、此儀其方及迷惑候義一切無之候、為
後念一札相渡置候事

安政六未年七月　鈴木鉄次郎㊞

いつミや
茂右衛門殿

宿替の申送り依頼書状

（8）（安政六年カ）七月十七日　宿替の申送り依頼書状（二七―五―二―九―一四）

（上書）「泉屋
茂右衛門殿　鈴木鉄次郎
印紙
〆　」

以手紙申入候、然者此度我等勝手ニ付、御蔵札差宿下野屋十右衛門方江相頼候間、其段相心得
早々申送り差出可給候、取締加判幷御扶持方半扶持加印共、下ヶ札ヲ以可被申送候、為念印紙ヲ

以断申入置候、以上

七月十七日

鈴木鉄次郎㊞
加印 大谷松翁

泉屋
茂右衛門殿

二八　関清四郎

（1）（慶応三年カ）十一月三日　金子借用覚（一一―三―五―二一―四）

覚

一金七両也㊞

右慥ニ借用致候、以上㊞

十一月三日

関清四郎㊞

泉屋
茂右衛門殿

（2）慶応三年十一月二十九日　加判役任用の一札（一一―三―五―一〇）

入置申一札之事

一我等勝手向内外取賄として由緒も有之候ニ付、植村市十郎江立会入置候間、此段堅相心得可申候、右様取極候上者、金談并毎月扶持方壱判ニ而者諸勘定致間敷候、且札差宿替、亦者右立会相止メ候節者、同人印形相済断書差入可申候、若双方家督代替其外何様之違変有之候共、同人

印形相添断返し無之内者、此書面何ヶ年も堅相用可被申候、為後日両印を以入置申一札、仍如件

慶応三卯年十一月廿九日

時々立会　関　清四郎㊞
　　　　　植村市十郎㊞

泉屋
茂右衛門殿

御蔵米前金借用証文

（3）慶応三年十二月　御蔵米前金借用証文（一一―三―五―一二―三）

借用申御蔵米前金之事

一金五拾五両也㊞㊞

但壱ヶ年
金五両弐分済

右是者我等無拠要用ニ付㊞㊞、三季御切米書入、為前金槌ニ借用申処実正也、然ル上者、三季御切米請取手形早速其方江可相渡間、書替所御蔵定例之通被取計、米金相渡次第、米者時之相場ニ売払、書面之金子壱両ニ付壱ヶ月銀五分宛之利足ヲ加へ、元利共引取勘定可被申候、如此相極候上者、御借米御切米手形差留、御蔵ゟ米金直請取等一切致間敷候、若亦致転宿候節者、借用金元利共皆済之上、宿引替可申候、為後日仍而如件

慶応三卯年十二月

時々立合　関　清四郎㊞
　　　　　植村市十郎㊞

泉屋
茂右衛門殿

手数料の請取覚

（4）（慶応三年カ）十二月九日　手数料の請取覚（一一―三―五―一二―一―一七―三）

覚
一　銀拾弐匁五分㊞
　此分三朱ト百八十八文
右之通慥ニ請取申候、以上㊞
十二月九日
　　泉屋
　　茂右衛門殿

関　清四郎様　七匁五分
河野孝之助様　五匁
御手形持
久次郎㊞

「（別紙）
覚
一　七匁五分　関　清四郎様
一　五匁也　河野孝之助様
〆
御手形持
久次郎
茂右衛門様」

(5)（慶応三年）十二月二十六日　米代金請取覚（一一―三―五―二一―一二）

覚
一　米七斗五升
　弐百差し
　御金四両壱分
　　弐匁壱分四厘
右之通慥ニ請取申候、以上

十二月廿六日

関　清四郎様
植村市十郎様㊞

泉屋
茂右衛門殿

勘定違金請取覚

（6）（慶応四年）三月二十四日　勘定違金請取覚（一一―三―五―一七―四）

覚

一金壱両弐分㊞
　拾四匁弐分弐厘㊞

右者勘定違之分、慥ニ請取申候、以上㊞

三月廿四日

関　清四郎㊞
植村市十郎㊞

泉屋
茂右衛門殿

二九　関根伊三郎

御蔵米前金借用証文

二九　関根伊三郎

（1）慶応三年十一月　御蔵米前金借用証文（一一―三―五―一二―一）

借用申御蔵米前金之事

一金拾両壱分㊞　但通用金也

右之金子慥ニ借用申処実正也㊞、返済之儀者三季御切米相渡り次第、御定之利足ヲ加江、元利共引取勘定可被申候、若又致転宿候節者、借用金元利共皆済之上、宿引替可申候、為後日仍如件

慶応三卯年十一月

関根伊三郎㊞

泉屋
茂右衛門殿

借用金返済方延引の一札

(2) 慶応三年十二月　借用金返済方延引の一札（一一―三―五―一二―二）

差入申一札之事

此度関根伊三郎儀、十月切米之節金子拾両前借致、玉落之節返金可致之処、差支之儀有之候ニ付、右書面之金子来辰年ゟ三季相応之割合ヲ以引落候様、拙者共立入頼候上者、向後当人罷越彼是陸敷談合為致申間敷候、為後日書付仍如件

慶応三卯年十二月

伊三郎親類
山口銀次郎㊞

同断
小出亭蔵㊞

関根伊三郎

泉屋
茂右衛門殿

三〇　塚本長次郎

御蔵米前金借用証文

(1) 慶応四年二月　御蔵米前金借用証文（一一―三―五―一二―七）

借用申御蔵米前金之事

一金五両也㊞㊞㊞　　但夏済

右者借用申処実正也㊞、返済之儀者三季御切米相渡次第、金壱両ニ付壱ヶ月銀五分宛之利足ヲ加へ、

元利共引取勘定可被申候、若致転宿候節者、借用金元利共皆済之上、宿引替可申候、為後日仍如件

慶応四辰年二月

塚本長次郎㊞
杉　本　司㊞
西久保延之助㊞

泉屋茂右衛門殿

御蔵米前金借用証文

（2）慶応四年二月　御蔵米前金借用証文（一一―三―五―一二―八）

借用申御蔵米前金之事

一金弐両壱分㊞㊞㊞　但夏済

右者借用申処実正也、㊞返済之儀者三季御切米相渡次第、金壱両ニ付銀五分宛之利足ヲ加へ、元利共引取勘定可被申候、若又致転宿候節者、借用金元利共皆済之上、宿引替可申候、為後日仍如件

慶応四辰年二月

塚本長次郎㊞
加判　杉　本　司㊞
同　西久保延之助㊞

泉屋茂右衛門殿

三一　内藤伊三郎

三一　内藤伊三郎

（慶応三）卯年十二月二十五日　払米代金の請取覚（二一―三―五―一七―一）

覚

卯十一月分
一米壱石五升
内壱升五勺引

白米壱石三升九合五勺

弐百差し
代金五両三分拾壱匁四分

此銭五拾五〆四百三拾文

右之通慥ニ受取候、以上

卯十二月廿五日　内藤伊三郎㊞

泉屋
茂右衛門殿

三二　中村弥太夫

（1）文久三年九月　畳刺飯米書入前金借用証文（二一―三―五―七―一）

御畳刺飯米書入前金借用之事

一金五拾両也㊞　畳刺飯米引当借用

右是者我等諸場所御用御畳刺飯米、定式渡不時渡臨時渡り三季御切米御扶持方書入、為前金慥ニ借用申所実正也㊞、返済之儀者前書手形調印相済次第、早速其方へ可相渡間、定例之通被取計、御蔵ゟ米金共其方へ請取、米者御蔵時之相場ニ売払、書面之金子壱両ニ付壱ヶ月銀五分宛利足ヲ加江、元利共引取勘定可被申候、如此相極メ候上者手形差留メ、御蔵ゟ米金直請取等一切致間敷候、若又致転宿候節者、借用金元利共皆済之上、宿引替可申候、為後日仍如件

文久三亥年九月　　中村弥太夫㊞

泉屋
茂右衛門殿

同右

(2) 元治元年十一月　畳刺飯米書入前金借用証文（一一—三—五—七—二）

御畳刺飯米書入前金借用之事

一金五拾両也㊞　　但御作事飯米引当借用

右是者我等諸場所御用御畳刺飯米、定式渡不時渡臨時渡り三季御切米御扶持方書入、為前金慥ニ借用申処実正也㊞、返済之儀者前書手形調印相済次第、其方へ可相渡、定例之通被取計、御蔵ゟ米金共其方へ請取、米者御蔵時之相場ニ売払、書面之金子壱両ニ付壱ヶ月銀五分宛之利足ヲ加江、元利共引取勘定可被申候、如此相極メ候上者、御蔵ゟ米金直請取等一切致間敷候、若又致転宿候節者、借用金元利共皆済之上、宿引替可申候、為後日仍如件

元治元子年十一月　　中村弥太夫㊞

泉屋
茂右衛門殿

扶持方書入前金借用証文

(3) 慶応二年正月　扶持方書入前金借用証文（一一—三—五—七—三）

御扶持方書入前金借用之事

一金四拾両也㊞　　御扶持方弐人扶持向、正月渡りゟ

右者我等無拠要用ニ付、月々御扶持方書入、為前金借用申処実正也㊞、返済之義者金壱両ニ付壱ヶ月銀五分宛之利足ヲ加へ、元利共毎月御扶持方相渡候時々、代金直引取勘定可被申候、然ル上者、御蔵ゟ直請取等一切致間敷候、若亦致転宿候節者、借用金元利共皆済之上、宿引替可申候、為後日仍如件

慶応二寅年正月　中村弥太夫㊞

泉屋
茂右衛門殿

同右

(4) 慶応二年九月　扶持方書入前金借用証文（一一―三―五―七―四）

＊　御扶持方書入前金借用之事

一　金拾両也㊞㊞　寅七月分ゟ
勤料米之内、弐人扶持払代引当向中

右者我等無拠要用ニ付、月々御扶持方書入、為前金借用申処実正也㊞、返済之義者金壱両ニ付壱ヶ月銀五分宛之利足ヲ加へ、元利共毎月御扶持方相渡候時々、代金直引取勘定可被申候、然ル上者、御蔵ゟ直請取等一切致間敷候、若亦致転宿候節者、借用金元利共皆済之上、宿引替可申候、為後日仍如件

慶応二寅年九月　中村弥太夫㊞
肝煎 関　重平㊞

泉屋
茂右衛門殿

○＊印の所に印がある。

畳刺飯米書入前金借用証文

(5) 慶応二年十二月　畳刺飯米書入前金借用証文（一一―三―五―七―五）

御畳刺飯米書入前金借用之事

一金五拾両也㊞㊞

作事飯米国役米共引当

右是者我等諸場所御用御畳刺飯米、定式渡不時渡臨時渡三季御切米御扶持方書入、為前金慥ニ借用申処実正也㊞、返済之儀者前書手形調印相済次第、早速其方へ可相渡間、定例之通　被取計、御蔵ゟ米金共其方へ請取、米者御蔵時之相場ニ売払、書面之金子壱両ニ付壱ヶ月銀五分宛之利足ヲ加へ、元利共引取勘定可被申候、如此相極候上者手形差留、御蔵ゟ米金直請取等一切致間敷候、若亦致転宿候節者、借用金元利共皆済之上、宿引替可申候、為後日仍如件

慶応二寅年十二月

中村弥太夫㊞
肝煎
関　重平㊞

泉屋
茂右衛門殿

御蔵米前金借用証文

(6) 慶応三年十二月　御蔵米前金借用証文（一一―三―五―七―六）

借用申御蔵米前金之事

但御作事飯米勘定之内

一金拾両也㊞

右是者旦那無拠要用ニ付、三季御切米書入、為前金慥㊞ニ借用申処実正也、然ル上者、三季御切米請取手形早速其方江可相渡間、書替所御蔵定例之通被取計、米金相渡次第、米者時之相場ニ売払、書面之金子壱両ニ付壱ヶ月銀五分宛之利足ヲ加へ、元利共引取勘定可被申候、如此相極候上者、御借米御切米手形差留、御蔵ゟ米金直請取等一切致間敷候、若亦致転宿候節者、借用金元利共皆

済之上、宿引替可申候、為後日旦那裏判仍而如件

慶応三卯年十二月　　　中村弥太夫㊞

泉屋
茂右衛門殿

臨時蔵宿依頼の書付

（7）慶応三年十二月　臨時蔵宿依頼の書付（一一―三―五―一一―一）

入置申書付之事

泉屋茂右衛門方不如意

一我等御蔵宿泉屋茂右衛門方江申付置候処、近頃不如意ニ相成、家業向夫々不行届之儀も有之、右躰之宿江御手形向取扱為致候も気遣敷存候ニ付、追而同人方内間仕法相付候歟、又者外方江転宿致候迄、貴殿方ニ而御手形幷御作事飯米渡り等取扱被呉候様相頼候処、承知致被呉過分ニ存候、然ル上者、兼而茂右衛門方江差入有之御頼證文之通承知罷在候ニ付、万端同人方仕来通取計可給候、為後日仍如件

慶応三卯年十二月　　　中村弥太夫㊞

泉屋
甚左衛門殿

御蔵米前金借用証文

（8）慶応四年正月　御蔵米前金借用証文（一一―三―五―一八―一）

借用申御蔵米前金之事

一金五両也㊞　　但御作事飯米引当

右是者我等無拠要用ニ付、三季御切米書入、為前金慥㊞ニ借用申処実正也、然ル上者、三季御切米請取手形早速其方江可相渡間、書替所御蔵定例之通被取計、米金相渡次第、米者時之相場ニ売払、

書面之金子壱両ニ付壱ヶ月銀五分宛之利足ヲ加へ、元利共引取勘定可被申候、如此相極候上者、御借米御切米手形差留、御蔵〆米金直請取等一切致間鋪候、若又致転宿候節者、借用金元利共皆済之上、宿引替可申候、為後日仍如件

慶応四辰年正月　中村弥太夫㊞

泉屋
茂右衛門殿

三三　永井源之丞　御蔵米前金借用証文

三三　永井源之丞

慶応四年二月　御蔵米前金借用証文（一一―三―五―一二―一九）

借用申御蔵米前金之事

一金壱㊞分也　但夏済

右之金子慥㊞ニ借用申処実正也、返済之儀者三季御切米相渡り次第、御定之利足ヲ加江、元利共引取勘定可被申候、若又致転宿候節者、借用金元利共皆済之上、宿引替可申候、為後日仍如件

慶応四辰年二月　永井源之丞㊞

泉屋
茂右衛門殿

三四　西川又四郎　御蔵米前金借用証文

三四　西川又四郎

慶応四年二月　御蔵米前金借用証文（一一―三―五―一二―一八）

借用申御蔵米前金之事

一 金壱両弐分 ㊞

右者借用申処実正也、返済之儀者三季御切米相渡次第、金壱両ニ付壱ヶ月銀五分宛之利足ヲ加へ、元利共引取勘定可被申候、然ル上者、御蔵〆米金直請取等一切致間鋪候、若又致転宿候節者、借用金元利共皆済之上、宿引替可申候、為後日仍如件

慶応四辰年二月　　西川又四郎㊞

泉屋
茂右衛門殿

三五　西川又次郎
御蔵米前金借用証文

三五　西川又次郎

慶応四年二月　御蔵米前金借用証文（一一―三―五―一二―一三）

借用申御蔵米前金之事

一 金四両也 ㊞　内金三両壱分　手取金
　　　　　　　　拾三匁四分八厘　辰春引落
　　　　　　　外ニ金三分 ㊞　夏済借用

引合人
石井小十郎㊞

右者借用申処実正也、返済之義者三季御切米相渡次第、金壱両ニ付壱ヶ月銀五分宛之利足ヲ加へ、元利共引取勘定可被申候、然ル上者、御蔵〆米金直請取等一切致間敷候、若又致転宿候節者、借用金元利共皆済之上、宿引替可申候、為後日仍如件

慶応四辰年二月　　西川又次郎㊞

泉屋
茂右衛門殿

三六　長谷川得蔵・岡田源三郎銀子覚

三六　長谷川得蔵・岡田源三郎

（慶応四）辰年二月　銀子覚（一一―三―五―二一―一七―四）

覚

一　四匁　長谷川徳蔵様

一　五匁　岡田源三郎様

〆㊞

辰二月　御手形持　八郎兵衛㊞

三七　馬場俊蔵

三七　馬場俊蔵

銭請取覚

（1）二月六日　銭請取覚（一一―三―五―一五―一）

覚

一　銭五拾弐〆百四拾五文㊞

右之通慥ニ請取申候、以上㊞

二月六日　馬場俊蔵㊞

泉屋
茂右衛門殿

金子請取覚

（2）年欠　金子請取覚（一一―三―五―一五―二）

覚

一 金壱両ト
四匁七分壱厘
此分壱貫ト百四拾八文
右者御手金之内慥㊞ニ請取申候、以上

泉屋
茂右衛門㊞

馬場俊蔵様

三八 春野金太郎

（1）（慶応三年）十二月二十六日 金子請取覚（一一―三―五―二―一一）

覚
春野金太郎様分
一 金三両弐分也㊞
右之通慥㊞ニ請取申候、以上

十二月廿六日

下野屋
鉄吉
代新蔵㊞

泉屋
茂右衛門殿

（2）慶応四年二月 御蔵米前金借用証文（一一―三―五―一二―六）

借用申御蔵米前金之事㊞
一 金八両也 但夏上ヶ

右者借用申処実正也㊞、返済之儀者三季御切米相渡次第、金壱両ニ付壱ヶ月銀五分宛之利足ヲ加へ、元利共引取勘定可被申候、然ル上者、御蔵ゟ米金直請取等一切致間敷候、若又致転宿候節者、借用金元利共皆済之上、宿引替可申候、為後日仍如件

慶応四辰年二月　　春野金太郎㊞

泉屋
茂右衛門殿

三九　彦坂九左衛門他

（年欠）正月・四月・九月　三季御切米渡方帳の断簡（一一―三―五―二一―四三―二）

正月廿九日　春（割印）
四月廿三日　夏　＊（割印）
冬
＊清水附物頭ニ而小普請組支配兼
＊彦坂九左衛門様
御病死　御高同

正月廿日　春（割印）
四月十六日　夏　＊（割印）
九月十二日　冬（割印）
坂作殿ゟ
＊新御番村上肥後守様御組
＊堀　太左衛門様
御高弐百五拾俵

正月廿八日　春（割印）
四月廿三日　夏　＊（割印）
九月廿六日　冬（割印）
＊御書院番久米石見守様御組
＊平岡石見守様
月組
＊立花貞之助様
御高五百俵

二月七日　春（割印）
五月三日　夏　＊
冬
清水附同人
大河原鍋之助様
御高弐百俵
御用人
兼沢量平様

山田屋金右衛門殿

○本史料の記事は、「御印紙入　泉茂」と上書のある包紙の紙背文書である。＊印の所に照合印がある。

四〇　平山龍之助

（1）慶応四年二月　御蔵米前金借用証文（一一―三―五―一二―二〇）

借用申御蔵米前金之事

一金弐両也㊞

右者借用申処実正也㊞、返済之儀者三季御切米相渡次第、金壱両ニ付壱ヶ月銀五分宛之利足ヲ加へ、引取勘定可被申候、然ル上者、御蔵〆米金直請取等一切致間鋪候、若又致転宿候節者、借用金元利共皆済之上、宿引替可申候、為後日仍如件

慶応四辰年二月　平山龍之助㊞

泉屋
茂右衛門殿

（2）慶応四年三月四日　御蔵米前金借用証文（一一―三―五―一二―二一）

借用申御蔵米前金之事

一金壱両也㊞

右者借用申処実正也㊞、返済之儀者三季御切米相渡次第、金壱両ニ付壱ヶ月銀五分宛之利足ヲ加へ、引取勘定可被申候、然ル上者、御蔵〆米金直請取等一切致間鋪候、若又致転宿候節者、借用金元利共皆済之上、宿引替可申候、為後日仍如件

慶応四辰年三月四日　平山龍之輔㊞

泉屋
茂右衛門殿

四一　広野貞勝

四一　広野貞勝

御蔵米前金借用証文

（1）慶応四年二月　御蔵米前金借用証文（一一―三―五―一二―一五）

借用申御蔵米前金之事

一金三両也㊞　　但勘定之内

右者借用申処実正也㊞、返済儀者三季御切米相渡次第、金壱両ニ付壱ヶ月銀五分宛之利足ヲ加へ、元利共引取勘定可被申候、然ル上者、御蔵〆米金直請取等一切致間鋪候、若又致転宿候節者、借用金元利共皆済之上、宿引替可申候、為後日仍如件

慶応四辰年二月　　広野貞勝㊞

泉屋
茂右衛門殿

扶助米払代金の渡方依頼書状

（2）（慶応四年カ）二月　扶助米払代金の渡方依頼書状（一一―三―五―一二―三一）

（上書）「泉屋
茂右衛門殿　　広野貞勝

〆　」

以手紙得御意候、然者当二月分御扶助米払代、例之通此仁江御渡可被成候、右ニ付印紙ヲ以申入候、以上

二月　　広野貞勝㊞

泉屋
茂右衛門殿

銀子覚

（3）年欠　銀子覚（一一―三―五―二一―一七―五）

覚

（割印）
一　四匁　　広野貞勝様
一　拾匁　　佐久間清次郎様
一　五匁　　谷田貝房次郎様
〆
茂右衛門様

四二　保坂源太夫

上納金借用覚

四二　保坂源太夫

（1）（慶応三）卯年十一月　上納金借用覚（一一―三―五―二一―一六）

覚

一金壱分者

（割印）
右者当冬為上納金借用申処、仍如件

＊　卯十一月　　保坂源太夫㊞

○＊印の所に紙縒りがあり、その一部に「茂右衛門」と記載されている。

銀子覚

（2）（慶応四）辰年正月　銀子覚（一一―三―五―二一―一七―六）

覚

一四匁五分　保坂源太夫様
一同　渡辺徳五郎様
一五匁　寒河綏太郎様

〆

辰正月　定七

茂右衛門様

御蔵米前金借用証文

（3）慶応四年二月　御蔵米前金借用証文（一一―三―五―一二―九）

借用申御蔵米前金之事

一金五両三分拾弐匁壱分㊞　但夏済

右者借用申処実正也㊞、返済儀者三季御切米相渡次第、金壱両ニ付壱ヶ月銀五分宛之利足ヲ加へ、元利共引取勘定可被申候、然ル上者、御蔵ゟ米金直請取等一切致間鋪候、若又致転宿候節者、借用金元利共皆済之上、宿引替可申候、為後日仍如件

慶応四辰年二月　保坂源太夫㊞

泉屋
茂右衛門殿

四三　堀尾奥平扶持方払代金の請取覚

四三　堀尾奥平

（慶応四）辰年四月七日　扶持方払代金の請取覚（一一―三―五―一二―三五）

覚

一金壱両弐分㊞
　弐匁八分四厘

右者辰四月分御扶持方払代金慥ニ請取候、以上

四月七日

堀尾奥平㊞

泉屋
茂右衛門殿

四四　松永吉之助

（1）（慶応三年カ）十一月　上納金借用覚（二一―三―五―二一―一四）

覚

一金壱分也*

右者当冬為上納金借用申所実正也、仍如件

十一月

松永吉之助㊞

○*印の所に割印がある。

（2）年欠　銀子覚（二一―三―五―二一―一七―七）

覚

一四匁　松永吉之助様

〆

御手形持
幸七

泉茂サマ

（3）年欠　伺下書の届方覚（一一—三—五—二一—一七—八）

覚

松永吉之助様

御下書御伺、御伺出来候ハヽ、多町幸七方江御届ヶ被下候

茂右衛門サマ

四五　三浦覚蔵

（慶応三年カ）十一月十八日　金子請取覚（一一—三—五—二一—六）

覚（印）

一金壱両壱匁五分
此分弐百弐拾四文

右之通慥（印）ニ請取申候、以上

十一月十八日　三浦覚蔵（印）

泉屋
茂右衛門殿

四六　村尾永蔵

（0）年欠　証文入封筒（一一—三—八—三三—〇）

（1）弘化四年三月　御蔵札差頼証文（一一―三―八―三三―一）

（包紙上書）
「村尾永蔵様」
（端裏書）
「村尾永蔵様」

御蔵札差頼證文之事

本高一七石三人扶持、足高合計二五石一〇人扶持

一此度我等御切米本高拾七石三人扶持、御足高共弐拾五石拾人扶持御蔵米渡り札差、其方江相頼候処実正也、然上者、三季御切米幷月々御扶持方共、御屋形御蔵ゟ其方江直々請取、米者御蔵時之相場ニ売払勘定相立可被申候事

一年々三季御切米書入、其方ゟ為前金致借用候儀者、我等勤向幷ニ勝手向為要用相頼候ニ付、三季御切米其時々御蔵渡米金共、其方ゟ借用前金之方へ金三拾両ニ付壱ヶ月金壱分宛之利足ヲ加へ、元利共引取勘定相立可被申候、且御扶持方取越借用利足之儀者、壱人扶持ニ付初月利米五合、翌月ゟ利米弐合宛之割合ニ而、前利ニ引取勘定相立可被申候事

札差料

一札差料之儀者、壱ヶ年金壱分三匁弐分壱厘定、目録面ニ而引取可被申候、且御扶持方御蔵ゟ引取掛り、壱人扶持ニ付米弐合宛其時々引取可被申、向後御切米高幷御扶持方共相増、御蔵ゟ請取候節者差料引取掛り共、右之振合を以引取可被申候事

売側金

一惣而御蔵ゟ請取米之分、㊞御場所ニ而売払候節者、米三拾五石ニ付為売側金弐分宛之割合を以、其方江引取勘定可被申候事

一他所ニ而米金及借用候節、其方江請負印形相頼申間鋪、且下知請等之類ニ而も決而頼入不申候事

先札差泉屋甚左衛門

一先札差泉屋甚左衛門方借用年賦済方金、此度其方江請負奥印相頼候上者、別紙證文表定之通り済方皆済迄、年々三季御切米渡度毎、其方江引落置、其時々甚左衛門方江直々可被相渡候、若向後札差外へ申付候ハヽ、右年賦済方金新規札差方へ請負申付、奥印為致候上、引替可申候、如此取極奥印請負相頼候上者、仮令何様之儀出来致候共、右済方金渡方差留メ一切申入間鋪候、若違失之儀申入候共、其方奥印請負之約速(ママ)を以此方江不及断、甚左衛門方へ直々定通り可被相渡候、其節彼是申入間鋪候事

三季御切米、諸勘定差引目録書

一年々三季御切米其外諸勘定差引目録書、此方江請取候上者、其時々早速相調、若書損・算違有之見出候ハヽ、早速及掛合、双方共過不足之米金無利足ニ而取引致、勘定違之目録書改、早速引替可申候、尤此条者季々勘定目録奥書ニ断有之候儀ニ而、若年数相立勘定違見出申入候而者、其方扣諸帳面も口々之儀ニ而、中ニ者虫喰破レ等も出来、無拠調方不行届、依之其時々能々再調致、相違見出候ハヽ、前年三季勘定目録書者、翌年春夏御借米前迄ニ限り可申入候、右約定ニ致置候上者、其節彼是申入間鋪候事

手形差留め、直請取はしない

前書之通取極、御蔵札差其方江相頼候上者、向後何様之儀有之候共、三季御切米請取手形差留メ、御蔵〆米金直請取等決而致間鋪候、若違約致候ハヽ、何方江成共可被訴出候、其節違乱申間鋪候、且又此末々家督代替ニ相成候共、可為同様候、依之此證文永々相用可被申候、為後日頼證文仍如件

弘化四未年三月　　村尾永蔵㊞

泉屋
茂右衛門殿

○＊印の紙背に裏継目印がある。

（2）（弘化四）未年三月　用立金申送り覚（一一―三―八―三三―二）

覚

御奥詰
村尾栄蔵様

一御高弐拾五石拾人扶持
内御本高拾七石三人扶持

泉屋甚左衛門殿
御年賦金

（割印）一 未春引残り
金三両壱分六匁
此済方、当未夏ゟ春夏三匁ツヽ、冬六匁、
都合壱ヶ年拾弐匁済
但無利足

（割印）一御扶持方当り

右之通ニ御座候、申送如斯御座候、以上

未三月
伊勢屋
市右衛門㊞

泉屋
茂右衛門殿

（3）弘化四年三月　御切米前金借用証文（一一―三―八―三三―三）

（端裏書）
「村尾永蔵様」

用立金申送り覚
御奥詰
高二五石一〇人扶持
御切米前金借用証文

御切米前金借用之事

一金（印）三両壱分六匁　但無利足
此済方、当未夏ゟ春夏銀三匁宛、冬銀六匁、都合壱ヶ年銀拾弐匁済、御仕法通引取勘定
可被申候

前金返済は蔵宿の泉屋茂右衛門

右是者我等無拠要用ニ付、借用申所実正（印）也、返済之義者前書済方割合之通、当宿泉屋茂右衛門方江為引落可相渡候間、此方江不及案内直々同人方ゟ請取可被申候、為其同人江請負奥印為致置候、此金子之義者御仕法御定之義故、済方差留候儀堅申入間敷候、急度皆済可致候、且又此末札差宿外江引替候ハヽ、其節済残金新規札差江請負奥印為致可申候、若家督代替ニ相成候共、右金子皆済迄此證文相用可被申候、為後日前金借用證文、仍如件

弘化四未年三月　村尾栄蔵（印）

泉屋甚左衛門殿

右蔵宿の奥書

（割印）
前書之金子、村尾栄蔵様江貴殿御用立被成候処、拙者御蔵宿相勤候ニ付、前書御定之通請負申所実正ニ御座候、然ル上者、年々三季御切米度毎、拙者方勘定差引不足ニ不拘引落置、貴殿へ直々相渡可申候、如此請負候上者、御屋敷様ゟ渡し方御差留之義被　仰聞候共、其儀ニ不拘急度相渡可申候、若又此末外江札差御引替被遊候ハヽ、新規御蔵宿江申送り請負印形為致替可申候、為後日請負奥印、仍如件

未三月　泉屋茂右衛門（印）

泉屋
甚左衛門殿

御蔵米前金借用証文

（4）嘉永七年二月　御蔵米前金借用証文（一一―三―八―三三―四）

借用申御蔵米前金之事

一金五両也㊞　但通用金

右者借用申処実正也㊞、返済之儀者三季御切米相渡次第、金壱両ニ付壱ヶ月銀五分宛之利足ヲ加、元利共引取勘定可被申候、然ル上者、御蔵ゟ米金直受取一切致間敷候、若亦致転宿候節者、借用金元利共皆済之上、宿引替可申候、為後日依如件

嘉永七寅年二月　村尾永蔵㊞

泉屋
茂右衛門殿　＊

○＊印の紙背に割印がある。

扶持方払代差引手取金の受取覚

（5）（嘉永七）寅年八月十四日　扶持方払代差引手取金の受取覚（一一―三―八―三三―五）

覚

一金七両拾四匁五分八厘
一金五両也
〆金拾弐両拾四匁五分八厘㊞
　買米代渡ス
　内金六両九分壱厘
残金六両拾三匁六分七厘

右之通御扶持方払代金差引手取金、慥ニ受取候、為念如斯候、以上

寅八月十四日　村尾永蔵㊞

泉屋
茂右衛門殿

宿替の申送り依頼書状

（6）（嘉永七）寅年十二月　宿替の申送り依頼書状（一一―三―八―三三―六）

（上書）
「いづミや
茂右衛門殿　村尾永蔵
〆」

我等此度勝手ニ付、泉屋甚左衛門方へ転宿いたし候間、申送り差出可給候、為念以印紙如斯候、以上

寅十二月　村尾永蔵㊞

泉屋
茂右衛門殿

四七　山上敬一郎

御蔵米前金借用証文

四七　山上敬一郎

慶応四年四月　御蔵米前金借用証文（一一―三―五―一八―三）

借用申御蔵米前金之事

一金三拾両㊞㊞　但通用金也

右是者我等無拠要用㊞㊞ニ付、三季御切米書入、為前金慥ニ借用申処実正也、返済之儀者三季御切米相渡次第、書面之金子壱両ニ付壱ヶ月銀五分宛之利足を加江、元利共引取勘定可被申候、然ル上

者、御蔵ゟ米金直請取等一切致間敷候、若又致転宿候節者、借用金元利共皆済之上、宿引替可申
候、為後日仍如件

慶応四辰年四月　　山上敬一郎㊞
加印 小堀歓造㊞

泉屋
茂右衛門殿

四八　山下辰五郎
冬御切米渡手取金の受取覚
上納金借用覚

四八　山下辰五郎

（1）（慶応三）卯年十一月二十五日　冬御切米渡手取金の受取覚（一一―三―五―二一―九）

覚

一金五拾三両弐分壱匁三分四厘㊞

右者当卯冬御切米渡手取金之分慥ニ㊞受取候、以上

卯十一月廿五日　　山下辰五郎㊞

泉屋
茂右衛門殿

（2）（慶応三）卯年十二月　上納金借用覚（一一―三―五―二一―一二）

覚

一金壱両壱分者

右者当卯冬為上納金借用申所、仍如件

卯十二月　山下辰五郎㊞

軍役金覚

（3）（慶応三）卯年十二月十六日　軍役金覚（一一―三―五―一二―一八―一）

割印

卯春夏分
山下辰五郎様　御軍役金　三町行事[印]

一金壱両弐分也

卯十二月十六日　泉屋茂右衛門殿

金子覚

（4）（慶応四）辰年正月十九日　金子覚（一一―三―五―一二―一八―二）

割印

山下辰五郎様外三人様
〆金四両弐分也　三町行事[印]

辰正月十九日　泉屋茂右衛門殿

銀子請取覚

（5）十二月十二日　銀子請取覚（一一―三―五―一二―一七―九）

覚

一銀七匁五分㊞　山下辰五郎様

此分弐朱也

右之通慥㊞ニ請取申候、以上

十二月十二日　文六㊞

泉屋
茂右衛門殿

銀子覚

（6）（十二月カ）　銀子覚（一一―三―五―一二―一七―一〇）

一銀七匁五分　山下辰五郎様

一銀八匁
〆金壱分ト五分
代七十六文
今村安太郎様
御手形持
文六㊞

四九　山中保太郎

慶応四年二月　御蔵米前金借用証文（一一―三―五―一二―一六）

借用申御蔵米前金之事

一金弐両也㊞　但夏済

右者借用申処実正也㊞、返済之儀者三季御切米相渡次第、金壱両ニ付壱ヶ月銀五分宛之利足ヲ加へ、引取勘定可被申候、然ル上者、御蔵ゟ米金直請取等一切致間鋪候、若又致転宿候節者、借用金元利共皆済之上、宿引替可申候、為後日仍而如件

慶応四辰年二月　山中保太郎㊞
泉屋茂右衛門殿

五〇　山本彦之丞

文久三年四月　御切米前金借用証文（一一―五―一三―三―四）

御切米前金借用證文之事

一 金三百㊞拾八両也　　但四拾ヶ年賦利付
此済方、当亥春御借米ゟ春夏金壱両三分拾四匁弐分五厘ツヽ、冬金三両三分拾三匁五分、都合壱ヶ年金七両三分拾弐匁済、外ニ亥二月ゟ金壱両ニ付壱ヶ月銀三分五厘宛之利足相添、年々三季御切米渡度毎、直々引取勘定可被申候事

右是者我等無拠要用ニ付、三季御切米高書入、為前金借用申処実正也、返済之儀者三季御切米手形調印相済次第、早速其方江可相渡候間、書替所両判取之、御蔵ニ而米金請取被申、前書済方割合之通り季毎ニ引取勘定可被申候、我等方ニ而直書替御蔵米金直請取等堅致間鋪候、此金子之義者、今般格別之御主意ニ而被仰渡、安利御主法済ニ有之候上者、縦令公私如何様之義有之候共、延減少ヶ間鋪頼筋、決而申入間鋪候、向後家督代替ニ相成候共、右借用金皆済迄此證文相用可被申候、若亦札差宿外江引替候ハヽ、其節済残金新規札差江請負奥印為致候上、宿引替可申候、為後日仍如件

安利御主法済

文久三亥年四月　　山本彦之丞㊞

泉屋
茂右衛門殿

五一 横川瀬左衛門・鯉一郎 札差料渡過分の返却覚

五一　横川瀬左衛門・鯉一郎

（慶応四）辰年　札差料渡過分の返却覚（一一―三―五―二一―四一）

覚

一 銀弐匁　　卯冬札差料、渡過之分

一　銀弐匁　　辰春分、右同断
〆
一　銀八匁　　辰春相違之分
右之通被致返却、慥ニ請取候、以上

横川瀬左衛門㊞
同　鯉一郎㊞

泉屋
茂右衛門殿

五二　吉田半左衛門

五二　吉田半左衛門　泉屋茂右衛門方預け金の請取覚

(1)（慶応三）卯年十月晦日　泉屋茂右衛門方預け金の請取覚（一一―三―五―一六―一）

覚

一　金拾両也
右者泉屋茂右衛門方江預ヶ金之内、慥ニ請取候、以上
卯十月晦日　　吉田半左衛門㊞

泉屋
甚左衛門殿

同右

(2)（慶応三）卯年十一月二十八日　泉屋茂右衛門方預け金の請取覚（一一―三―五―一六―二）

覚

一　金㊞拾両也

右者泉屋茂右衛門方江預ヶ金之内、慥ニ請㊞取候、以上

卯十一月廿八日　　吉田半左衛門㊞

泉屋
甚左衛門殿

同右

（3）（慶応四）辰年正月　泉屋茂右衛門方預け金の請取覚（一一―三―五―一六―三）

覚

一　金㊞拾両也

右者茂右衛門方預ヶ金之内、慥ニ受取候、以上

辰正月　　吉田半左衛門㊞

泉屋
甚左衛門殿

同右

（4）（慶応四）辰年四月五日　泉屋茂右衛門方預け金の請取覚（一一―三―五―一六―四）

覚

（割印）一　金拾両也　　但辰三月分

右之通り慥㊞ニ請取候、以上

辰四月五日　　吉田半左衛門㊞

泉屋茂右衛門殿

同右

（5）（慶応四年）閏四月十日　泉屋茂右衛門方預け金の請取覚（一一―三―五―一六―五）

覚

一　金拾両也㊞

右者泉屋茂右衛門方へ預ヶ金之内、慥ニ受取申候、以上

閏四月十日　　吉田半左衛門㊞

泉屋
甚左衛門殿

(6)（慶応四）辰年五月六日　泉屋茂右衛門方預け金の請取覚（一一―三―五―二一―三四―一）

同右

覚

一　金拾両也㊞

右者茂右衛門方預ヶ金之内、慥㊞ニ受取候、以上

辰五月六日　　吉田半左衛門㊞

泉屋
甚左衛門殿

(7)（慶応四）辰年七月十三日　泉屋茂右衛門方預け金の請取覚（一一―三―五―二一―三四―二）

同右

覚

一　金五両也

右者茂右衛門方へ預ヶ金之内、慥ニ請取候、以上

辰七月十三日　　吉田半左衛門㊞

泉屋
甚左衛門殿

同右

（8）三月十四日　泉屋茂右衛門方預け金の請取覚（一一―三―五―二一―三四―三）

覚
一金拾両也㊞

右者泉屋茂右衛門方江預ヶ金之内、慥ニ請取候、以上
三月十四日　　吉田半左衛門㊞

泉屋
甚左衛門殿

五三　吉田揚之助

五三　吉田揚之助
返納米請取証文

（1）慶応四年閏四月二十二日　返納米請取証文（一一―三―五―一四）

請取申返納米之事
（割印）米合壱石四斗者
此俵四俵也　　但三斗五升入

右是者御自分父隠居被　仰付、家督御自分江被下、然ル処、当夏御借米家督被　仰付候已後請取候ニ付、返納被成候、依之此度請取候家督、当春御足高米之内を以、返納皆済之筈ニ付、書面之通御蔵江納申処、仍如件

慶応四辰年閏四月廿二日
花田泉三郎㊞
山口小一郎㊞
大越貞五郎㊞

松野熊之助㊞
佐々木多満作㊞
篠山金次郎㊞
松村銈之允㊞
花田武兵衛㊞

吉田揚之助殿

金子請取覚

（2）六月十三日　金子請取覚（一一―三―五―一七―五）

覚

一　金五両也

右者当五月分之内、慥ニ請取候、以上

六月十三日

吉田半左衛門

同　揚之助㊞

泉屋
茂右衛門殿

III　泉屋平右衛門札差証文

一青柳運兵衛・市蔵御切米前金借用証文

前金返済は蔵宿の吉野屋鉄吉

一　青柳運兵衛・市蔵

天保十五年八月　御切米前金借用証文（一一―三―六―一四）

（端裏張紙）
「青柳運兵衛様」

御切米前金借用之事

一金拾㊞六㊞両弐分壱匁弐分五厘　　但無利足

此済方、当辰冬ゟ春夏九匁ツヽ、冬金壱分三匁、都合壱ヶ年金弐分六匁済、皆済迄引取

勘定可被申候

右是者我等無拠借用申処実正也㊞、返済之儀者前書済方割合之通、当宿吉野屋鉄吉方江為引落可相渡間、此方江不及案内、直々同人方ゟ請取可被申候、為其同人江請負奥印為致置候、此金子之儀者御仕法御定之儀故、済方差留候儀堅申入間敷、急度皆済可致候、且又此末外へ札差引替候ハヽ、其節済残金新規札差江請負奥印為致可申、若家督代替ニ相成候共、右金子者皆済迄此證文相用可被申候、為後日前金借用證文、仍如件

天保十五辰年八月　　青柳運兵衛㊞

同　市　蔵㊞

泉屋
平右衛門殿

右蔵宿の奥書

前書之金子、　青柳運兵衛様・同市蔵様江貴殿御用立被成候処、拙者御蔵宿相勤居候ニ付、
（割印）前書御定之通請負申処実正㊞ニ御座候、然ル上者、年々三季御切米度毎、拙者勘定差引不足ニ
（割印）不抱引落置、貴殿江直々相渡可申候、如此請負候上者、御屋敷様より渡し方御差留之儀被仰
聞候共、其儀ニ不抱急度相渡可申候、若又此末外江札差御引替被遊候ハヽ、新規御蔵宿江申
送、請負印形為致替可申候、為後日請負奥印入置申処、仍如件

辰八月　　　　　　　　　　　　　　　　　　　　　吉野屋
　　　　　　　　　　　　　　　　　　　　　　　　鉄吉㊞
　　　　　　　　　　　泉屋
　　　　　　　　　　　平右衛門殿　　　　　　　　　　　　　　＊

○＊印の紙背に割印がある。

二　五十嵐権五郎・久治郎御切米前金借用証文

二　**五十嵐権五郎・久治郎**　御切米前金借用証文（一一―三―六―一九）

天保十五年十一月

（端裏張紙）
「五十嵐様」

御切米前金借用之事

辰冬引残り
一金拾四両三分拾四匁九分六厘　　但無利足
㊞
此済方、来巳春ゟ春夏拾匁九分弐厘ツヽ、冬金壱分六匁八分七厘、都合壱ヶ年金弐分拾㊞
三匁七分壱厘済、御仕法通引取勘定可被申候

一同
金四拾三両三分弐匁五分三厘㊞　　但右同断

此済方、来巳春ゟ春夏金弐分四匁五分七厘ツヽ、冬金壱両九匁壱分五厘、都合壱ヶ年金
弐両壱分三匁弐分九厘済、御仕法通引取勘定可被申候

一同
金五両弐分九匁壱分弐厘　　但右同断

此済方、来巳春ゟ春夏四匁四分六厘ツヽ、冬八匁九分弐厘、都合壱ヶ年金壱分弐匁八分
四厘済、御仕法通引取勘定可被申候

前金返済は蔵宿の笠倉屋鉄之助

右是者我等無拠借用申処実正也、返済之儀者前書済方割合之通、当宿笠倉屋鉄之助方江為引落置
可相渡間、此方江不及案内ニ、直々同人方ゟ請取可被申候、為其同人江請負奥印為致置候、此金
子之儀者御仕法御定之儀故、済方差留候儀堅申入間敷、急度皆済可致候、且又此末札差外へ引替
候ハヽ、其節済残金新規札差江請負奥印為致可申、若家督代替ニ相成候とも、右金子者皆済迄此
證文相用可被申候、為後日前金借用證文、仍如件

天保十五辰年十一月　　　　五十嵐権五郎㊞
　　　　　　　　　　　　　同　久治郎㊞

泉屋
平右衛門殿

右蔵宿の奥書

（割印）前書之金子、五十嵐権五郎様・同久治郎様江貴殿御用立被成候処、拙者御蔵宿相勤居候ニ
付、前書御定之通請負申処実正ニ御座候、然ル上者、年々三季御切米度毎、拙者勘定差引不
足ニ不抱引落置、貴殿江直々相渡可申候、如斯ニ請負候上者、御屋敷様より渡し方御差留之
儀被仰聞候とも、其儀ニ不抱、急度相渡可申候、若又此末外へ札差御引替被遊候ハヽ、新規

御蔵宿江申送り、請負印形為致替可申候、為後日請負奥印入置申処、仍如件
　　辰十一月
　　　　　　　　　　　　　　　　　　　　笠倉屋
　　　　　　　　　　　　　　　　　　　　　鉄之助㊞
　泉屋
　　平右衛門殿

○＊1印の紙背に裏継目印、＊2印の紙背三箇所に割印がある。

三　稲葉九郎兵衛御切米前金借用証文

（天保十五）辰年十一月　御切米前金借用証文（一一―三―六―一七）

（端裏張紙）「稲葉九郎兵衛様」
　　御切米前金借用之事
辰冬引残り
一金五拾九両壱分九匁弐分三厘㊞　但無利足
　此済方、来巳春〆春夏弐匁五分七厘ツヽ、冬五匁壱分四厘、都合壱ヶ年拾匁弐分八厘済、
　　御仕法通引取勘定可被申候
右是者我等無拠借用申処実正也㊞、返済之儀者前書済方割合之通、当宿坂倉屋甚兵衛方江為引落置、則同人江請負奥印為致可申処、差支之儀も有之ニ付、先宿大口屋源七方江被取込候間、季毎此方江不及案内ニ、直々同人方〆請取可被申候、為其同人江請負奥印為致置候、此金子之儀者御仕法御定之儀故、済方差留候儀堅申入間敷、急度皆済可致候、且又大口屋源七方年賦金皆済ニ相成候上ハ、当宿坂倉屋甚兵衛方江請負奥印為致替可申、若家督代替ニ相成候共、右金子者皆済迄此證

（頭注）三　稲葉九郎兵衛御切米前金借用証文
前金返済は蔵宿の坂倉屋甚兵衛と先宿の大口屋源七

文相用可被申候、為後日前金借用證文、仍如件

天保十五辰年十一月　　稲葉九郎兵衛㊞

泉屋
平右衛門殿 ＊1

右先宿の奥書

（割印）前書之金子、　稲葉九郎兵衛様江貴殿御用立被成候処、此度坂倉屋甚兵衛方江御蔵宿被仰付候ニ付、御本文之通り貴殿并拙者方弐軒請合有之候而ハ、御引替御相談不相調趣を以、御屋（割印）敷様より達而御頼ニ付、貴殿御用立金之分ハ、則拙者方御證文江書入、当宿甚兵衛殿請合印形取置候間、貴殿御用立金之分ハ拙者請合申処実正也、㊞然ル上者、来巳春御借米ゟ年々三季御切米度毎、甚兵衛殿ゟ請取、貴殿御済方御割合之通、其時々急度相渡可申候、万一御屋敷様より御済方御差留被遊候共、貴殿御承知無之内者、急度相渡可申候、若又御勝手ニ付御蔵宿外へ御引替被遊候節者、貴殿御用立金之分ハ、拙者方名宛を以新規御蔵宿ゟ請合印形取置、貴殿方者御皆済迄此御證文御用ひ置、御済方御割合之通新規御蔵宿より請取、貴殿へ無相違御渡し可申候、為後日請合證文、仍如件

辰十一月　　大口屋
源七㊞

泉屋
平右衛門殿 ＊2

○＊1印の紙背に裏継目印、＊2印の紙背に割印がある。

四　大島熊蔵

年賦証文差入の一札

巳年五月　年賦証文差入の一札（二一―三―八―一七）

覚

一大島熊蔵様江拙者御用立候年賦御済方金御座候処、拙者貴殿方ニ引合金有之候ニ付、右之方江当巳夏分ゟ年々右御年賦御皆済ニ相成候迄、御当宿ゟ貴殿方へ被請取、引合金之方へ引取勘定可被申候、依之年賦御證文之儀者、貴殿方江御預申置候、為後日入置一札、仍如件

巳五月　利倉屋
源右衛門㊞

泉屋
平右衛門殿

五　小笠原辰次郎御切米前金借用証文

五　小笠原辰次郎

慶応二年二月　御切米前金借用証文（二一―四―一―六七）

（端裏張紙）
「小笠原辰次郎様」

借用申金子之事

一金三拾四両三匁九分五厘㊞　但無利足

此済方、当寅夏御借米ゟ春夏銀六匁四分三厘ツヽ、冬銀拾弐匁八分六厘、都合壱ヶ年金壱分拾匁七分弐厘済、御仕法済方之通皆済迄、引取勘定可被申候

但鹿島屋利助方年賦金皆済ニ相成候上者、其方之年賦金江壱ヶ年金壱両四匁弐分八厘相増可差遣候間、其節證文書替可申候事

前金返済は蔵宿の鹿島屋利助

右是者我等御蔵宿其方江相頼候内、三季御切米書入、為前金慥ニ借用申処実正也(印)、返済之儀者三季御切米相渡候度毎、書面御仕法済方割合之通、当御蔵宿鹿島屋利助方へ為引落置候間、此方へ不及案内、利助方ゟ直々請取勘定可被申候、為其同人請負印形為致置候、如此御仕法之済方ニ相成候上者、向後如何様之儀在之候共、皆済迄延滅少等之儀決而申入間敷候、家督代替ニ相成候共、可為同様候、依之此證文皆済迄相用可被申候、若又勝手ニ付御蔵宿外へ引替候節者、済残金新規御蔵宿江申付、請負印形為致候上、宿引替可申候、為後日仍如件

慶応二寅年二月　　小笠原辰次郎(印)

泉屋
平右衛門殿

右蔵宿の奥書

(割印)

前書之金子、　小笠原辰次郎様江貴殿御用立被成候処、此度拙者方江御蔵宿被仰付候ニ付、御本文御済方之通請負申処実正ニ御座候、然ル上者、当寅夏御借米ゟ年々三季御切米相渡候度毎、拙者方勘定差引不構不足、御本文御割合之通致承知、季毎引落置、急度相渡可申候、仮令　御屋敷様ゟ御済方御差留メ被遊候共、如此請負候上者、不抱其儀無相違相渡可申候、若又御蔵宿外江被仰付候ハヽ、其段貴殿江致通達、新規御蔵宿江申送り、請負印形為致可申候、為後日仍如件

寅二月　　鹿島屋
利助(印)

泉屋
平右衛門殿

六　加々見乙吉
御切米前金借用証文

前金返済は蔵宿の笠倉屋鉄之助

六　加々見乙吉

天保十五年十月　御切米前金借用証文（一一―三―六―一五）

（端裏張紙）「加々美乙吉様」（端裏張紙）「御当代増山七太郎様ニ成」

御切米前金借用之事

（割印）

辰冬引残り
一　金弐分拾弐匁七分五厘㊞㊞　但無利足

此済方、来巳春ゟ春夏五分六厘ツヽ、冬壱匁壱分三厘、都合壱ヶ年弐匁弐分五厘済、
御仕法通引取勘定可被申候

（割印）

一　金拾八両壱分拾三匁四分壱厘㊞　但右同断

此済方、来巳春ゟ春夏六匁四分弐厘ツヽ、冬拾弐匁八分七厘、都合壱ヶ年金壱分拾
匁七分壱厘済、御仕法通引取勘定可被申候

右是者我等無拠借用申処実正也㊞、返済之儀ハ前書済方割合之通、当宿笠倉屋鉄之助方江為引落可相渡間、此方江不及案内、直々同人方ゟ請取可被申候、為其同人江請負奥印為致置候、此金子之儀ハ御仕法御定之儀故、済方差留候儀堅申入間敷、急度皆済可致候、且又此末札差外江引替候ハヽ、其節済残金新規札差江請負奥印為致可申、若家督代替ニ相成候共、右金子者皆済迄此證文相用可被申候、為後日前金借用證文、仍如件

天保十五辰年十月　　加々見乙吉㊞

泉屋
平右衛門殿

右蔵宿の奥書

前書之金子、　加々見乙吉様江貴殿御用立被成候処、拙者御蔵宿相勤居候ニ付、前書御定之
通請負申処実正ニ御座候、然ル上ハ、年々三季御切米度毎、拙者勘定差引不足ニ不抱引落置、
（割印）貴殿江直々相渡可申候、如此請負候上者、御屋敷様ゟ渡し方御差留之儀被仰聞候共、其儀ニ
（割印）不抱急度相渡可申候、若又此末外江札差御引替被遊候ハヽ、新規御蔵宿江申送り請負印形為
致替可申候、為後日請負奥印入置申処、仍如件

辰十月　　　　　　　　　　　　　　笠倉屋
　　　　　　　　　　　　　　　　　鉄之助㊞　＊

　　　　　　　　　　泉屋
　　　　　　　　　　平右衛門殿　＊

○＊印の紙背二箇所に割印がある。

七　片岡芳次郎

御切米前金借用証文

前金返済は蔵宿の笠倉屋鉄之助

七　片岡芳次郎

天保十五年十月　　御切米前金借用証文（一一―三―六―一六）

（端裏張紙）
「片岡芳次郎様」

御切米前金借用之事

一金拾五両㊞壱分拾弐匁八分六厘　　但無利足
　此済方、来巳春ゟ春夏四匁弐分ツヽ、冬八匁七分四厘、都合壱ヶ年金壱㊞分弐匁壱分四厘
　済、御仕法通引取勘定可被申候

右是者我等無拠借用申処実正也㊞、返済之儀ハ前書済方割合之通、当宿笠倉屋鉄之助方江為引落可

相渡間、此方江不及案内、直々同人方ゟ請取可被申候、為其同人江請負奥印為致置候、此金子之儀ハ御仕法御定之儀故、済方差留候儀堅申入間敷候、急度皆済可致候、且又此末札差外江引替候ハヽ、其節済残金新規札差江請負奥印為致可申、若家督代替ニ相成候とも、右金子者皆済迄此證文相用可被申候、為後日前金借用證文、仍如件

天保十五辰年十月　片岡芳次郎㊞

泉屋
平右衛門殿

（割印）前書之金子、片岡芳次郎様江貴殿御用立被成候処、拙者御蔵宿相勤候ニ付、前書御定之通請負申処実正ニ御座候、然ル上者、年々三季御切米度毎、拙者勘定差引不足ニ不抱引落置、（割印）貴殿江直々相渡可申候、如此請負候上者、御屋敷様より渡し方御差留之儀被仰聞候とも、其儀ニ不抱急度相渡可申候、若又此末外江札差御引替被遊候ハヽ、新規御蔵宿江申送請負印形為致替可申候、為後日請負奥印入置申処、仍如件

辰十月　笠倉屋
鉄之助㊞

泉屋
平右衛門殿

＊

○＊印の紙背に割印がある。

八　岸清次郎・留次郎

天保十五年十一月　御切米前金借用証文（一一―三―六―一八）

八　岸清次郎・留次郎御切米前金借用証文

（端裏書）
「岸清次郎様
同留次郎様」

御切米前金借用之事

清次郎様御分
辰冬引残り
一金八両壱分拾弐匁八分四厘㊞㊞　但無利足

此済方、来巳春ゟ春夏六匁六分八厘ツヽ、冬拾三匁三分七厘、都合壱ヶ年金壱分拾壱匁七分三厘済、御仕法之通引取勘定可被申候

留次郎様御分
右同断
一金三両壱分壱匁五分七厘㊞㊞　但右同断

此済方、来巳春ゟ春夏弐匁五分八厘ツヽ、冬五匁壱分九厘、都合壱ヶ年拾匁三分五厘済、御仕法通引取勘定可被申候

前金返済は蔵宿の
吉野屋鉄吉㊞

右是者我等無拠借用申処実正也、返済之儀ハ前書済方割合之通、当宿吉野屋鉄吉方江為引落置可相渡間、此方江不及案内ニ、直々同人方ゟ請取可被申候、為其同人江請負奥印為致置候、此金子之儀ハ御仕法御定之儀故、済方差留候儀堅申入間敷、急度皆済可致候、且又此末外へ札差引替候ハヽ、其節済残金新規札差請負為致可申、若家督代替ニ相成候共、右金子者皆済迄此證文相用可被申候、為後日前金借用證文、仍如件

天保十五辰年十一月

岸清次郎㊞
同留次郎㊞

泉屋
平右衛門殿

右蔵宿の奥書

前書之金子、岸清次郎様・同留次郎様江貴殿御用立被成候処、拙者御蔵宿相勤居ニ付、前書御定之通請負申処実正ニ御座候、然ル上者、年々三季御切米度毎、拙者勘定差引不足ニ不抱引落置、貴殿へ直々相渡可申候、如此請負候上者、御屋敷様より渡し方御差留之儀被仰付候共、其儀ニ不抱急度相渡可申候、如此請負候上者札差御引替被遊候ハヽ、新規御蔵宿江申送り請負印形為致替可申候、為後日請負奥印入置申処、仍如件

吉野屋
鉄吉㊞

泉屋
平右衛門殿　＊＊

○＊印の紙背二箇所に割印がある。

九　高木兼次郎・喜三郎年賦済方金依頼の一札

九　高木兼次郎・喜三郎

（天保十五）辰年　年賦済方金依頼の一札（二一—三—八—一八）

入置申一札之事

一拙者借用致有之候御主法年賦済方之儀、扶持方取ニ付、是迄月々米弐合九勺八才ツヽ、時々之相場を以代金ニ直済方致来候処、以来金三拾五両替之見積を以皆済迄、当巳春ゟ春夏五分三厘ツヽ、冬壱匁九厘、都合壱ヶ年弐匁壱分五厘済ニ相頼候所、承引致呉忝存候、尤右之趣坂倉屋甚兵衛方江も申付置候間、季毎同人方ゟ皆済迄請取可被申候、為念之済方入置一札、仍如件

高木兼次郎
同　喜三郎㊞

泉屋
平右衛門殿

一〇　田中長七

一〇　田中長七
御切米前金借用証文
前金返済は蔵宿の坂倉屋甚兵衛

一〇　田中長七

天保十五年五月　御切米前金借用証文（一一―三―六―一三）

（端裏張紙）
「田中作太郎様
　　長七様」

御切米前金借用之事

一金拾㊞六両壱分八匁九㊞分弐厘　　但無利足

此済方、当辰冬ゟ春夏八匁五分七厘宛、冬金壱分弐匁壱分四厘、都合壱ヶ年金弐分四匁弐分八厘済、御仕法之通引取勘定可被申候

右是者我等無拠要用ニ付、借用申所実正也㊞、返済之儀者前書済方割合之通、当宿坂倉屋甚兵衛方江為引落可相渡間、此方江不及案内、直々同人方ゟ請取可被申候、為其同人江請負奥印為致置候、此金子之儀者御主法御定之儀故、済方差留候儀堅申入間敷、急度皆済可致候、且又此末札差宿外江引替候ハヽ、其節済残金新規札差江請負奥印為致可申、若家督代替ニ相成候共、右金子者皆済迄此證文相用可被申候、為後日前金借用證文、仍如件

天保十五辰年五月

田中長七㊞

泉屋
平右衛門殿

右蔵宿の奥書

（割印）（割印）
前書之金子、　田中長七様へ貴殿御用立被成候所、拙者御蔵宿相勤居候ニ付、前書御定之通
請負申所実正㊞ニ御座候、然ル上者、年々三季御切米之度毎、拙者方勘定差引不足ニ不抱引落
置、貴殿江直々相渡可申候、如此請負候上者、御屋敷様ゟ渡し方御差留之儀被仰聞候共、其
儀ニ不抱急度相渡可申候、若又此末外江札差御引替被遊候ハヽ、新規御蔵宿江申送、請負印
形為致替可申候、為後日請負奥印入置申所、仍如件

辰五月　　　　　　　　　　　坂倉屋
　　　　　　　　　　　　　　甚兵衛㊞

泉屋
平右衛門殿　　　　　　　　　　　　　＊

○＊印の紙背に割印がある。

一一　藤堂半左衛門・全十郎　御切米前金借用証文（一一―三―六―二〇）

一一　藤堂半左衛門・全十郎御切米前金借用証文

弘化元年十二月

（端裏張紙）
「藤堂半左衛門様
同　全　十　郎様」

御切米前金借用之事

辰冬引残り
一　金拾両弐分八匁五分八厘　㊞㊞　　但無利足
此済方、来巳春ゟ春夏拾弐匁八分五厘ツヽ、冬金壱分拾匁七分弐厘、都合壱ヶ年金三分

六匁四分弐厘、御仕法通引取勘定可被申候

同
一金三拾弐両壱分三匁四厘　　但右同断

此済方、来巳春ゟ春夏金壱分拾匁五分ツヽ、冬金三分六匁弐厘、都合壱ヶ年金壱両弐分

拾弐匁弐厘、御仕法通引取勘定可被申候

前金返済は蔵宿の伊勢屋市右衛門

右是者我等無拠借用申処実正也、返済之儀者前書済方割合之通、当宿伊勢屋市右衛門方江為引落可相渡間、此方江不及案内ニ、直々同人方ゟ請取可被申候、為其同人江請負奥印為致置候、此金子之儀者御仕法御定之儀故、済方差留候儀堅申入間敷、急度皆済可致候、且又此末札差外江引替候ハヽ、其節済残金新規札差江請負奥印為致可申、若家督代替ニ相成候とも、右金子者皆済迄此證文相用可被申候、為後日前金借用證文、仍如件

弘化元辰年十二月　　　　藤堂半左衛門㊞

同　全十郎㊞

泉屋
平右衛門殿 *1 *1

右蔵宿の奥書

前書之金子、藤堂半左衛門様・同全十郎様江貴殿御用立被成候処、拙者御蔵宿相勤居候ニ付、前書御定之通請負申処実正ニ御座候、然ル上者、三季御切米度毎、拙者勘定差引不足ニ不抱引落置、貴殿江直々相渡可申候、如斯請負候上者、御屋敷様より渡し方御差留之儀被仰聞候とも、其儀不抱急度相渡可申候、若又此末外江札差御引替被遊候ハヽ、新規御蔵宿江申送り、請負奥印為致替可申候、為後日請負奥印入置申処、仍如件

辰十二月　　　　伊勢屋
　　　　　　　　　市右衛門㊞　＊2
　　　　泉屋
　　　　　平右衛門殿　＊2

○＊1印の紙背二箇所に裏継目印、＊2印の紙背二箇所に割印がある。

一二　本間十之丞　御切米前金借用証文

一二　本間十之丞　御切米前金借用証文（一一―三―六―一二）

天保十五年二月

（端裏張紙）
「本間十之丞様」

御切米前金借用之事

一金拾㊞両弐分四分六厘

此済方、当辰春ゟ春夏拾匁弐分八厘宛、冬金壱分五匁五分八厘、都合壱ヶ年金弐分拾壱匁壱分四厘、御主法之通引取勘定可被申候

但右済方皆済ニ相成候上者、鹿島屋利助方年賦金之方江壱ヶ年金壱分宛、同人方江可相渡間、其節證文書改、利助方江相渡可申候

一金六拾壱㊞両壱分七匁五分　　鹿島屋利助方無利足年賦金

此済方、当辰春ゟ春夏弐匁五分七厘ツヽ、冬銀五匁壱分四厘、都合壱ヶ年拾匁弐分八厘、御主法之通季毎請取、利助方江相渡可被申候

但其方年賦金皆済ニ相成候上者、利助方江壱ヶ年金壱分ツヽ可相渡候、其節證文書改、当

前金返済は先宿の鹿島屋利助と当宿の笠倉屋鉄之助

宿ゟ請負印形可致候事

右是者我等御蔵宿其方江相頼候内、三季御切米書入、為前金借用申処実正也㊞、然ル所、鹿島屋利助方年賦金有之候所、弐軒年賦ニ而者当宿難引請、左候而者甚差支ニ相成候ニ付、其方江取込呉候様達而相頼候得者、承知給過分ニ候、然ル上者、三季御切米相渡候度毎、書面割合之通、当宿笠倉屋鉄之助方江為引落置候間、此方江不及案内、鉄之助方ゟ直々請取、利助方江相渡可給候、為其鉄之助江請負印形為致置、如此御主法済方ニ相成候上者、向後何様之儀出来候共、於此済方皆済迄延減少等之儀決而申入間敷候、若家督代替ニ相成候共、此證文相用皆済可申候、若又勝手ニ付御蔵宿外江引替候節者、済残金新規御蔵宿江申付、請負印形為致可申候、為後日仍如件

天保十五辰年二月　本間十之丞㊞

泉屋
平右衛門殿

右当宿の奥書

(割印)前書之金子、本間十之丞様江貴殿御用立并ニ鹿島屋利助殿御用立金有之候分共、拙者請負申所実正ニ御座候、然ル上者、三季御切米度毎、手前差引不足ニ不抱引落置、無相違相渡可(割印)申候、尤御本文割合之通、向後貴殿方御年賦金御皆済ニ相成候上者、鹿島屋利助殿方御年賦(割印)金御證文相改、則拙者方ゟ利助殿方江直々相渡可申候、此以後御屋敷様御勝手ニ付、御蔵宿(割印)外へ御引替被遊候節者、其当宿江申送請負印形為致可申候、万一御屋敷様ゟ御済方御差留被遊候共、貴殿御承知無之内者其儀ニ不抱相渡可申候、為後日仍如件

辰二月　笠倉屋
鉄之助㊞

*1

泉屋
平右衛門殿

＊2

○＊1印の紙背に裏継目印、＊2印の紙背に割印がある。

【附録】印鑑一覧（数字は掲載史料番号）

I　泉屋甚左衛門

一二　内藤四郎

一三　内藤甚右衛門（1）

一四　内藤善次郎（1）

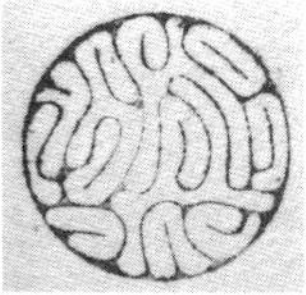

一五　中川次左衛門（1）

一六　中根吉五郎・吉之助

一七　中村謙造（1）（4）

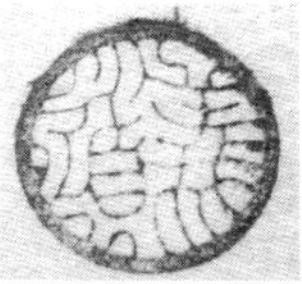

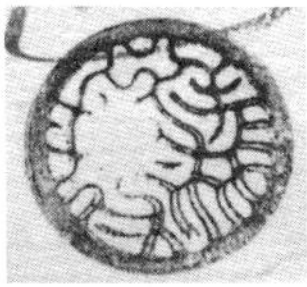

一八　中村周助・兼太郎

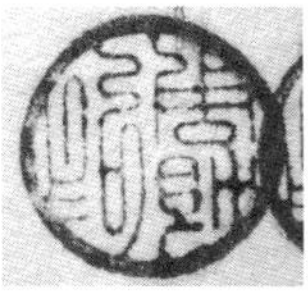

一九　中村荘助（1）・勘兵衛（1）

二〇　中村和三郎

二一　永島安左衛門

二二　永堀慶次郎

二三　並木四郎兵衛・林五郎

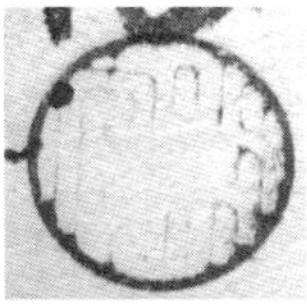

一三四　西尾惣次郎（印なし）

一三五　西谷与三郎

一三六　根岸又八郎（印なし）

一三七　野口富次郎

一三八　野崎東五郎（印なし）

一三九　野田弥太郎

一四〇　野村為治郎

一四一　橋本喜八郎・巳三郎（印なし）

一四二　橋本善三・稲生左助（本文）（付箋）

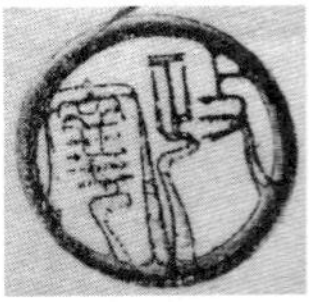

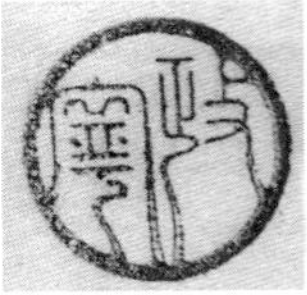

一四三　長谷川角之進（1）

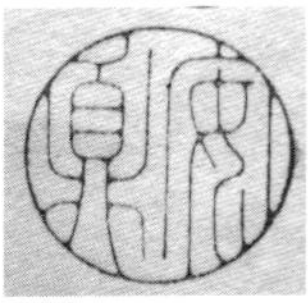

一四四　長谷川久助

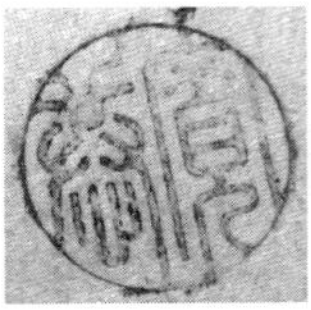

一四五　蜂屋勝次郎（印なし）

一四六　早川助右衛門（1）（2）

一四七　林亀次郎

一四八　春野金太郎・隣三郎（印なし）

一四九　日根九郎兵衛（1）

一五〇　平岩治郎兵衛

一五一　平沢久太夫

一五二　平野助之進(1)・徳太郎(7)

一五三　福井与八郎(1)(5)

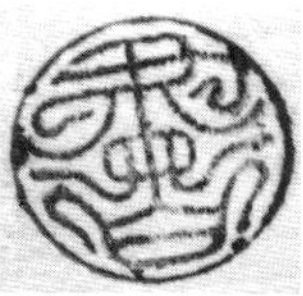

一五四　藤村伝助

一五五　布施登・釜次郎

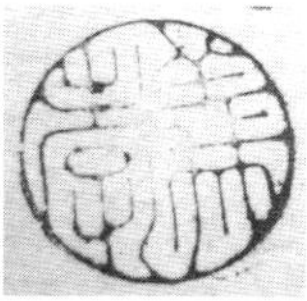

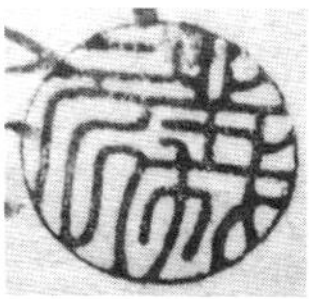

一五六　古川供道(印なし)

一五七　古屋平蔵(印なし)

一五八　逸見左太郎(1)

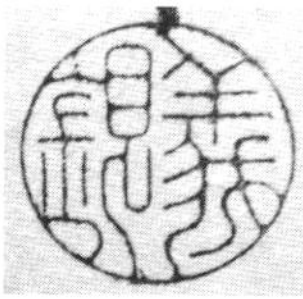

一五九　穂坂甚十郎

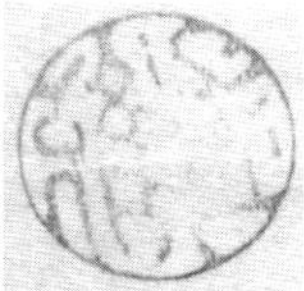

一六〇　星野源助

一六一　堀田伊勢守組与力(印なし)

一六二　前島金十郎

一六三　前田鉄之助

一六四　増田半蔵

一六五　町田金太郎

一六六　松島玄英（印なし）

一六七　松田荘蔵

一六八　松平左兵衛督（印なし）

一六九　三浦大助

一七〇　水野長之助（1）

一七一　水野富之助（1）（2）（3）

一七二　三田弥次兵衛・丑五郎

一七三　美濃部浩庵

一七四　宮内陶亭（印なし）

一七五　宮崎利兵衛

一七六　村垣与三郎（印なし）

一七七　村田彦次郎

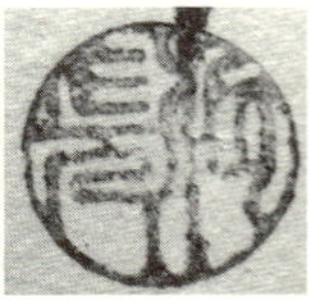

一七八　牟礼郷右衛門（印なし）

一七九　森新十郎

一八〇　森百助・九一郎

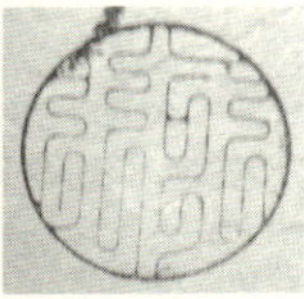

一八一　森内弥太郎

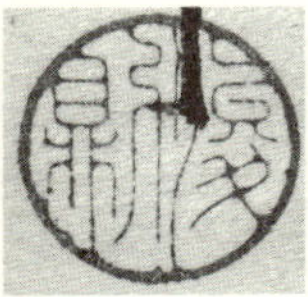

一八二　森山与一郎（1）（6）

一八三　安井元達

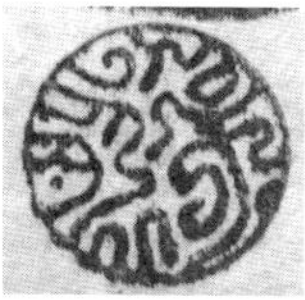

一八四　山木数馬（1）（7）・鉦太郎（10）

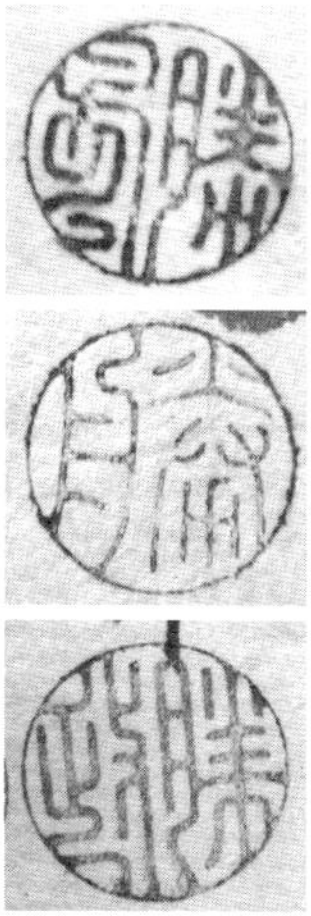

一八五　山口駿河守（印なし）

一八六　山崎源太郎

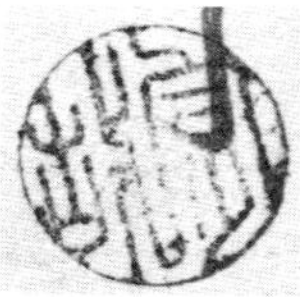

一八七　山城重三郎

一八八　山田孝蔵

一八九　山田米之助（1）

一九〇　山田左太郎

一九一　柳見仙

一九二　湯川金十郎（1）

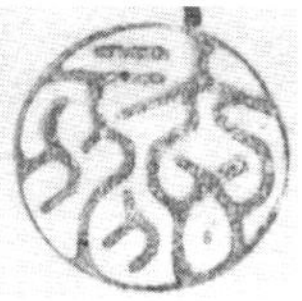

一九三　吉沢鉄之進（印なし）

一九四　吉沢隆平

一九五　吉田金之丞（印なし）

一九六　吉田主税（4）・喜太郎（3）

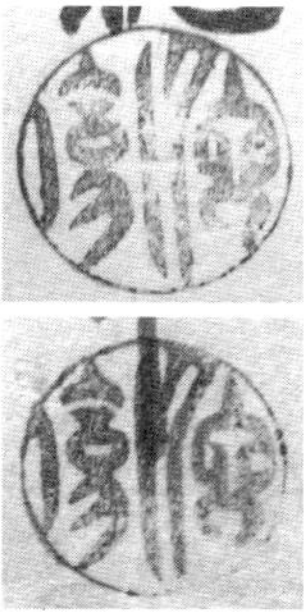

一九七　六郷春之助（印なし）

一九八　脇坂中務大輔（印なし）

一九九　渡瀬惣次郎

二〇〇　渡辺金次郎

二〇一　藁品四郎兵衛

II　泉屋茂右衛門

一　青木善太夫（印なし）

二　赤井藤左衛門（印なし）

三　朝比奈卯十郎（印なし）

四　市村仁右衛門（1）（4）・定次（4）・栄左衛門（5）（7）

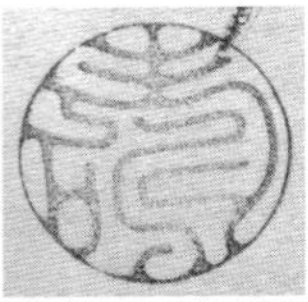

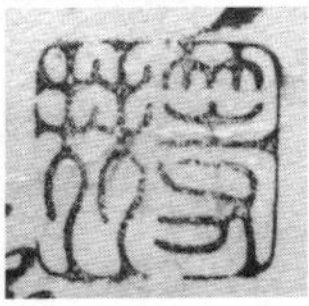

五　伊藤太右衛門

六　伊藤久之助

七　今村安太郎（印なし）

八　上村長太郎（付箋）

九　岡田友三郎

一〇　恩田守之助

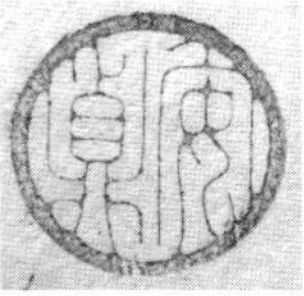

一一　加藤金太郎（1）

一二　貴志大隅守

一三　北川元次郎

一四　桑原金三郎（1）

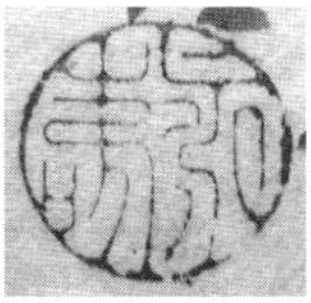

一五　小出豊次郎

一六　小松善太郎

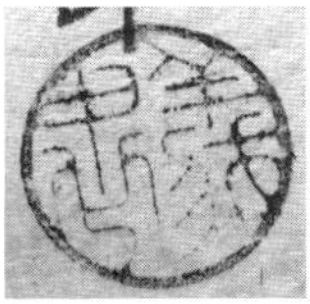

一七　菰田柳三

一八　近藤平太郎

一九　斎藤左膳（1）

二〇　斎藤与一郎・小島七五郎

二一　佐々木太之丞（8）

二二 佐野芳三郎

二三 沢井勝司(1)・庄次郎(1)

二四 寒河綏太郎(1)

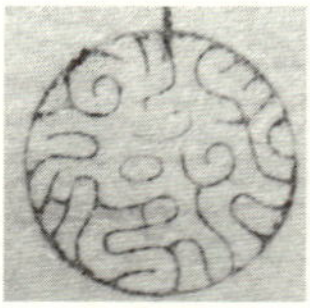

二五 志村篤三郎(1)

二六 鈴木鉄五郎(1)(2)(3)(4)

二七 鈴木鉄次郎(1)(2)(7)

二八 関清四郎(1)(2)

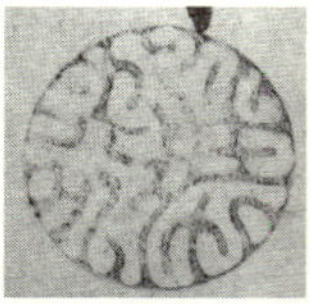

二九 関根伊三郎(1)

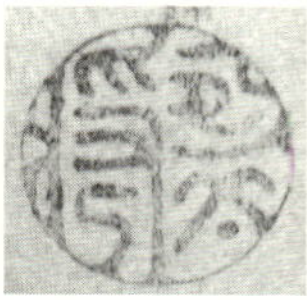

三〇 塚本長次郎(1)

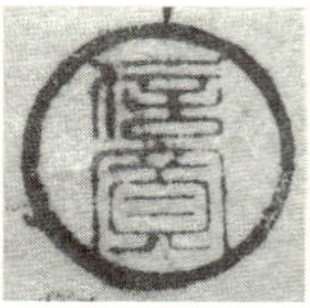

三一 内藤伊三郎

三二 中村弥太夫(1)(6)

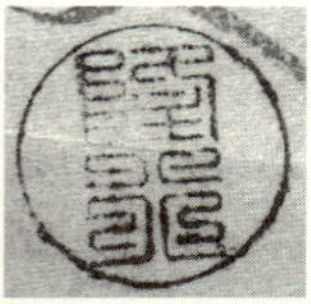

三三 永井源之丞

三四 西川又四郎

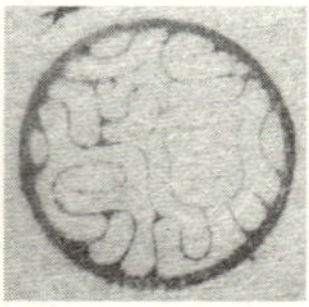

三五 西川又次郎

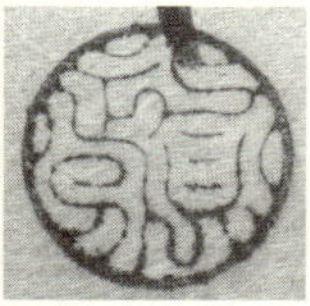

三六 長谷川得蔵・岡田源三郎(印なし)

三七 馬場俊蔵(1)

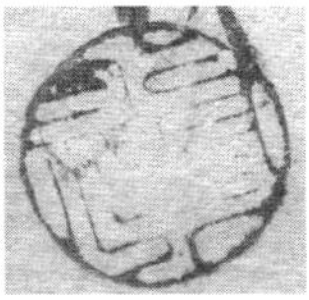

三八 春野金太郎(2)

三九 彦坂九左衛門他(印なし)

四〇 平山龍之助(1)

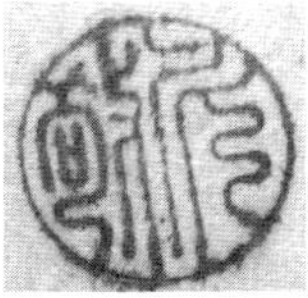

四一 広野貞勝(1)(2)

四二 保坂源太夫(1)

四三 堀尾奥平

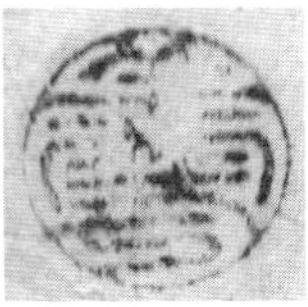

四四 松永吉之助(1)

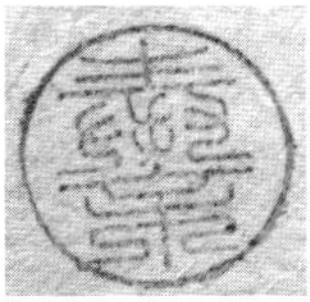

四五 三浦覚蔵

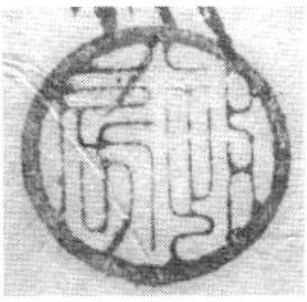

四六 村尾永蔵(1)

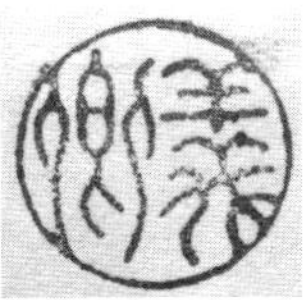

四七 山上敬一郎

四八 山下辰五郎(1)

四九 山中保太郎

五〇 山本彦之丞

五一 横川瀬左衛門・鯉一郎

五二　吉田半左衛門（1）（7）

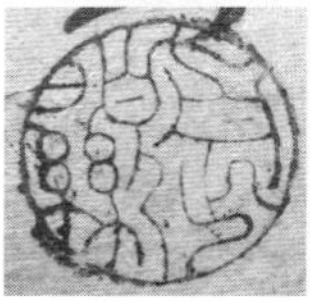

五三　吉田揚之助（2）

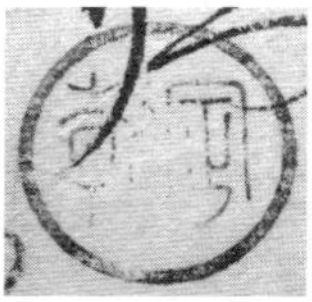

Ⅲ　泉屋平右衛門

一　青柳運兵衛・市蔵

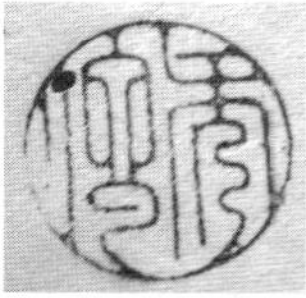

二　五十嵐権五郎・久次郎

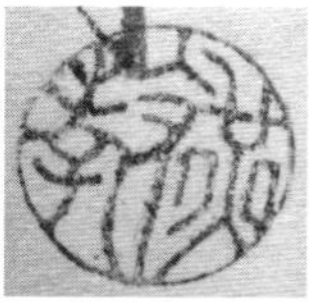

三　稲葉九郎兵衛

四　大島熊蔵（印なし）

五　小笠原辰次郎

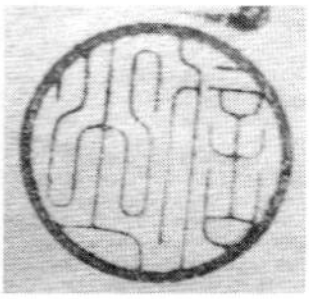

六　加々見乙吉

七　片岡芳次郎

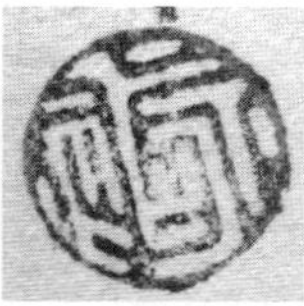

八　岸清次郎・留次郎

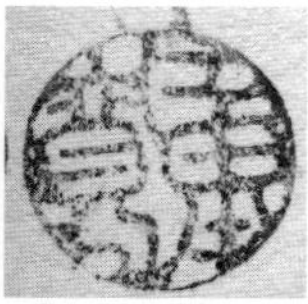

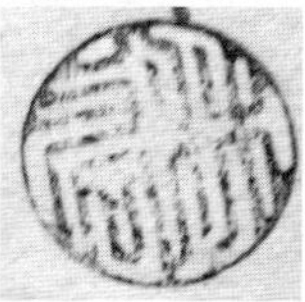

九　高木兼次郎(印なし)・喜三郎

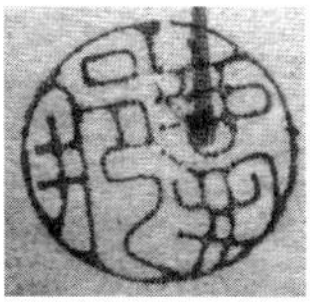

一〇　田中長七

一一　藤堂半左衛門・全十郎

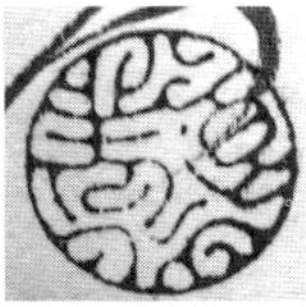

一二　本間十之丞

解題

本書には、札差証文のうち、泉屋甚左衛門店分の二〇二人の残り八一人と泉屋茂右衛門店分の五三人、同平右衛門店分の一二人を収録した。これらは取引先のすべてを表したものではない。泉屋甚左衛門店については、残された証文から判明するものであり、本来はかなりの数の取引先があったと考えている。また、泉屋茂右衛門と平右衛門の両店については、泉屋甚左衛門が両店の借財を引き継いだことにより残されたものであり、これもすべてではない。本書の解題については、すでにⒶ本叢書第二期第五冊『浅草米店万控帳(上)』、Ⓑ第三期第二冊『浅草米店万控帳(下)(続)ほか』、Ⓒ第五期第五冊『札差証文(一)』の解題で記していることもあるので、併せて参照できるように適時ⒶⒷⒸの文献記号を用いて引用した。

泉屋三店舗と幕末期の経営

本書に収録した泉屋甚左衛門・茂右衛門・平右衛門の三店舗の関係は、Ⓐ解題で記したように、大坂の住友本家から泉屋甚左衛門に任命された歴代支配人が経営する「浅草米店」が甚左衛門店であり、その支配人が引退後に開業した店舗が茂右衛門店と平右衛門店であった(Ⓐ解題二頁の表参照)。すなわち、前者は初代甚左衛門の丹羽茂右衛門が宝暦十二年(一七六二)に、後者は五代甚左衛門の松本平右衛門が文化七年(一八一〇)ころに、それぞれ開業した店舗であった。ただし、平右衛門店は徳川御三卿の清水家の札差であって、浅草蔵前の札差ではない。そのほか、二代甚左衛門の九兵衛が明和六年(一七六九)五月の退役後に札差となったが、文化十五年(一八一八)三月に閉店して、その証文は残っていない。

幕末期の札差業は、天保十四年（一八四三）十二月の無利息年賦返済令と文久二年（一八六二）十二月の安利年賦返済令によって、札旦那貸付金の金利が引き下げられ、また札旦那預かり金は幕府の長州出征により、軍役や諸費用を賄うために引き出され苦境におちいっていた。泉屋甚左衛門店の苦境は、すでに明らかにしたが（Ⓑ解題参照）、泉屋平右衛門店は天保十四年の無利息返済令によって、弘化二年（一八四五）正月に清水家札差を坂倉屋治郎左衛門に譲って閉店した（Ⓐ記事一八四）。その際、平右衛門の清水家借財は泉屋甚左衛門店が引き受けたので、甚左衛門店が弁済することになった（Ⓐ記事一八三・一九三など）。そのため、泉屋甚左衛門店に同年二月付で坂倉屋治郎左衛門が蔵宿（くらやど）となった札旦那前金借用証文が多数残されている（Ⓒ記事一五・二七・二八、本書記事一三二など）。

ちなみに、清水家札差の名前をあげると、寛政四年（一七九二）三月に泉屋甚左衛門・坂倉屋甚兵衛・同清兵衛・泉屋茂右衛門・伊勢屋平右衛門の五人であったが、文化七年（一八一〇）ころに泉屋平右衛門が加入し、文政十年（一八二七）十二月に坂倉屋甚兵衛が辞退したので、文政期には泉屋甚左衛門・同茂右衛門・同平右衛門・吉野屋三右衛門・伊勢屋市右衛門の五人となっていた（Ⓐ記事一一〇）。その後、坂倉屋甚兵衛が再加入し、弘化二年（一八四五）に泉屋平右衛門が辞退した代わりに坂倉屋治郎右衛門が加入したので（Ⓐ記事一八四）、嘉永六年（一八五三）当時は、泉屋甚左衛門・同茂右衛門・下野屋鉄吉・坂倉屋甚兵衛・伊勢屋市右衛門・坂倉屋治郎右衛門の六人となっていた（Ⓑ記事三四四）。慶応二年（一八六六）正月の清水家廃止時には、泉屋甚左衛門・同茂右衛門・下野屋鉄吉・坂倉屋甚兵衛・伊勢屋市右衛門・坂倉屋治郎右衛門・大口屋弥右衛門・山田屋金右衛門の八人であった（慶応二年正月「清水家廃止につき申合」）。以上、泉屋平右衛門と吉野屋三右衛門を除いた札差は、いずれも浅草蔵前の札差仲間であり、彼らは通常の札差業務を兼務していた。

いっぽう、泉屋茂右衛門店も天保十四年の天保の無利息返済令によって打撃を受け、翌年に泉屋甚左衛門店に一時的に同居した（Ⓐ記事一七三）。その後は経営を立て直したが、慶応三年（一八六七）十一月には札旦那預かり金の利息返済に窮し、幕府の札差融資機関である改正役所（猿屋町会所）からの借入金一九七二両の返済猶予を出願した。このとき、泉屋甚左衛門店は加判人組合七人の一員として保証人となっており、茂右衛門店分の弁済を求められた。ついに、明治元年六月に泉屋茂右衛門店は、甚左衛門店に家財道具の売却代金と札差仲間受取金三〇〇両を差し入れ閉店し、茂右衛門店の証文が甚左衛門に残されることになった（脇田修『札差業と住友』泉屋叢考　第一六輯　一九七六年）。

札差頼証文と御切米前金証文の書式

札差頼証文（たのみしょうもん）の書式については、Ⓒ解題で泉屋甚左衛門店分の定式証文を紹介したが、本書の泉屋茂右衛門店分も同様の形式であった（口絵3、本書茂右衛門記事四・二六参照）。ところが、泉屋甚左衛門店には現存最古の文化十一年（一八一四）七月の中川次左衛門（支配勘定）の頼証文が残っている。その書式は箇条書きではなく、きわめて簡略なものである（本書記事一二五、口絵1参照）。内容は、三季切米手形を書替所（かきかえしょ）に持参し、裏判をとって蔵役所から米金を受け取り、米は時の相場で売り払うこと、別紙で定めたとおり借用金の元利を勘定すること、札差料は一〇〇俵につき金一分、三季切米・不時物とも（売側金として）、一〇〇俵につき金二分で引き取ること、頼証文の二重書入れはしないこと、蔵宿（くらやど）を替えるときは、借用金元利を皆済して引き替えることなどを定めており、定式証文と同じ文言が随所に見られる。定式証文の初出は、現在のところ文政八年（一八二五）の荻原作之助のものであり（Ⓒ記事四一）、書式はその間に整えられたのではないかと考えている。

次に幕末期の文久三・四年（一八六三・六四）と慶応二年（一八六六）に出現した定式証文がある。幕府は二度にわたる長州出征に当たり、従軍医師を必要としたので、軍役金ではなく実際の出役を求めた。泉屋甚左衛門店に残存するのは一九点であり、©に一五点、本書に四点を収めている（本書記事一二七・一七三・一八三・一九二）。その内容をみると、箇条書きではなく、出役につき一律手当が一五人扶持支給されたのでその札差を依頼すること、御蔵役所で差札（きしふだ）して扶持米を受け取ること、米は時の相場で売り払い勘定すること、札差料は一人扶持につき月々二合とすること、御手当扶持を見込んで借用金を依頼しないこと、扶持米の請取手数料として、一人扶持につき二合を渡すこととあり、通常の頼証文とは若干その内容を異にしていた。

これにたいし、御切米前金借用証文は、寛政の棄捐令、天保の無利息年賦返済令によって破棄されたものが多く、天保十四年（一八四三）以前のものはほとんど残っていない。現存するものでは、享和二年（一八〇二）の穂坂甚十郎のものがもっとも古い（本書記事一五九）。これには、天保無利息年賦返済令で定められた、いわゆる「御主法替」「御仕法替」の文言がないので、現存する御切米前金証文は、天保の無利息年賦返済令以後に形式が整えられたと考えられる。

役料・合力加給米と与力蔵米の取り扱い

札差の業務については、幸田成友が「札差雑考」（『幸田成友著作集』第一巻）において、細谷太七（旧札差和泉屋多七）の旧記を元に記しているが、役料・合力加給米や組支配与力などの実態は記していない。前者については脇坂中務大輔（本書記事一九八）と松平左兵衛督（本書記事一六八）、後者については堀田伊勢守組与力（本書記事一六一）の事例を紹介したい。

脇坂中務大輔（安宅）は、播州竜野藩（五万三〇〇〇石）の藩主であり、安政四年（一八五七）八月から万延元年（一八六〇）十一月まで幕府の老中を勤め、さらに文久二年（一八六二）五月から同年九月まで再勤した（『寛政重修諸家譜』第一五巻、『柳営補任』第一巻、以下『寛政譜』『柳営』と略称）。文久二年七月、脇坂安宅は泉屋甚左衛門から「夏御役料米渡り引残金」として、老中再任の三季役料のうち、夏役料米を六月までに請け取り、七月にその払米代金から札差料などの諸経費を差し引いた残金三七四七両一分余りを受け取った。脇坂は同年九月六日に老中を退任しているので、役料はこの一回のみである。

松平左兵衛（信発）は、上野国吉井藩（一万石）の藩主であり、幕府の侍従を勤めていた。安政六年、水戸藩主徳川斉昭の蟄居にあたり上使の大任を果たしたので、幕府から合力米二〇〇〇俵を拝領し、文久三年にはさらに一万俵の加給を受けた（『藩史大辞典』第二巻、雄山閣出版、一九八九年）。本書には、泉屋甚左衛門がそれらの札差を引き受け、払米したときの証文一七点を掲載した（口絵2参照）。

堀田伊勢守（一知）は、近江国甲賀郡に四二〇〇石の知行を有する旗本であり、文化九年（一八一二）五月三十日に中奥御小姓から百人組頭に就任し、同十一年十二月二十一日に小普請組支配に転じた（『寛政譜』第一一巻、『柳営』第二巻）。百人組は、鉄砲百人組とも通称された鉄砲隊である。甲賀組・根来組・伊賀組・二十五騎組の四組があり、各組にはそれぞれ組頭一人、与力二〇人、同心一〇〇人が置かれた。堀田伊勢守は、二十五騎組の組頭であり、その配下の与力は土肥三郎助・山条右内など二〇人がつけられていた。文化十一年六月、百人組頭に就任した堀田は、配下の与力二〇人の札差を泉屋甚左衛門・森田屋市郎兵衛から伊勢屋三郎右衛門に宿替えした。本書記事一六一には、旧札差の泉屋甚左衛門と森田屋市郎兵衛が、与力二〇人の用立金を勘定し、新規札差の伊勢屋にたいし、用立金四八八両一分余りを、毎年四八両二分ずつ一〇年賦で泉屋甚左衛門へ返済するよう申し送ったものである。各与力の返済明細を見ると、春夏の借米、冬の切米支給時に返済するとしている。

地方・蔵米取の札差証文

徳川幕臣団は、知行地を有する地方取と蔵米支給の蔵米取に分かれるが、幕臣の中には両方を知行されたものもいる。森山与一郎家（本書記事一八二）は、寛文元年（一六六一）十一月、盛治のときに甲斐国の三〇〇石を上総国武射郡木戸村と下横地村（現千葉県山武市）に知行替えされた。元禄六年（一六九三）六月、盛照のときに大番組頭に昇進して、同年十二月に蔵米一〇〇俵を加増され、以後、基本的には知行三〇〇石、蔵米一〇〇俵で幕末まで続いた（『寛政譜』第九巻、『旧高旧領取調帳』によると両村で実高五七〇石）。

天保十三年（一八四二）七月、西丸小納戸の森山与一郎（盛成）は泉屋甚左衛門に札差を依頼した。頼証文によると、本高一〇〇俵と足高一〇〇俵、および役料三〇〇俵、合計五〇〇俵の依頼であった。対談証文によると、「飯米之義者知行所物成之内を以取入、月々取賄申候」とあり、蔵米取のように蔵米から飯米を差し引かずに、知行所からの年貢米で飯米をまかなったことがわかる。もしまた、飯米が不足するようなことがあっても、用立ててもらった一五〇両の賄金で飯米を買い入れるので、新たに借用金を申し入れないと約束している。地方・蔵米取の旗本財政を調査するには、知行農村と札差の両方から分析を進める必要があると考えている。

札旦那預かり金の返済一件

これまでの札差研究では、札差が一方的に札旦那（蔵米取幕臣団）から借財を踏み倒されたと見なされていたが、幕末の混乱期には、札差が札旦那の預かり金を返済できずに争論となったこともあった。たとえば、泉屋甚左衛門店では、慶応元年（一八六五）に小納戸頭取の荒尾大和守（成憲）から預かった二〇〇〇両があったが、明治二年（一八六九）正月に閉店して大坂へ引き上げることになったので、子息の荒尾純三郎成美に店舗の沽券状を差し入れ、預かり残金一七五〇両の返済を猶予してもらった（Ⓑ記事九一）。しかし、その後も返済することができなかったので、明治五年十一月十日に荒尾に沽券状を譲渡することで決着した（Ⓒ記事三）。

いっぽう、泉屋茂右衛門店では、慶応三年七月に佐々木大之丞の預かり金三八五両三分余りがあり、泉屋甚左衛門店が弁済することになった。明治二年正月、泉屋甚左衛門店が大阪へ引き上げる四、五日前、尾張隊士と名乗る五人が泉屋茂右衛門店への預け金証書を提示し、甚左衛門店へ弁済を迫る事件が起こった。甚左衛門店では、大阪本店と相談したいとして猶予を願ったが、同年七月まで隊士と名乗る松永庸一郎・大久保蔵司・伊藤志津摩の三人はしつように金談を申し入れてきた。ようやく、同月に佐々木大之丞の親類田辺惣十郎が登場すると、金談の元隊士三人は東京府へ逮捕された。そのうち、伊藤志津摩と名乗る人物は、佐々木家出入りの魚屋であることも判明した。こうして、明治二年九月、泉屋甚左衛門は、徳川新三位（家達）家来として駿府に移住していた佐々木大之丞へ預かり残金一四三両二分余りを年一両三分余りずつ五九年賦で返済することで決着した（本書茂右衛門記事一一）。

代官・代官手附との取引

札差証文の中に、代官や代官手附などの証文が多数見られる。すなわち、稲垣藤四郎・舎人（Ⓒ記事一七）、岩佐幸兵衛（同上二〇）、岩田勇左衛門・量平（同上二一）、木川篤一郎・直右衛門（同上六四）、橋本善三・稲生佐助（本書記事一四二）、平岩治郎兵衛（同上一五〇）などがそれである。

まず代官について紹介すると、信濃中之条代官の稲垣藤四郎（豊芳）は、文化八年（一八一一）二月に掛屋の住友江戸両替店（以下、中橋両替店）から、年貢金・貸付金の取立不足につき田安家御下ヶ金二八二五両余りを借用したが、同九年十一月に返済しないまま死去してしまった。翌十年八月、子息舎人は泉屋甚左衛門（浅草米店）を札差とし、切米二五〇俵のうち、毎年五〇俵を中橋店に約束して、出訴を取り下げた。代官掛屋の中橋両替店の紹介により札差を引き受けた事例である（末岡照啓『近世後期住友江戸両替店の創業と経営』泉屋叢考、第二一輯、一九八七年）。これとは逆に、田安家老であった平岩治郎兵衛は、文化五年（一八〇八）九月に子息の右膳が代官に就任したので、その用立金五〇両を札差の泉屋甚左衛門から借用し、毎年切米の受け取り時に返済すると約束した。この取引によって、文政五年（一八二二）八月に平岩右膳は関東代官のときに、掛屋業務を中橋両替店に依頼している（末岡前掲書）。

次に代官手附について紹介すると、岩佐幸兵衛は安政二年（一八五五）五月に遠江国中泉代官川上猪太郎の手附であり、以下それぞれ岩田勇左衛門は安政五年（一八五八）八月に武蔵・相模国代官小林藤之助の手附、岩田量平は文久二年（一八六二）七月に出羽国寒河江代官林伊太郎の手附、木川篤一郎は天保十四年（一八四三）に阿波・下総・上総国代官森覚蔵の江戸詰手附、大川直右衛門は安政四年（一八五七）六月に箱館奉行支配並、橋本善三と稲生佐助は、安政五年五月に越後国出雲崎代官北条平次郎の手附であった。木川篤一郎を除き、いずれも遠国勤務であったため、札差の泉屋甚左衛門と蔵米受け取りについて交渉している。転勤族の給料受け取り事情をうかがえる史料として興味深い。

（末岡照啓）

住友史料叢書

小葉田淳・朝尾直弘監修／住友史料館編集

⦿第5期全6冊⦿

年々諸用留　十番
寛政7年〜文化4年の事業・家政の記録　本体9,500円

別子銅山公用帳　十番・十一番
文化8年〜文政7年の銅山経営記録　本体9,500円

銅座方要用控　三
寛保4年〜寛延2年の第二次銅座関係記録　本体9,500円

年々諸用留　十一番
文化4年〜13年の事業・家政の記録　本体9,500円

札差証文　一
蔵米取幕臣団と札差（泉屋甚左衛門店ほか）の一紙文書集成
本体7,500円

年々記　一
寛政2年〜文化4年の第三次銅座関係記録　本体9,500円

⦿第6期刊行予定⦿

年々諸用留　十二番
文化13年〜文政10年の事業・家政の記録　本体10,500円

札差証文　二
蔵米取幕臣団と札差（泉屋甚左衛門店ほか）の一紙文書集成
本体8,000円

年々記　二
文化13年〜天保2年の第三次銅座関係記録　（第33回配本）

年々諸用留　十三番
文政9年〜天保9年の事業・家政の記録　（第34回配本）

別子銅山公用帳　十二番・十三番
文政8年〜弘化2年の銅山経営記録　（第35回配本）

年々記　三
天保3年〜文久2年の第三次銅座関係記録　（第36回配本）

思文閣出版

（表示価格は税別）

住友史料叢書

小葉田淳・朝尾直弘監修／住友史料館編集

⦿第 3 期全 6 冊⦿

年々諸用留　六番
寛保元年 9 月〜宝暦 4 年 7 月の事業・家政の記録
本体9,500円

浅草米店万控帳(下)・(続)　ほか 2 点
(上) に続く江戸浅草札差店 (泉屋甚左衛門店) の記録
本体9,500円

「銅会所公用帳(享保二年)」 ほか銅貿易関係史料
宝永 5 年〜享保 3 年の銅の生産と輸出の記録　本体9,500円

年々諸用留　七番
宝暦 3 年 6 月〜明和 4 年12月の事業・家政の記録
本体9,500円

別子銅山公用帳　五番・六番
三番・四番に続く幕府への届・出願の記録　本体10,500円

「銅会所御公用帳(享保四年)」ほか銅貿易関係史料
享保 4 年〜元文 3 年の銅の生産と輸出の記録　本体9,500円

⦿第 4 期全 6 冊⦿

年々諸用留　八番
明和 5 年正月〜寛政 3 年 7 月の事業・家政の記録
本体9,500円

別子銅山公用帳　七番
宝暦12年〜天明 8 年の銅山経営記録　本体9,500円

銅座方要用控　一
元文 3 年 3 月〜同 5 年 2 月の第二次銅座関係記録
本体9,500円

年々諸用留　九番 ほか 1 点
天明末・寛政前期の事業・家政の記録　本体9,500円

別子銅山公用帳　八番・九番
天明 8 年〜文化 7 年の銅山経営記録　本体9,500円

銅座方要用控　二
一に続く時期の元文銅座と御用銅・地売銅の記録
本体9,500円

思文閣出版

(表示価格は税別)

住友史料叢書

小葉田淳・朝尾直弘監修／住友史料館編集

⦿第1期全6冊⦿

年々帳　無番・一番
銅貿易に関する記録と事業・家政の記録　本体7,500円

年々諸用留　二番・三番
年々帳一番に続く事業・家政の記録　本体8,000円

別子銅山公用帳　一番・二番
銅山経営上の諸事について幕府へ届・出願の記録
本体8,000円

銅座公用留・銅座御用扣
元禄の銅座に関する基本史料　本体9,500円

銅異国売覚帳(抄)・鉱業諸用留・上棹銅帳
銅貿易と輸入貨物仲買などに関する記録　本体9,500円

宝の山・諸国銅山見分扣
全国の銅山の見分の結果を書留めた記録　本体8,000円

⦿第2期全6冊⦿

年々諸用留　四番(上)
年々諸用留三番に続く事業・家政の記録　本体9,500円

年々諸用留　四番(下)・五番
四番(上)に続く事業・家政の記録　本体9,500円

別子銅山公用帳　三番・四番
一番・二番に続く幕府への届・出願の記録　本体9,500円

宝永六年日記・辰歳江戸公用帳　ほか3点
第1次銅座廃止と銅吹屋仲間の長崎廻銅請負いの記録
本体9,500円

浅草米店万控帳(上)
江戸浅草に置かれた札差店（泉屋甚左衛門店）の記録
本体8,000円

長崎公用帳　五番・二番・(正徳四年)
三番に続く銅吹屋仲間による長崎廻銅請負いの記録
本体9,500円

思文閣出版

(表示価格は税別)

住友史料叢書　第三二回配本
札差証文（ふださししょうもん）　二

平成二十九年十二月二十日　発行

編　者　住友史料館
発行者　田中　大
印刷所　株式会社図書印刷同朋舎
製本所　新日本製本株式会社

発行所　株式会社　思文閣出版
〒605-0089　京都市東山区元町三五五
電話（〇七五）五三三―六八六〇

© Sumitomo Historical Archives 2017. Printed in Japan
ISBN978-4-7842-1929-2 C3321

人　名　索　引

（註）　次と二・治、嘉と加など音通文字は便宜一方にまとめた。

あ

青柳市蔵……………………………… 259,260
青柳運兵衛……………………………… 259,260
赤井藤左衛門………………………… 177,178
青木善太夫………………………………… 177
青地四郎左衛門……………………… 68,71
青山左京太夫………………………………18
秋山清三郎…………………………… 63～6
朝比奈卯十郎………………………… 178
麻生右衛門七………………………… 143,144

い

飯島猪兵衛………………………………… 189
飯塚龍蔵……………………………… 218,219
五十嵐→五十嵐久次郎・権五郎
五十嵐久治郎………………………… 260,261
五十嵐権五郎………………………… 260,261
池田十左衛門………………………… 87,91
池田政吉…………………………………52,54～6
石井銀蔵………………………………… 178
石井小十郎……………………………… 233
石川条右衛門……………………………18
石川新左衛門…………………………… 215
石橋三郎左衛門……………………… 87,91
泉屋喜七……………………………… 64,65
和泉屋喜平次………………………… 68,70
和泉屋源兵衛……………………………55
泉屋甚左衛門……… 3,5～7,9,11,12～8,20,22～31,33～9,42～5,47～51,53～8,60～7,69,71～5,77,79～86,89,93～8,100～13,116～30,132～5,138～48,150～6,158,159,164～6,168～74,176,180,182,183,185,197～205,210,231,244～8,253～6
泉屋秀蔵……………………………64～6,83
泉屋全九郎（越智氏）……… 197,202,205,208
泉屋平右衛門（松本氏）…164,259～68,270～6
泉屋又次郎…………………… 63,64,200,203
泉屋茂右衛門（丹羽氏）…… 45,46,51,52,55,140,177,178,181～200,203,205～11,214～42,244～57
伊勢屋嘉右衛門…………………………78～80
伊勢屋幾次郎………………… 41,42,51,52
伊勢屋市右衛門… 114,117,118,245,273,274
伊勢屋市十郎……………………………… 187
伊勢屋市郎左衛門……………………… 51,52
伊勢屋三郎右衛門……………………………90
伊勢屋庄五郎………………………… 132,133
伊勢屋四郎左衛門……………………… 30,37
伊勢屋清左衛門……………………45,152,169
伊勢屋平左衛門………………………………38
伊勢屋安右衛門………………………… 8～11
伊勢屋富之助…………………………………12
伊勢屋弥太郎…………………………………72
伊勢屋弥兵衛…………………………………43
市村栄左衛門………………… 179,184,185
市村定次…………………………………… 184
市村信太郎…………………………… 179,185
市村仁右衛門………………… 179～81,183
市郎右衛門（住友名代）……………………39
井筒屋庄兵衛………………………… 53,54
井筒屋八郎右衛門……………………………77
伊藤久之助………………………………… 186
井藤再兵衛………………………………… 178
伊東志津摩…………………………201,203～6
伊藤太右衛門……………………………… 185
稲葉九郎兵衛………………………… 262,263
稲生左助……………………………… 38,39
今沢卯兵衛………………………………… 208

さ

斎藤左膳……………………………… 195,196
斎藤直記…………………………………… 111
斎藤与一郎………………………………… 196
酒井内蔵助………………………………… 178
酒井清兵衛………………………………… 111
坂倉屋作兵衛……………… 137,138,140,141
坂倉屋治郎左衛門………24,25,34,48,49,57,58,73,74,95〜7,100,120,122,123,155,156
坂倉屋甚兵衛…………………262,263,270〜2
坂倉屋清兵衛…………………………………13
坂倉屋文六…………………………… 77,83
坂倉屋平吉……………………………36,37,75
坂倉屋保蔵…………………………… 146,147
坂倉屋由次郎…………………… 127,165,166
坂倉屋万右衛門………………………… 13〜5
坂倉屋林右衛門…………………………… 170
坂部龍助…………………………………… 212
佐久間清次郎……………………………… 239
佐々木大之丞…………………197〜207,212
佐々木多満作……………………………… 257
佐竹伊十郎………………………………… 171
佐野芳三郎………………………………… 208
寒河綏太郎…………………… 210,211,240
沢井勝司…………………………………… 209
沢井庄次郎…………………………… 209,210
沢辺良之進………………………………… 200

し

次助(肴屋)→伊東志津摩
篠山金次郎…………………………… 167,257
清水惣右衛門……………………………… 208
志村篤三郎…………………………… 211,212
下野屋十右衛門……… 28,29,93,94,98,172,173,220
下野屋鉄吉……19,20,30,31,33,34,119,148,235
十一屋善八……………………………78,79,81
十一屋忠蔵…………………………… 159〜63
四郎次郎(伊勢屋)………………………… 149
新蔵(下野屋鉄吉手代)…………………… 235

す

杉本司……………………………………… 226
杉山半兵衛…………………………… 88,91
鈴木鉄五郎……………………………212,214〜7
鈴木鉄次郎………………………… 217〜21
鈴木登清…………………………………… 211
鈴木萊助…………………………………… 166
住友吉次郎(友視)……………………………39

せ

関重平………………………………… 229,230
関清四郎………………………………221〜4
関根伊三郎………………………………… 225

た

高木喜三郎………………………………… 271
高木兼次郎………………………………… 271
高橋浅次郎……………………………………85
鷹藁源兵衛………………………………… 208
武井作左衛門………………………… 87,90
竹尾六郎………………………………………83
竹島東太郎………………………………… 167
竹中小兵衛………………………………… 208
田口景右衛門……………………… 104〜11
太七(青地四郎左衛門手代)……………………71
多田銃三郎………………………………… 166
立花貞之助………………………………… 236
田中作太郎………………………………… 271
田中長七……………………………… 271,272
田辺惣十郎………………199,201,202,205〜7

つ

塚本長次郎………………………………… 226

と

藤吉(伊勢屋市右衛門手代)……………… 118
藤堂全十郎…………………………… 272,273
藤堂半左衛門………………………… 272,273
伴野権次…………………………………… 167
土肥三郎助…………………………… 86,90

富蔵（伊勢屋庄五郎手代）…………………… 133

な

内藤伊三郎………………………………… 227
内藤四郎…………………………………… 3
内藤甚右衛門………………………………5〜7
内藤善次郎……………………………… 8〜13
永井源之丞………………………………… 232
中川次左衛門…………………………… 13〜5
永島安左衛門…………………………… 25,26
中章作……………………………… 106〜10
永田豊後守………………………………… 167
中兵四郎…………………………………… 111
中根吉五郎……………………………… 15,16
中根吉之助……………………………… 15,16
長野八十四郎……………………………… 105
中村勘兵衛……………………………… 22,23
中村謙造………………………………… 17〜9
中村兼太郎……………………………… 19,20
中村周助………………………………… 19,20
中村荘助………………………………… 22,23
中村弥太夫……………………………228〜32
中村和三郎…………………………………24
永堀慶次郎……………………………… 26,27
夏目権平…………………………………… 203
並木四郎兵衛…………………………… 28,29
並木林五郎…………………………………29

に

西尾惣次郎…………………………………29
西川又四郎………………………………… 233
西川又次郎………………………………… 233
西久保延之助……………………………49,226
西谷与三郎……………………………… 30,31

ね

根岸又八郎…………………………………32

の

野口富次郎……………………………… 33,34
野崎東五郎…………………………………34
野田清左衛門……………………… 11〜3,52,55
野田弥太郎…………………………………35
野村為治郎…………………………………36

は

計新太郎…………………………………… 217
橋本喜八郎……………………………… 37,38
橋本善三………………………………… 38,39
橋本巳三郎…………………………………38
長谷川角之進…………………………40,42,43
長谷川英五郎………………………………44
長谷川久助…………………………………44
長谷川徳蔵………………………………… 234
蜂屋勝次郎…………………………………44
八郎兵衛（御手形持）……………………… 234
花田泉三郎………………………………… 256
花田仁兵衛………………………………… 167
花田武兵衛………17,32,76,99,121,135,136,
144,163,164,167,168,257
馬場俊蔵……………………………… 234,235
早川助右衛門…………………………… 45〜8
林亀次郎………………………………… 48,49
林城之進…………………………………… 142
原田友八郎……………………………… 42,43
春野金太郎…………………………49,235,236
春野隣三郎…………………………………49
半兵衛（伊勢屋弥兵衛手代）…………………43

ひ

彦坂九左衛門……………………………… 236
菱屋武右衛門………………………………23
一橋………………………………………… 170
日根九郎兵衛………………… 50〜2,54,55
平岩右膳……………………………………56
平岩治郎兵衛………………………………56
平岡石見守………………………………… 236
平沢久太夫……………………………… 57,58
平野助之進……………………………… 60〜3
平野徳太郎……………………………58,63〜7
平山龍之助………………………………… 237
広瀬要人…………………… 104,105,108〜10
広野貞勝…………………………… 212,238,239

ふ

福井与八郎……69～72
福田下総守……163
藤田助蔵……87,91
藤村伝助……73,74
藤村弥平……219,220
布施釜次郎……74,75
布施登……74,75
冬木儀左衛門……84
古川供道……18,76
古屋平蔵……77
古山市左衛門……101～3,106,108～10
文六(御手形持)……250,251

へ

平十郎(家主)……203,204
兵助(泉屋手代)……204～6
平八(家主)……203
逸見左太郎……77,79,80,82,83

ほ

穂坂甚十郎……84
保坂源太夫……239,240
保坂忠蔵……66,67
星野源助……85,86
堀田伊勢守……89
堀尾奥平……241
堀口市兵衛……88,92
堀越辰之助……106,107
堀太左衛門……236
本郷鉄五郎……189
本間十之丞……274,275

ま

前島金十郎……94
前島金次郎……93
前田鉄之助……94,95
牧野甚平……89,92
増田半蔵……96
増山七太郎……266
町田金太郎……97,98
松井嘉右衛門……208
松島玄英……99
松田荘蔵……99,100
松平左兵衛督……101～3,105,106
松永吉之助……241,242
松永庸一郎……201,203
松野熊之助……257
松村銈之允……17,32,76,99,121,135,136,144,163,164,167,168,257
松屋佐吉……58,67
又次郎→泉屋又次郎
又兵衛(泉屋手代)……199,207
万田屋新右衛門……25,26,128,129

み

三浦大助……112,113,118
三浦覚蔵……242
水野長之助……114,116
水野富之助……118,119
三田丑五郎……120
三田弥三郎……119
三田弥次兵衛……119,120
三井勇次……82
三橋猶八……67
湊屋栄助……62,63
美濃部浩庵……121
宮内陶亭……122
宮崎利兵衛……122

む

武藤雄次郎……109～11
村尾永藏……243～8
村垣与三郎……123
村上肥後守……236
村田彦次郎……124
牟礼郷右衛門……125

も

森九一郎……127
森新十郎……126
森百助……126,127
森内弥太郎……128,129

森田屋市郎兵衛…………………………… 89,93
森村屋次郎兵衛………………123,137～9,141
森山与一郎………………………………130～5

や

矢島鉄之助…………………………………… 142
安井元達……………………………… 135,136
矢田貝房次郎………………………………… 239
柳見仙………………………………………… 156
山上敬一郎…………………………………… 249
山内兼三郎……………………101～5,107
山内中衛……………………………………… 111
山木数馬……………………………… 138～42
山木鉦太郎…………………… 136,142,143
山口銀次郎…………………………………… 225
山口小一郎…………………………………… 256
山口駿河守…………………………………… 144
山崎源太郎…………………………………… 145
山下辰五郎…………………………… 249,250
山条右内……………………………………… 86,90
山城重三郎…………………………… 146,147
山田孝蔵……………………………… 147,148
山田左太郎…………………………………… 155
山田米之助…………………………… 149～54
山田伝吉郎…………………… 72,80,82,83
山田屋金右衛門… 15,16,85,86,145,146,236
山中保太郎…………………………………… 251
山本彦之丞…………………………………… 252
山本福次郎……………………………………68

ゆ

勇吉(井筒屋庄兵衛手代)……………………54
湯川金十郎…………………………… 158～64
勇次郎(赤井藤左衛門内)………………… 177

よ

横川鯉一郎…………………………………… 253
横川瀬左衛門………………………………… 253
吉沢鉄之進…………………………………… 164
吉沢隆平……………………………………… 165
吉田喜太郎→吉田主税
吉田金之丞…………………………………… 166
吉田主税……………………………… 167,168
吉田半左衛門……………………………253～7
吉田勇吉………………………………… 89,92
吉田揚之助…………………………………… 257
吉野屋鉄吉……… 173,174,259,260,269,270
吉見文内………………………………………57
吉村又六郎……………………………… 88,91
与四郎(泉屋手代)……………………………56
米蔵(伊勢屋清左衛門手代)……………… 152

り

利倉屋源右衛門……………………………… 264
利助(坂倉屋作兵衛手代)………………… 140

ろ

六郷春之助…………………………………… 169

わ

若尾藤兵衛…………………………………… 191
脇坂中務大輔………………………………… 170
渡瀬惣次郎…………………………… 170,171
渡辺金次郎…………………………… 171,172
渡辺徳五郎…………………………………… 240
薫品四郎兵衛………………………… 173,174

事 項 索 引

い

出雲崎陣屋……………………………………38

う

請取手形(三季御切米・御借米)…… 8,9,20,21,40,50,59,60,68,77,79,114,129,136,137,149,150,157,158,222,230,231,244
売側金……4,8,21,41,50,59,68,78,115,130,136,149,157,243

え

江戸…………………………………………197
縁談御手当…………………………………199

お

大坂…………………………………………205
大坂在番……………………………………197
大番……………………………………139,202
小川丁………………………………………18
奥印(奥印金)………………………6,23,71,82
御作事飯米…………………45,228,230,231
御畳刺飯米…………………227,228,230
御張紙………………………………4,130
表火之番……………………………………174
御屋形(清水家)……………………4,5,7,243
御奥詰………………………………………245
御奥火之番…………………………………22

か

改正役所(御会所・猿屋町会所)…… 54,139,141,159〜62,176,201
書替所…… 4,8,14,20,40,50,59,68,77,114,129,134,136,149,157,183,191,215,222,230,231,252
掛屋…………………………………………56
加西米(武州加西領米)……………………102
勝手向…… 4,8,21,40,50,59,64,68,77,114,129,136,143,149,153,154,157,243
勝手向取締(由緒)…… 12,43,54,66,82,143,215,221
仮会所………………………………………178

き

京都御用……………………………………18
肝煎……………………………………229,230
勤仕並………………………………………202

く

宮内卿様御近習番…………………………181
倉本(蔵元)…………………………………193
蔵宿……… 6,7,13〜6,19,20,23〜31,33〜8,44,45,48,49,55,58,71,74,75,82,84,86,89,93〜8,100,112,113,120,122〜9,142,145〜8,155,164〜6,169,172〜4,185,199,231,246,260〜3,265,267,268,270,272,273,275

こ

鉱山局…………………………………204,205
強談……………………………199,204,206
甲府借用年賦済方金………………………158
講武所御奉行………………………………70
合力米………………… 101,103,105,106,110
御勘定………………………………………22
小性組………………………………………52
小日向水道端第六天前……………………39
小普請…………11,42,62,70,80,151,178,236
御主法……… 19,27,36,97,98,114,128,173,183,198,270,271,274,275

さ

差札……4,8,14,17,20,40,50,59,68,77,114,121,129,135,136,149,156,157
差料→札差料
猿屋町会所→改正役所

し

直差…………………………………4,41,51,130
自身番(屋)……………………………203,204
地震風災……………………………………153
支配御勘定……………………………………13
清水御館→御屋形(清水家)
清水附物頭…………………………………236
借財……………………7,66,67,72,131,152,154
銃隊……………………………………………44
出役御手当扶持………………17,121,135,156
書院番……………………………………116,236
消防……………………………………………83
諸隊(暴徒)……………………………199,206
新御番………………………………………236

す

駿府(州)…………………………202,205,206

た

対談…… 6,10,41,44,51,61,69,80,131,133,139,151,159,169,204,218
代官……………………………………………56
玉落勘定(玉勘定)…… 64,153,154,187,199,208,225
多町(田町)…………………………………242
立替金…………………14,15,42,133,151,183

ち

知行所物成…………………………………131
長州表出張……………………………………18

つ

月踊………………………………6,23,71,82
舂入(搗入)………………………42,62,63,141
突金………11,12,43,53,54,62,63,70,71,81,117,118,140,182

て

手形持……………72,186,223,234,241,251
転宿………3,30,40,45,47,50,55,58,77,119,143,149,184,185,187,190,192～6,208,214,216,217,220,222,224,226,228～33,236～8,240,247～9,251

と

東京御屋敷…………………………………205
東京御暮方…………………………………206
東京府……………………………199,201,206

な

二郷半米(武州二郷半領米)………………101
二重書入………………………………………14

に

西御丸御小納戸……………………………132

ね

年賦(金・済方金)…… 34,38～42,51,59,61,68～70,78,79,89,115,117,137,138,180,199,201,205～7,244,245,262,264,274,275
年賦古証文…………………………………141

は

拝領米………………… 101,103,104,106～11
八幡町………………………………………203
飯米……5,7,10,18,40,50,61,63,68,79,114,119,131,138,141,151,153,158,182,183

ひ

引合人………………………………………233
飛脚……………………………………203,205
尾州之隊……………………………………203

ふ

札差宿……… 55,58,67,72,73,75,85,95,96,100,114,120,134,145,164,173,183,191,

215,220,221,246,252,271
札差料(差料)………4,8,14,17,21,40,50,59,68,78,102,105,109〜11,115,121,130,135,136,149,156,157,175,179,213,243,252
物価高直……………………………………………72

ほ

歩兵方御医師………………………………………18

や

安利御主法………………………… 134,191,215,252
宿引替(宿替)……3,14,41,47,51,69,84,114,134,183〜5,187,190〜6,208,214〜7,222,224,226,228〜33,236〜8,240,247,249,251,252,265

ゆ

右筆………………………………………………… 116

よ

用立金(米金用立)……6,12,14,23,34,35,42,53,56,62,71,81,82,117,132,140,141,152,159〜62,176,199,201,205〜7,263,275
養父家督………………………………………… 166
与力……………………………………………………89

り

龍凧御隊………………………………………… 200
臨時御廻り衆……………………………………84

れ

礼金………………………………………6,23,71,82